Strafe und Gefängnis

Rehzi Malzahn (Hg.)

Strafe und Gefängnis

Theorie, Kritik und Alternativen

Eine Einführung

Reihe
BLACK BOOKS

Schmetterling Verlag

Bibliografische Informationen der Deutschen Nationalbibliothek
Die Deutsche Nationalbibliothek verzeichnet diese Publikation in der Deutschen Nationalbibliografie; detaillierte bibliografische Daten sind im Internet über http://dnb.d-nb.de abrufbar.

Ich danke den Autor*innen für ihre Arbeit und Louisa für das Schreibexil in ihrem Haus auf Naxos sowie den Bewohner*innen dieser Insel für ihre großherzige Gastfreundschaft.

Schmetterling Verlag GmbH
Libanonstr. 72A
70184 Stuttgart
www.schmetterling-verlag.de
Der Schmetterling Verlag ist Mitglied von aLiVe,
der assoziation Linker Verlage.
ISBN 3-89657-088-9
1. Auflage 2022
Printed in Bulgaria

Satz und Reproduktionen: Schmetterling Verlag
Druck: Multiprint, Kostinbrod

Inhalt

Meine Erinnerungen an das «Leben» hinter Zuchthausmauern widme ich nicht nur allen politischen Gefangenen, sondern auch den kriminellen, den Dieben, den Meineidigen, den Sexualverbrechern, den Zuhältern, Mördern und Schwindlern, allen, die für Jahre oder Jahrzehnte lebendig begraben sind. Ob die «Schuld» des einen auf Veranlagung, die des andern auf das soziale Milieu, in dem er lebte, zurückzuführen ist, gilt mir gleich: ich liebe sie alle. Bei allem Hässlichen und Abstoßenden, das ich an kriminellen Gefangenen wahrnahm, stehen sie mir näher als mancher behäbige und selbstherrliche Mensch, der mir nach meiner Rückkehr in die Freiheit als angeblicher Freund die Hand drückte.

Die Selbstsucht und Verlogenheit, der Neid, die Missgunst und Roheit der von der bürgerlichen Gesellschaft Ausgestoßenen sind wahr und echt. Sie tragen wenigstens keine Maske. Die Wunden und Geschwüre, die hässlichen Narben, die ihren Körper und ihre Seele verunstalten, hat ihnen das Leben geschlagen. Das Leben aber sind wir alle. Also sind wir alle mitverantwortlich und haben keinen Anlass zur Überheblichkeit.

Max Hoelz: Vom Weißen Kreuz zur Roten Fahne.
Aus der Widmung, geschrieben in Berlin im Januar 1929

Einleitung

Bestrafung ist die Wurzel der Gewalt auf unserem Planeten.
Marshall Rosenberg

Strafe ist Gewalt. Egal wie sie ausfällt, sie beinhaltet, dass sich ein Mensch über den anderen erhebt und diesem Leid zufügt – dadurch, dass er oder sie den anderen zwingt, etwas zu tun oder zu unterlassen, ihm körperlichen Schmerz zufügt, ihn psychisch quält oder seiner Freiheit beraubt. Insofern ist Strafe immer hierarchisch, und zwar selbst dort, wo es keine formelle Hierarchie gibt oder sich die Strafe gegen eine formell oder gesellschaftlich höher gestellte Person richtet. Das liegt an der inneren Logik: Wenn ich strafe, fühle ich mich im Recht und der anderen Person moralisch überlegen. Friedrich Nietzsche schreibt: «Der Sinn der Strafe ist nicht abzuschrecken, sondern in der gesellschaftlichen Ordnung jemanden niedriger zu setzen: Er gehört nicht mehr zu den uns Gleichen.» Ich erhebe mich über den anderen. Im Moment der Bestrafung sind Strafende*r und Bestrafte*r nicht auf Augenhöhe.

Vielmehr wohnt der Strafe ein Befehlscharakter inne: Du sollst/darfst das nicht tun! Der Befehl richtet sich einerseits auf die Verhaltensänderung, die die Strafe bewirken soll, und ist andererseits im Akt der Bestrafung selbst vorhanden. Befehle, hat Elias Canetti in «Masse und Macht» herausgearbeitet, hinterlassen einen «Stachel» und einen «Rückstoß». Der Stachel sitzt bei der Befehlsempfänger*in: Es piekst quasi fortwährend, zu etwas gezwungen worden zu sein, einen Befehl empfangen zu haben, eine Form von hierarchischer Gewalt erfahren zu haben, und man will das Pieksen loswerden. Dazu gibt es zwei Möglichkeiten: Entweder man richtet den Stachel gegen die Befehlsgeber*in (Umkehrung) oder man gibt ihn weiter, indem man seinerseits jemanden unterdrückt. Der «Rückstoß», den der Befehl bei der Befehlsgeber*in hinterlässt, führt langsam, je mehr Befehle erteilt und je mehr Rückstöße also angesammelt werden, zu einer Form von Angst, die Canetti die «Befehlsangst» nennt: Sie entsteht dadurch, dass jeder erfolgreich erteilte Befehl nicht nur die Macht der Befehlsgeber*innen erhöht, sondern auch den gehorsamen Befehlsempfänger*innen einen Grund zur Rache bzw. Umkehrung gibt. Davor haben die Befehlenden Angst.

Strafe ist nutzlos und gefährlich.
Catherine Baker

Diese zugegebenermaßen sehr knappe Skizzierung der Befehlsstachel-Theorie von Canetti illustriert, angewandt auf die Strafe, sehr schön das Dilemma, in dem wir uns mit der Strafe befinden: Jedes Individuum besitzt eine Biographie der Befehle, beginnend durch die strafende Erziehung in der Kindheit. Wir sind also voller Stacheln, die irgendwohin wollen. Je mehr wir bestraft werden, desto mehr Stachel sammeln wir auch als Erwachsene. Gleichzeitig werden wir selbst zu Strafenden und bekommen immer mehr Angst, wissen wir doch, dass sich der Stachel eines Tages gegen uns richten kann, so wie wir unsere Stachel gerne an ihre Urheber*innen zurückgeben würden.

Strafen ist also gefährlich, nicht nur, weil sich Rachedynamiken entwickeln können, sondern auch, weil sie uns in einem Kreislauf aus Angst und Gewalt gefangen hält, der Herrschaft perpetuiert: «We all pay dearly when people respond to our values and needs not out of a desire to give from the heart, but out of fear, guilt, or shame.» schreibt Marshall Rosenberg. Wir bezahlen es teuer, weil Verhaltensänderung, die durch Strafe erzwungen wird, zu Missgunst, Feindschaft und Gewalt führt. Strafe funktioniert nicht auf lange Frist. Sie ist nutzlos und gefährlich.

Die Logik der absichtlichen und systematischen Leidzufügung, dass jemand für eine Handlung eine negative Konsequenz «verdient», ist tief in unser aller soziales Verhalten, ja selbst in unser Verhältnis zu uns selbst eingeschrieben. Die «Supernanny» Katharina Saalfrank schreibt in ihrem Erziehungsratgeber: «Was kurzfristig funktioniert, zeigt langfristig Schaden, denn Kinder erleben durch Strafen Ablehnung, Vertrauensverlust, Demütigung und das Familienleben wird durch Machtkämpfe belastet. (…) Strafen verstärken die Überforderung oder Kränkung noch, die Kooperationsbereitschaft der Kinder sinkt rapide für den Moment und kann auch langfristig beeinträchtigt werden. (…) Eine sichere Bindung ist [jedoch] das Ziel und die Voraussetzung dafür, als Erwachsener ein glückliches Leben mit erfüllenden Beziehungen zu führen.» Und Rosenberg schreibt: «Je mehr wir als Agenten einer Strafinstanz angesehen werden, desto schwerer wird es für die anderen, einfühlsam auf unsere Bedürfnisse zu reagieren.» Empathie und Kooperationsbereitschaft sind blockiert. Sie werden unsere Forderungen erfüllen, aber nicht aus den Gründen, die uns wichtig sind, sondern aus Angst vor der Strafe. Und sobald sich die Gelegenheit ergibt, den «Stachel» zurück- oder weitergeben…

Man muss diese zerstörerische Dynamik in ihrer ganzen Tiefe erfassen, um zu begreifen, warum Marshall Rosenbergs Vorschlag, Strafe durch das Ergründen der Werte, Gefühle und Bedürfnisse, die hinter der geforderten Verhaltensänderung stehen, zu ersetzen, so revolutionär ist. Der Vorschlag ist wahrhaft transformierend: Empathie statt Gewalt. In der Verbindung, die daraus entsteht, kann sich das Verhalten ändern – nicht aus Angst vor der Strafe, sondern aus dem Wunsch nach Kooperation, Anerkennung und Beitrag zum Wohlergehen von uns selbst und anderen.

Der Gedanke scheint einfach und vielleicht sogar naiv oder romantisch – das Gegenteil ist der Fall. Es bedarf Mutes, emotionaler Arbeit und Bewusstseinsbildung, um «in Verbindung zu gehen anstatt Recht zu haben» (Rosenberg). Es ist also mitnichten einfach. Jahrtausende von Strafsystemen hingegen haben bis zum heutigen Tag nicht ihr Ziel erreicht. Es ist die Idee, dass Strafen hilft, die naiv ist, man könnte von «Strafromantik» (Gerd Delattre) sprechen.

Je mehr ein System von Strafen organisiert ist,
desto mehr wird sich ein knechtischer Sinn entwickeln.
Friedrich Schleiermacher

Wenn dem so ist, warum ist Kritik an Strafe und strafendem Verhalten so ein marginales Thema in linken Kreisen, wo die Beendigung von Gewaltverhältnissen ja erklärtes Ziel ist? Warum hat das Thema Gefängnis nur dann Konjunktur, wenn es gerade ein paar Leute «aus den eigenen Reihen» betrifft? Und warum gelingt es nicht, die Spaltung in politische und soziale Gefangene zu überwinden? Warum ist auch vierzig Jahre nach Foucaults Kritik an den totalen einschließenden Institutionen immer noch kein Bewusstsein dafür da, dass wir, solange es sie gibt, selbst nur in einem «Freiluftgefängnis» (Adorno) wohnen, und wir uns daher um ihre Auflösung kümmern müssen?

Ich weiß nicht warum, aber ich möchte gerne dazu beitragen, dass sich das ändert, und dem soll dieses Buch dienen. Strafe ist eine der tragenden Säulen von Herrschaft. Das Gefängnis ist eine Miniaturabbildung unserer Gesellschaft. Beides müssen wir verstehen und kritisieren – und Alternativen entwickeln! Es ist mir zu einfach und überzeugt mich nicht, dass sich irgendwelche folgenden Generationen dann «nach der Revolution» damit befassen sollen. Erstens halte ich die soziale Revolution nicht für ein Event mit einem «Davor» und «Danach», sondern vielmehr für einen evolutionären Transformationsprozess, der ständig in Gang ist und mal mehr mal weniger vorankommt, und mal mehr und mal weniger eruptive Momente hervorbringt, mal mehr mal weniger Dynamik entfaltet. Zweitens braucht es für eine andere Gesellschaft auch andere Menschen, und an unserem Bewusstsein können wir jederzeit arbeiten. Und drittens gehört das Entwickeln von Alternativen zu einer widerständigen, staatsunterlaufenden, herrschaftsabbauenden Kultur.

Dieser Band erhebt beim besten Willen keinen Anspruch auf Vollständigkeit. Vielmehr soll er einen Überblick über verschiedene Aspekte des Themas bieten und somit einführen – Tipps für vertiefende Literatur und Medien befinden sich im Anhang. Ich möchte dazu anregen, sich mit der Frage zu befassen, und Wege aufzeigen, die aus dem Teufelskreislauf der Bestrafung hinausführen.

Das Buch gliedert sich in drei Teile: Kapitel eins befasst sich allgemein mit Theorien und Kritiken zum Thema Strafe, Strafrecht und Kriminologie. Kapitel zwei geht auf die Sonderform des Gefängnisses ein, da dieses heutzutage die Standardstrafform ist und als totale Institution die gesamte Gesellschaft im Würgegriff hält. Kapitel drei schließlich beinhaltet Gedankenspiele möglicher anderer Umgangsformen und gelebte praktische Alternativen zur Strafe. Im Nachwort beschäftigt sich die Erziehungswissenschaftlerin und Philosophin Marianne Gronemeyer mit dem Begriff der Strafe und seiner Bedeutung im Kontext der Erziehung und stellt dabei einige zu unserem gängigen Verständnis von Strafe querliegende Überlegungen an.

Der Stock überwindet entweder den Menschen,
oder der Mensch überwindet den Stock.
Max Stirner

In meiner Vorstellung schaffen wir die Strafe und das in uns eingeschriebene strafende Denken nicht von heute auf morgen ab, aber es wäre wünschenswert, dass das Strafen immer mehr zur Ausnahme wird, dass wir Dialog, Empathie, Verantwortung, Heilung und Wiedergutmachung ins Zentrum rücken und überdies nicht vergessen, dass das Leben nicht perfekt ist, sondern allerlei «Ärgernisse und Lebenskatastrophen» beinhaltet. Wenn wir uns darum kümmern, (uns selbst) zu heilen anstatt (anderen) Leid zuzufügen, können wir vielleicht leichter akzeptieren, dass wir nicht alle schmerzhaften Ereignisse verhindern können.

Nicht zuletzt müssen wir damit umgehen, dass auch eine freiere Gesellschaft kein Paradies mit lauter sich wohlverhaltenden Menschen sein wird, es mitunter also Mechanismen des Schutzes bedarf, oder wie Max Hoelz es 1929 ausdrückte:

Auch die klassenlose Gesellschaft wird sich – wenn nötig – gegen Schädlinge sichern. Bestrafen aber – ob zur Vergeltung oder zur Besserung – ist eine Anmaßung des bürgerlichen Klassenstaates.[1]

RM im Mai 2018

1 Schädlinge: unglückliche, aus verschiedenen Gründen zu vermeidende und heute unübliche Formulierung. Gemeint sind hier Menschen, die sich schädigend verhalten und mit denen keine einvernehmliche Lösung gefunden wird. Es geht dezidiert nicht darum, Menschen abzuwerten.

Bibliographie

Catherine Baker: Pourquoi faudrait-il punir? Editions Tahin-Party, Paris 2004

Friedrich Nietzsche: Genealogie der Moral, Zweite Abhandlung: Schuld, Schlechtes Gewissen und Verwandtes. Verlag C. G. Neumann, Leipzig 1887. Online hier: http://www.nietzschesource.org/#eKGWB/GM-II-4

Elias Canetti: Masse und Macht. Fischer Taschenbuch Verlag, Frankfurt/Main 2011

Gerd Delattre: Schluss mit der Strafromantik! In: TOA-Magazin 2/14, S. 33. Köln 2014

Marshall Rosenberg: Gewaltfreie Kommunikation – Eine Sprache des Lebens. Junfermann Verlag, Paderborn 2016

Katharina Saalfrank: Kindheit ohne Strafen. Neue wertschätzende Wege für Eltern, die es anders machen wollen. Beltz Verlag, Weinheim 2017

Gerhard Hanak, Johannes Stehr, Heinz Steinert: Ärgernisse und Lebenskatastrophen. Über den alltäglichen Umgang mit Kriminalität. AJZ Verlag Bielefeld 1989

Kapitel 1
Strafe & Kriminologie

Die Geschichte der Entstehung von Recht ist auch die der Entstehung von Herrschaft als zwangsausübender Macht.
Uwe Wesel

Gerichtlich zu urteilen bedeutet, Gewalt anzutun.
Geoffroy de Lagasnerie

Einführendes über das Strafen

von Christoph Willms

Es drängt sich am Rande auch die Frage auf, ob diese vielleicht doch etwas merkwürdige Beliebtheit der Strafe nicht auch blind, vielleicht farbenblind machen könnte. Blind vor allem für die Grenzen der Leistungsfähigkeit negativer Sanktionen, die Grenzen ihrer «Funktionalität» für das Normensystem, für den sozialen Zusammenhalt, für den äußeren und inneren Frieden der Friedfertigen.

Heinrich Popitz[1]

1. Einleitung

Welche Handlungen empfinden Sie als Bestrafung? In welchen Fällen ist Strafe Ihres Erachtens angebracht? Wann und in welchem Zusammenhang haben Sie in Ihrem Leben jemanden bestraft? Und erinnern Sie sich daran, wann Sie das letzte Mal bestraft worden sind?

Jeder Mensch hat gewisse Vorstellungen von Strafe und wann diese auf unerwünschtes Verhalten zu erfolgen hat. Strafe ist etwas Alltägliches, etwas Allgegenwärtiges. Mehr noch: Eine Welt ohne Strafe scheint nicht möglich oder vielleicht sogar nicht erstrebenswert zu sein. Trotzdem wird kaum jemand mit Strafe etwas Positives assoziieren; zumindest dann nicht, wenn damit zu rechnen ist, dass sie einen selbst treffen könnte. Denn Strafe ist Leidzufügung in den unterschiedlichsten Spielarten.

Für viele Eltern ist Strafe ein bewährtes erzieherisches Mittel, mit dem sie selbst groß geworden sind. Selbst wenn es mit den eigenen Werten im Widerspruch steht, greifen viele spätestens in Momenten der Ratlosigkeit und Überforderung darauf zurück: Das Machtgefälle wird ausgenutzt, der Trumpf der Überlegenheit wird ausgespielt.[2] Die meisten Menschen machen so-

1 Popitz 2016: 35.

2 Zu den Herausforderungen, speziell im familiären Umfeld oder in der Schule, auf Strafe zu verzichten: vgl. Bastian 1995: 10ff.

mit bereits im Kindesalter erste Erfahrungen mit dieser Form der Grenzziehung.[3] Im Laufe des weiteren Lebens folgen zahlreiche weitere informelle und formelle Berührungen mit negativen Sanktionen: als Bestrafte*r und/oder auch als Strafende*r. Ob nun beispielsweise in der Familie, in der Schule, in Peer-Groups, im Sport, im Beruf, in der Kirche, im Militär oder im Zusammenhang mit kriminellem Verhalten. An dieser Aufzählung lassen sich bereits die drei Grundtypen der Strafe zusammenfassen: Es gibt staatliche, soziale und religiöse Strafen.[4]

Im folgenden Beitrag ist der Fokus auf den Themenkomplex des staatlichen Strafens begrenzt. Trotz dieser starken Einschränkung kann der Beitrag nicht mehr als ein «Appetizer» sein, um Sie zur kritischen Reflexion unseres tradierten staatlichen Strafsystems anzuregen und bestenfalls Ihre Neugierde für eine tiefergehende Auseinandersetzung zu wecken.

Das Thema «staatliches Strafen» beschäftigt seit Gedenkzeiten die Philosophie, Theologie, Rechtswissenschaften, Geschichtswissenschaften, Kriminologie, Soziologie, Psychologie, Pädagogik oder auch inzwischen die Wirtschaftswissenschaften. Es gibt zahlreiche Bücher mit Titeln wie «Was ist Strafe?»[5], «Macht Strafe Sinn?»[6], «Muss Strafe sein?»[7] oder «Warum Strafe sein muss»[8]. Je nach historischer Einbettung, Profession, Ethik und Erkenntnisanliegen kommen die Autor*innen zu teils sehr unterschiedlichen Antworten auf die in ihren Buchtiteln gestellten Fragen.

Anknüpfend an diesen Fragestellungen soll es im weiteren Text um die Auseinandersetzung mit folgenden Aspekten gehen: Was ist unter «Strafe» zu verstehen? Wie hat sich staatliches Strafen entwickelt? Was soll damit bezweckt werden? Erfüllt die Strafe überhaupt das, was sie verspricht? Ist sie in den meisten Fällen überhaupt die «richtige» Reaktion? Und wenn es darum ginge, Strafe als Form der Übelzufügung im gesell-

---

3 Es mag überraschen, dass ausgerechnet RTLs «Supernanny» Katharina Saalfrank in ihrer neuesten Veröffentlichung für eine «Kindheit ohne Strafen» plädiert und mit ihrem durchaus pädagogisch wertvollen Ratgeber Eltern alternative, wertschätzende Wege aufzeigt (vgl. Saalfrank 2017).

4 Vgl. Hoerster 2012: 14ff.

5 Jung 2002.

6 Zihlmann 2002.

7 Hoerster 2012.

8 Hassemer 2009.

schaftlichen Leben zu minimieren und den gesellschaftlichen Umgang mit normabweichendem Verhalten zu verändern, was gäbe es für alternative Handlungskonzepte?

2. Was ist Strafe?

«Strafe erleidet jemand nicht, weil er sie, sondern weil er eine strafbare Handlung gewollt hat; denn es ist keine Strafe, wenn einem geschieht, was er will, und es ist unmöglich, gestraft werden zu wollen»[9], schreibt der deutsche Philosoph Immanuel Kant 1797 in seiner «Metaphsysik der Sitten».

Dieses Zitat hilft beim Verstehen, was Strafe nicht ist. Wenn wir eine Antwort auf die Frage suchen, was denn nun unter Strafe zu verstehen ist, wird die Sachlage wesentlich komplizierter: Denn der Strafbegriff unterliegt nicht nur dem Wandel der Zeit, sondern wird selbst zur gleichen Zeit unterschiedlich ausgelegt.[10] In einem demokratischen Rechtsstaat bedürfen die Strafbarkeitsvoraussetzungen zwar genauso wie die Strafbarkeitsfolgen einer gesetzlichen Definition.[11] Die Definition, das als Strafe zu verstehen, was vom Gesetzgeber als solche benannt wird, greift für tiefergehende Reflexionen jedoch zu kurz. Eine derart eng gefasste Begriffsbestimmung blendet zum Beispiel andere Spezifika des staatlichen Sanktionensystems aus, wie etwa verpflichtende Schadensersatzleistungen, «Zuchtmittel» für Jugendliche oder Maßregeln der Besserung und Sicherung[12].

Um wenigstens noch eine damit einhergehende weitere Begrenzung dieser Definition zu nennen: Die Wirkung der negativen Sanktion auf die Betroffenen wird ausgeklammert. Für eine Reflexion über Strafe ist dieser Aspekt allerdings nicht unerheblich. Bei den in die deutschen Grundrechte am intensivsten eingreifenden Sanktionen wird dies besonders deutlich: Den

9 Kant 2014: 457.

10 Vgl. Jung 2002: 14ff.

11 Vgl. Ostendorf 2010a: 32.

12 Anders als bei der Verhängung von Strafen, kann das Gericht unabhängig von der Schuldfähigkeit einer bzw. eines «Rechtsbrecher*in» sogenannte «Maßregeln zur Besserung und Sicherung» anordnen, wenn die Person als «gefährlich» beurteilt wird (vgl. BPD [https://www.bpb.de/nachschlagen/lexika/recht-a-z/22552/massregeln-der-besserung-und-sicherung], abgefragt am 17.2.2018). Zur kritischen Reflexion: vgl. JUNG 2002: 33ff.

meisten Menschen wird es vermutlich relativ egal sein, ob die Funktion ihres Freiheitsentzuges in ihrer «Erziehung», «Resozialisierung», «Besserung» oder im «Schutz der Allgemeinheit» begründet ist. In allen Fällen werden sie gegen ihren Willen eingesperrt. Sie werden zu etwas gezwungen, sie werden ihrer Freiheit «beraubt», was sich in jedem Fall als Strafe anfühlt.[13]

Die Auseinandersetzung mit Strafe wird noch komplexer, wenn man sich mit den Besonderheiten flexibler Sanktionen, der Bedeutung von Bußen als Reaktionen auf Ordnungswidrigkeiten, europäischem und internationalen Strafrecht oder – fern vom staatlichen Strafen – mit Disziplinarstrafen, Betriebsstrafen oder Vereinsstrafen beschäftigt.[14] Nach einer 75-seitigen Reflexion kommt der saarländische Strafrechtswissenschaftler Heike Jung zu folgendem Ergebnis: Es gibt wohl «keinen geschlossenen Katalog argumentativer Topoi, wenn es darum geht, eine möglichst gehaltvolle Antwort auf die Frage ‹Was ist Strafe?› zu geben»[15]. Um an dieser Stelle fortfahren und zum späteren Zeitpunkt auf einer sinnvollen Grundlage über eine *andere* Strafpraxis nachdenken zu können, bietet sich die Definition des britischen Rechtsphilosophen Antony Duff an:

«Strafe ist typischerweise etwas, das dazu bestimmt ist, belastend oder schmerzhaft zu sein, das einem (vermeintlichen) Täter für eine (vermeintliche) Straftat von jemandem auferlegt wird, der (vermeintlich) dazu befugt ist; und dass die Bestrafung (*punishment*, CW) – im Unterschied zu anderen Arten von Strafen (*penalty*, CW) – typischerweise dazu bestimmt ist, Tadel auszudrücken oder zu kommunizieren.»[16]

Zwischen «‹Strafe und Staat› [besteht] eine historisch gewachsene Affinität»[17], welche zunächst die Auseinandersetzung mit der Entwicklung des staatlichen Strafens im weiteren Text nahelegt.

13 Vgl. Jung 2002: 21f.

14 So z.B. Heike Jung in seinem Essay: «Was ist Strafe?» (vgl. Jung 2002).

15 Jung 2002: 75.

16 Originalzitat: «So bestimmt R. A. Duff die Strafe als ‹typically, something intended to be burdensome or painful, imposed on a (supposed) offender for a (supposed) offence by someone with (supposedly) the authority to do so; and that punishment, as distinct from other kinds of penalty, is typically intended to express or communicate censure›» (Duff zit. nach Zürcher 2014: 32f).

17 Jung 2002: 25.

3. Die Entwicklung des staatlichen Strafens

Die meiste Zeit in der Geschichte des Zivilisationsprozesses leben Menschen in herrschaftsfreien Gesellschaften und lösen ihre Konflikte selbst.[18] In diesen sogenannten «akephalen Gesellschaften» sichern brauchartige Normen und Sanktionen die geltende Ordnung: «Sanktionen stellen hier keine Bestrafungen begangenen Unrechts dar, es sind vielmehr Versuche, die Folgen abweichenden Verhaltens zu kompensieren, Schlimmeres zu vermeiden und die Zukunft zu sichern»[19]. Mit der Entwicklung des Staatsapparats und dem Aufbau unseres heutigen Justizsystems, verändert sich der Umgang mit den nun strafrechtlich relevanten Konflikten. Mit der Anzeige wird der zwischenmenschliche Konflikt an die Justiz abgegeben und von dieser zur weiteren Bearbeitung in einen Rechtskonflikt umgewandelt. Diese Entwicklung wird im Folgenden skizziert. Anschließend wird diskutiert, inwiefern hier von einer Fortschrittsgeschichte gesprochen werden kann.

3.1 Von der Fehde bis zu unserem heutigen Rechtssystem

Beginnen wir mit dem Anfang der christlichen Zeitrechnung: Zur Zeit der germanischen Völker gilt die Familie, beziehungsweise die aus mehreren Familienverbänden bestehende «Sippe», als «rechtliche und soziale Einheit»[20]. Die soziale Stellung der verschiedenen Sippen ist gleichwertig. Auf Übelzufügung durch Angehörige einer anderen Sippe wird mit Fehden reagiert – mit offenen Kampfansagen. Die Rache gilt als akzeptiertes Mittel zur Erreichung eines Tatausgleichs. Um endlose Kämpfe und in der Folge größere Einbußen auf beiden Seiten zu vermeiden, werden oftmals Wiedergutmachungsleistungen vereinbart und die Versöhnung angestrebt. Der Ausgleich des entstandenen Schadens ermöglicht die Wiederherstellung von Gerechtigkeit und der durch die Tat verletzten Ehre. Ein weiteres soziales Zusammenleben wird ermöglicht.[21]

---

18 Vgl. Früchtel/Halibrand 2016: 21.

19 Vgl. Hess/Stehr 2015: 42.

20 Rüping/Jerouschek 2011: 3.

21 Vgl. Rüping/Jerouschek 2011: 3 und vgl. Stehr 2016: 13.

Im Mittelalter entstehen die ersten staatlichen Strafsysteme. Voraussetzung dafür ist die zentralisierte staatliche Gewalt.[22] Sogenannte «Spiegel» sollen den Menschen rechtmäßiges Verhalten aufzeigen und sie über geltende Gesetze informieren. [23] Richtungsweisend für die Entwicklung der deutschen Rechtsgeschichte ist der «Sachsenspiegel» von Eike von Repgow. Dieser entsteht zwischen 1220 und 1235 und gilt als das älteste Rechtsbuch der Epoche.[24] Bis zur Frühen Neuzeit bleibt die Regelung der Konflikte trotzdem primär Angelegenheit der Beteiligten. Nur wenn Konfliktbeteiligte nicht verhandlungsbereit sind, wird ein Gericht hinzugezogen, um die «Unwilligen» zur Verhandlung zu zwingen. Sobald sich die Beteiligten geeinigt haben, können die Gerichte aus der Angelegenheit ausgeschlossen werden.[25]

Um das damalige Ausmaß an Willkür und Uneinheitlichkeit in der Strafverfolgung zu verringern, wird zu Zeiten des Kaisers Karl V. 1532 die Constitutio Criminalis Carolina (CCC) als erstes deutsches Strafgesetzbuch rechtskräftig.[26] Bisheriges privates Recht wird somit durch staatliches Recht ersetzt und die Menschen in der Folge um einen Teil ihrer Konflikte «enteignet».[27]

Wer schuldhaft, vorsätzlich oder fahrlässig eine als kriminell definierte Handlung begeht, kann vom Staat bestraft werden, woran sich bis heute nichts geändert hat. Für unser zeitgenössisches Strafrecht sind drei weitere Entwicklungen aus dieser Zeit wegweisend:

1. Die Generalisierung des Rechts: Straftatbestände fassen unterschiedliche Taten zusammen.
2. Die Individualisierung der Tat: Der strafrechtliche Umgang mit dem Konflikt ist nicht mehr Angelegenheit der Angehörigen, sondern konzentriert sich auf die primär beteiligten «Täter» und «Opfer».
3. Die Institutionalisierung des Rechts: Staatliche Gerichte sind zuständig für die Sachverhaltsklärung und die Urteilsverkün-

22 Vgl. Cornel 2014: 33.

23 Für einen «Grundriss der Strafrechtsgeschichte» von der germanisch-fränkischen Zeit bis zur Gegenwart und zahlreiche Literaturempfehlungen zur weiteren Vertiefung: vgl. Rüping/Jerouschek 2011.

24 Vgl. Rüping/Jerouschek 2011: 25f.

25 Vgl. Früchtel/Halibrand 2016: 22.

26 Vgl. Rüping/Jerouschek 2011: 40ff.

27 Vgl. Christie 1986: 125ff.

dung. Neutralität soll dadurch gewährleistet und Willkür verringert werden.[28]

Die Aufklärung im 17. Jahrhundert trägt schließlich auch zur Säkularisierung des Strafrechts bei. Die Strafe dient nicht mehr zur Rache Gottes, stattdessen wird sie zur als notwendig erachteten staatlichen Reaktion auf den Verstoß gegen die bestehenden Normen.[29] Als «Blaupause unseres heutigen StGB»[30] gilt im Wesentlichen das 1871 entstandene Reichsstrafgesetzbuch (RStGB), eine Weiterentwicklung des 1851 erlassenen Preußischen Reichsstrafgesetzbuchs.

Der Strafprozess wird in der Mitte des 19. Jahrhunderts reformiert und prägt bis heute unser staatliches Rechtssystem: Die Gerichtsverfahren sind öffentlich und mündlich. Die Staatsanwaltschaft klagt die beschuldigten Personen an und vertritt im weiteren Verfahren die Anklage. Die Angeklagten haben das Recht sich zu verteidigen; sie können sich hierbei von Rechtsanwält*innen unterstützen lassen. Die Bevölkerung wird durch Schöffen – ehrenamtliche Laienrichter*innen – vertreten, die gemeinsam mit den staatlichen Berufsrichter*innen über Schuld und Strafe entscheiden. Das Urteil spricht die bzw. der staatliche Richter*in.[31]

3.2 (K)Eine Geschichte des Fortschritts?

Unser heutiges Rechtsystem ist für die meisten selbstverständlich und der «Inbegriff von Gerechtigkeit»[32], für andere ist die Entwicklung des Strafrechts alles andere als eine «Fortschrittsgeschichte»[33]. Zwar sind Menschen aufgrund ihrer biologischen Konstitution soziale Wesen und bedürfen für ihr Zusammenleben einer gesellschaftlichen Ordnung. Wie sich dieses Zusammenleben, die Herstellung sozialer Ordnung und der Umgang mit Konflikten gestaltet, ist aber vielmehr eine kulturelle Frage. Lebensumstände, wie sie zu Zeiten herrschaftsfreier Gesellschaften vorzufinden waren, sind aus verschiedenen Gründen nicht erstrebenswert: Das damalige Leben ist

28 Vgl. Rüping/Jerouschek 2011: 25f.

29 Vgl. Früchtel/Halibrand 2016: 22. Ausführlicher zum Naturrecht und der Aufklärung: vgl. Rüping/Jerouschek 2011: 65ff.

30 Früchtel/Halibrand 2016: 23.

31 Vgl. Früchtel/Halibrand 2016: 23.

32 Früchtel/Halibrand 2016: 23.

33 Stehr 2016: 12.

geprägt von kriegerischen Auseinandersetzungen, Willkür und Brutalität; im Übrigen besteht die an anderer Stelle erwähnte Gleichheit nur zwischen Männern.[34]

Mit der Entwicklung unseres Rechtssystems sind eigene Ausgleichs- und Versöhnungspraktiken sozialer Gruppen zunehmend zurück- und letztendlich verdrängt worden. Staatliches Strafen hat jedoch nicht die Funktion der Konfliktregelung übernommen und eine Lücke hinterlassen. Es dient vielmehr zur Darstellung von Ordnung und der Demonstration von Herrschaft:[35] «Wo der Brauch Ausgleich anstrebt, zielt das Recht auf Abschreckung»[36].

Die strafrechtlich relevanten Konflikte werden in Rechtskonflikte transformiert und auf eine Art und Weise bearbeitet, die mit der Lebenswelt der originär Konfliktbeteiligten wenig zu tun hat.[37] In vielen Fällen verstehen die Beschuldigten und Geschädigten die Verfahrensweise des Strafprozesses und die darin gesprochene Sprache nicht. Ziel des Verfahrens ist Klarheit über das «tatsächliche» Tatgeschehen zu schaffen, zu klären, ob der Beschuldigte schuldhaft gehandelt und ob bzw. welche Sanktion auf dieses Handeln zu erfolgen hat. Die Interessen der Betroffenen sind für den Strafprozess kaum relevant. Der dem Strafverfahren zugrunde liegende Konflikt wird in vielen Fällen nicht gelöst. Häufig bleiben sowohl aufseiten der beschuldigten als auch aufseiten der geschädigten Personen Gefühle von Ungerechtigkeit zurück. Eine weitere negative Begleiterscheinung ist, dass der Staat bereits durch das Strafverfahren – als Zwangsverfahren – in die Freiheits- und Persönlichkeitsrechte der Beschuldigten eingreift und ihnen – unabhängig von der Schuldfrage und der späteren Gerichtsentscheidung – in gewisser Weise Übel zufügt.[38]

Die Freiheitstrafe, als die am intensivsten in die Grundrechte des Menschen eingreifende Sanktion, «lehrt die Bürger als ‹hidden curriculum› das Wegschauen vor den Problemen anderer, lehrt die Ignoranz. Diese wiederum läßt ein Klima zu, in dem Kriminalität gedeiht.» – Gefängnisse «betonen Gewalt und De-

34 Vgl. Hess/Stehr 2015: 42; vgl. Domenig 2013: 16.

35 Vgl. Stehr 2016: 13; zur Entstehung von Herrschaft: vgl. Hess/Stehr 2015: 56ff.

36 Hess/Stehr 2015: 71.

37 Vgl. Stehr 2016: 14.

38 Vgl. Ostendorf 2010b: 18.

gradierung als Methode, zwischenmenschliche Konflikte zu lösen, propagieren Härte und Desinteresse als Umgangsform».[39]

Bereits deshalb stellt sich die Frage, was diese schweren Eingriffe in die Grundrechte der Menschen rechtfertigt.

4. Wieso bedarf es des staatlichen Strafens?

Aus welchen Gründen ist es notwendig, auf abweichendes Verhalten mit Strafe zu reagieren? Die Geschichte des praktizierten staatlichen Strafens ist wesentlich älter als die Reflexion über dessen Legitimation. Doch «das Recht legimitiert sich nicht selbst»[40] – Strafe ist Übelzufügung und greift einschneidend in die Freiheitsrechte der betroffenen Bürger*innen ein. Staatliches Strafen bedarf daher einer überzeugenden Rechtfertigung.[41] Wie die Antwort auf die Frage, welchen Zweck das staatliche Strafen erfüllen sollte, auszufallen hat, besteht zum Teil große Uneinigkeit, wenn nicht sogar ein seit Jahrhunderten andauernder Streit.[42] Nur in einem sind sich viele Strafrechtstheoretiker sicher: dass Strafe grundsätzlich etwas Sinnvolles sei.[43]

Die Entwicklung der bedeutsamsten Straftheorien geht zurück ins 18. Jahrhundert. Die im Folgenden vorgestellten Grundpositionen der sogenannten «relativen» und «absoluten» Straftheorien wirken bis heute noch in die Ausgestaltung unserer Strafprozessordnung (StPO), dem Strafgesetzbuch (StGB) und den verschiedenen Strafvollzugsgesetzen der Länder hinein. Sie sind Nährboden für verschiedene kriminalpolitische Debatten, wie zum Beispiel, wenn durch «harte» Strafen potentielle «Autoraser*innen» abgeschreckt oder «besserungsfähige» Straftäter*innen bei ihrer Resozialisierung unterstützt und «besserungsunfähige», als «gefährlich geltende» Menschen dagegen durch Sicherungsverwahrung[44] «unschädlich» gemacht werden sollen.

39 Schumann 1988: 33.
40 Zürcher 2014: 9.
41 Vgl. Zürcher 2014: 17f.
42 Vgl. Hassemer 2009: 139.
43 Vgl. Kunz/Mona 2006: 253.
44 Die Sicherungsverwahrung gilt im strengen Sinne des Gesetzes nicht als Strafe, sondern als Maßregel zur Sicherung, die als «‹Draufschlag› aus

Die blitzlichtartig dargestellten Grundpositionen werden anschließend um zwei historisch bedeutsame sozialtheoretische Erklärungen des Strafens ergänzt, deren geistige Eigentümer kritisch schlussfolgern, dass die Straftheorien über die eigentlichen gesellschaftlichen Hintergründe des Strafens hinwegtäuschen.

4.1 Relative Straftheorien

Kern der relativen, zukunftsorientierten Straftheorien ist, dass durch Androhung und Vollzug von Strafe weitere «Kriminalität» verhindert werde:

1. Auf gesamtgesellschaftlicher Ebene durch «Vertrauen in die Rechtsordnung» und «Einübung in Rechtstreue» (positive Generalprävention) sowie durch «Abschreckung potentieller Folgetäter» (negative Generalprävention).
2. Auf individueller Ebene durch «Resozialisierung des Straffälligen» (positive Spezialprävention) sowie «Sicherung, Abschreckung des Straffälligen»[45] (negative Spezialprävention).

Im Jahr 1764 erscheint ein kleines Buch mit dem Titel «Von den Verbrechen und den Strafen»[46], das den historischen Grundstein für die moderne Kriminologie und die systematische Begründung der Strafe legen sollte.[47] Der Autor ist Cesare Beccaria (eigentlich: Bonesana), ein italienischer Rechtsphilosoph. Er fordert eine Reform des von Willkür und Grausamkeit geprägten mittelalterlichen Strafsystems. Sein Beweggrund ist rein humanistischer Art: die Verringerung des Leids in der Gesellschaft. Eine transparente, für alle Gesellschaftsmitglieder gleich geltende Gesetzgebung sowie effiziente, angemessene und möglichst milde Strafen sollen allein dem Wohl des Gemeinwesens dienen und das gemeinsame Glück maximieren.[48] Die

---

Gründen der Gefährlichkeit» (Jung 2002: 38) an eine zuvor zu verbüßende Strafe erfolgt.

45 Kunz/Singelnstein 2016: 285.

46 Becarria 1998.

47 Doch bereits vorher gab es große (Vor-)Denker, die sich mit dem Zweck des nützlichen Strafens auseinandersetzten, wie z.B. Hugo Grotius, Samuel von Pufendorf, Christian Thomasius, Charles de Secondat Baron Montesquieu, Voltaire, Joseph von Sonnenfels oder Hommel (vgl. Cornel 2014: 34).

48 Vgl. Beccaria 1998: Z.B. 61f., 66f., 82, 56, 105, 108ff., 167; Zusammenfassend: Vgl. Dübgen 2016: 16ff.

wichtigste Funktion der Strafe sei deren Abschreckungswirkung für das Individuum im Speziellen und für die Gesellschaft im Allgemeinen: Verbrechen dürfe sich nicht lohnen.[49] Die Transparenz der Gesetze und der zu befürchtenden Strafe soll potentielle Straftäter*innen von der Tatbegehung abhalten, die ausnahmslose Bestrafung von «Kriminellen» soll die Allgemeinheit abschrecken, es ihnen gleichzutun. Alles, was über den Zweck unausweichlicher Notwendigkeit hinausgehe, sei Tyrannei.[50]

Im Unterschied zu Beccaria leitet der Engländer Jeremy Bentham die Notwendigkeit des staatlichen Strafens aus rein zweckmäßigen und nicht aus moralischen Gründen ab.[51] Straftaten richten seines Erachtens auf drei Ebenen Schaden an: Erstens auf der Ebene der unmittelbar von der Straftat betroffenen Personen, zweitens unmittelbar auf der gesellschaftlichen Ebene und – falls auf Sanktionen verzichtet werde – drittens auf der Ebene der dauerhaften, im gesamten sozialen Gefüge destabilisierend wirkenden gesellschaftlichen Schäden.[52] Strafe diene zur Kriminalitätsprävention, zur «Besserung» der «Täter» und zum Ausgleich des vorhandenen Schadens.[53] In der Folge müsse die Strafe je höher ausfallen, desto größer die Versuchung einer Person sei, eine Straftat zu begehen.

Als Begründer der modernen Schule des Strafrechts gilt der österreichische Rechtswissenschaftler Franz von Liszt. Nach ihm hat sich die Strafe ausschließlich an den als schützenswert definierten Rechtsgütern einer Gesellschaft und den sozialen Funktionen von Strafe auszurichten.[54] Auf dieser Basis seien die Strafzwecke zu begründen und wissenschaftlich zu überprüfen. Von Liszt plädiert für ein Täterstrafrecht, das unterschiedliche Strafmaßnahmen für unterschiedliche Tätertypen vorsieht: Besserungsmaßnahmen für die «Besserungsfähigen» und «Besserungsbedürftigen», Abschreckungsmaßnahmen für die nicht «Besserungsbedürftigen» und Maßnahmen zur Unschädlichmachung der nicht «Besserungsfähigen». Bei «Tätergruppen» mit einer erhöhten Rückfallwahrscheinlichkeit würde dies selbst

49 Vgl. Beccaria 1998: Z.B. 84, 93, 105, 121, 167.

50 Vgl. Beccaria 1998: 59.

51 Bentham gilt als Begründer der Philosophie des Utilitarismus (vgl. Dübgen 2016: 27).

52 Vgl. Bentham 2007: 67ff.

53 Vgl. Dübgen 2016: 30.

54 Vgl. Dübgen 2016: 60f.

bei geringen Delikten eine lebenslange Inhaftierung bedeuten. Die dahinterstehende Idee: «Prävention durch Repression»[55].

4.2 Absolute Straftheorien

Der deutsche Philosoph Immanuel Kant kritisiert die von Beccaria und Bentham beanspruchten relativen Strafzwecke. Denn der Mensch dürfe grundsätzlich nicht für individuelle oder soziale Zwecke missbraucht werden. Das Strafrecht sei einerseits notwendig, um den einzelnen Bürger vor den willkürlichen Maßnahmen der Herrschenden zu schützen; es müsse die Kriterien der Gleichheit, Allgemeinheit und Angemessenheit erfüllen.[56] Andererseits sei Strafe bei jeder kriminellen Handlung zur Vergeltung – dem Kern der absoluten, rückwärtsgewandten Straftheorien – erforderlich, also: um die Gerechtigkeit in der Gesellschaft wiederherzustellen. Somit müsse sich die Strafe konkret an der jeweiligen Tat bemessen, die nach dem sogenannten Talionsprinzip[57] auszugleichen sei. Das Ausmaß des Tatausgleichs werde grundsätzlich zwar durch die Menschenwürde begrenzt, im Fall von Mord sei die Todesstrafe allerdings die einzig denkbare Konsequenz.[58]

Als ein weiterer einflussreicher Straftheoretiker gilt Georg Wilhelm Friedrich Hegel, ebenfalls ein deutscher Philosoph. Die Strafe diene zur Wiederherstellung des positiven Rechts, das die Grundlage der Freiheit der Menschen sei[59], und richte sich gegen die Tat und nicht gegen den «Täter». Durch die Tatbegehung willige der «Täter» in die Strafe ein. Der Vollzug der Strafe sei Ausdruck dessen, dass der Staat ihn als Bürger ernst nähme.[60] Gleichzeitig werde durch den Strafvollzug die geltende Norm bestärkt. Im Unterschied zu Kant schließt Hegel Ersatzleistungen für die Strafe nicht aus, wenn sich diese am «Maß der inneren Gleichheit»[61] orientieren.

---

55 Dübgen 2016: 65.

56 Vgl. Kant 2014: 454ff. Kant hat im Vergleich zu unserer Zeit ein ungewöhnliches Verständnis von Gleichheit: Für Frauen, Dienstboten, Unmündige, finanziell von anderen abhängige Personen sowie Menschen anderer Hautfarbe gelte das Gesetz nicht (vgl. Dübgen 2016: 45).

57 Sinnbildlich: «Auge um Auge, Zahn um Zahn».

58 Vgl. Kant 2014: 455.

59 Vgl. Hegel 2017: 41, 84ff.

60 Vgl. Hegel 2017: 85ff..

61 Vgl. Hegel 2017: 87f.

4.3 Kritik an Theorie und Praxis des Strafens

Der französische Soziologe Émile Durkheim zweifelt an der Wahrhaftigkeit der Strafziele «Besserung» und «Prävention». Wenn man die Strafwirkung an ihren zugeschriebenen Strafzielen bemisst, erweise diese sich als wenig effizient. Trotzdem will keine Gesellschaft auf staatliches Strafen verzichten. Als «gesellschaftliche Rhetoriken zur öffentlichen Rechtfertigung der Strafe»[62] verschleierten die genannten Strafziele den eigentlichen Strafzweck: Die Vergeltung des normabweichenden Verhaltens, das die moralischen Gefühle der Gemeinschaftsmitglieder verletzt habe.[63] Als Soziologe interessiert sich Durkheim für die sozialen Motive und die strukturelle Funktion von Strafe. Er kommt zum Ergebnis, dass durch die Sanktionierung das Solidaritätsgefühl der anderen Gesellschaftsmitglieder gesteigert werde. Strafe sei «ein expressiver kommunikativer Akt, welcher verdeutlicht was moralisch richtig ist»[64]. Allein der Tadel der Normabweichung sei wichtig, um dieses Ziel zu erreichen, und nicht hartes Strafen. Durkheim mahnt zu einer Reduktion des Strafens auf ein Minimum.[65]

Ein weiterer großer Kritiker der vorhandenen Straftheorien und des Strafens ist der deutsche Philologe Friedrich Wilhelm Nietzsche. Wie Durkheim weist er auf die nachträgliche theoretische Legitimierung der Strafe hin, die lange Zeit zuvor bereits staatliche Praxis gewesen ist und im Nachhinein erklärbar gemacht werde.[66] Die Herrschenden definieren, welches Verhalten «gut» und «böse» sei und in der Folge bestraft werden müsse. «Kriminalität» sei somit ein soziales Konstrukt und das Strafrecht Ausdruck der sozialen Machtverhältnisse.[67] Das abweichende Verhalten erkläre sich allein aus sozialen Einflüssen.[68] Strafe erniedrige den Menschen, verhindere, dass er aufgrund seiner Tat Schuldgefühle entwickeln könne, und führe vielmehr dazu, dass er bei seiner nächsten Straftat vorsichtiger

62 Dübgen 2016: 72.

63 Vgl. Dübgen 2016: 72; zur Verletzung der Kollektivgefühle durch «Kriminalität»: vgl. Durkheim 1968: 4ff.

64 Dübgen 2016: 76.

65 Vgl. Durkheim 1984: 206f., 215ff., 220f.

66 Vgl. Nietzsche 2017: 60ff. oder vgl. Nietzsche 2006: 59f.

67 Vgl. Nietzsche 2017: 16ff., 57ff.

68 Vgl. z.B. Nietzsche 2006: 55ff.

vorgehe, um nicht gefasst zu werden.[69] Mehr noch: Für Nietzsche ist das gesellschaftliche Strafbedürfnis etwas Krankhaftes, das überwunden werden muss:[70] «Eine straflose Gesellschaft wäre selbstbewusst und gefestigt. Sie würde nicht mehr auf Unterwerfung basieren, sondern auf dem Austausch zwischen einander Gleichgestellten»[71]. Lehrer würden Richter ersetzen, um die Vernunft der Menschen auszubilden. Das Ziel müsse weises und nicht mehr moralisches Handeln sein.

4.4 Bedeutungen der Grundpositionen für die Gegenwart

Zum Ende des 19. Jahrhunderts entwickelt sich der Diskurs um die Relevanz der verschiedenen Strafzwecke eindeutig zum Vorteil der relativen Straftheorien. Im Sinne von Franz von Liszt wird dem Strafrecht eine soziale Zweckmäßigkeit zugeschrieben: Die Strafe soll weiterer «Kriminalität» vorbeugen. Der Tatverantwortliche soll durch Strafe «gebessert» und vom Begehen weiterer Straftaten abgeschreckt werden. Die rechtstreue Gesellschaft soll in ihrem normativen Verhalten bestärkt werden und gleichzeitig erfahren, dass sich Verbrechen nicht lohnt.[72]

Seit den 1970er-Jahren ist insbesondere in den USA eine Wende hin zur Vergeltung festzustellen. Eine «unheilige Allianz» von linken und liberalkonservativen Vertreter*innen kritisiert die geringe Wirkung der Resozialisierungsprogramme und die – im Vergleich zur Deliktschwere – häufiger unverhältnismäßig lange individualisierte Strafdauer. Strafe soll auf ein Mindestmaß reduziert werden und ausschließlich dem Zweck der Vergeltung dienen.[73] Was von den Kritiker*innen des damaligen Strafsystems ursprünglich gut gemeint gewesen ist, führt zur Beschränkung der Möglichkeit von vorzeitigen Entlassungen, zu einer Strafverschärfung bei weiteren Verurteilungen und letztendlich zu überproportional hohen Strafen.[74]

---

69 Vgl. Nietzsche 2017: 64ff.

70 Vgl. z.B. Nietzsche 2006: 94f., 572f.; zusammenfassend vgl. Dübgen 2016: 81.

71 Dübgen 2016: 87.

72 Vgl. Kunz/Singelnstein 2016: 284.

73 Vgl. Lüderssen 1995: 20f.

74 Vgl. Kunz/Singelnstein 2016: 319.

Das deutsche Bundesverfassungsgericht hat in einer Entscheidung aus dem Jahr 1977 als oberstes Ziel des Strafens die Bewahrung der Gesellschaft vor sozialschädlichem Verhalten und den Schutz der elementaren Werte des Gemeinschaftslebens erklärt.[75] «Schuldausgleich, Prävention, Resozialisierung des Täters, Sühne und Vergeltung für begangenes Unrecht werden als Aspekte einer angemessenen Strafsanktion bezeichnet», was bedeutet, dass das «geltende Strafrecht und die Rechtsprechung der deutschen Gerichte [...] weitgehend der sogenannten Vereinigungstheorie [folgen], die – allerdings mit verschieden gesetzten Schwerpunkten – versucht, sämtliche Strafzwecke in ein ausgewogenes Verhältnis zu bringen»[76].

In Deutschland bleibt die offizielle soziale Zweckmäßigkeit des Strafrechts in den Folgejahren zwar bestehen; 1998 hat das Bundesverfassungsgericht den Gesetzgeber sogar zur Entwicklung eines Resozialisierungskonzepts verpflichtet, das die Grundlage für die Strafvollzugsgestaltung geworden ist.[77] Aber seit den 1990er-Jahren sind auch hier Strafverschärfungen festzustellen, die mit dem Schutz der Bevölkerung begründet werden:[78] «Die Vergeltung, ein längst überholt geglaubter Strafzweck, feiert ihren neuen Glanz. Diese Entwicklung wird durch eine Angst vor Überfällen, Terrorakten und anderen Untaten bestärkt, welche von der Sensationsberichterstattung der Medien gefüttert wird und die reale Bedrohung weit übersteigt.»[79]

Gleichzeitig steht das «klassische» Strafrecht tatsächlich vor neuen Problemen und Aufgaben, die auf soziale Veränderungen von der Industriegesellschaft zu einer «(Welt-) Risikogesellschaft»[80] zurückzuführen sind: Die Wirtschafts- und Umweltkriminalität, die Internetkriminalität, die organisierte Kriminalität und der Terrorismus[81] werden komplexer, grenzüberschreitender und beinhalten neue Risiken und mehr «Gefahrenpotenzial» als frühere «Kriminalität».[82] Das Strafrecht ist

---

75 Vgl. Openjur, Abs. 223 [https://openjur.de/u/60105.html], abgefragt am 5.3.2018.

76 Openjur, Abs. 220 [https://openjur.de/u/60105.html], abgefragt am 5.3.2018.

77 Vgl. Cornel 2014: 45.

78 Vgl. Kunz/Singelnstein 2016: 321f.

79 Kunz 2015: 5.

80 Beck 1986 bzw. Beck 2008.

81 Vgl. Sieber 2007: 17.

82 Vgl. Sieber 2007: 3.

überfordert, kann oftmals nur eine symbolische Funktion leisten und richtet sich stärker an Prävention und Sicherheit aus: Es verändert sich von einem «Instrument der Verbrechenskontrolle zu einem globalen Steuerungssystem»[83], das «von punktueller Repression konkreter Rechtsverletzungen [zu] großflächiger Prävention von Problemlagen»[84] tendiert.[85] Doch so wenig sich das Strafrecht bereits für die Regelung zwischenmenschlicher Probleme eignet, umso weniger eignet es sich zur Regulierung der genannten gesellschaftlichen Herausforderungen oder gar zur Behebung der diesen zugrundeliegenden systematischen Problemen.

Losgelöst von den Strafzwecken der Prävention und Vergeltung wird Strafe im 21. Jahrhundert auch als Mittel benutzt, um «Ordnungsprobleme» als Folge sozialer Ungleichheit mit Härte zu bekämpfen und die «Störenfriede» als «selbstverschuldete Außenseiter*innen» aus dem Bewusstsein der besser situierten Bürger*innen zu verdrängen.[86]

5. Wirkung des Strafens

Wenn das Strafen der Legitimation bedarf und damit die zuvor benannten Ziele erreicht werden sollen, dann muss es sich daran messen lassen, inwiefern es diese Ziele tatsächlich erreicht. Hört man den Reden von Politiker*innen oder scharfen Diskussionen am Stammtisch zu, dann erscheint die Wirkung von Strafe selbstverständlich zu sein. Aber inwiefern hält diese Gewissheit der Wissenschaft stand? Betrachten wir nun vorliegende Befun-

---

83 Vgl. Prittwitz 1993: 152–153.

84 Hassemer zit. nach Prittwitz 1993: 153; vgl. auch Albrecht 2011: 124-125.

85 Spürbar sind diese Veränderungen in einigen Rechtsordnungen: Die Strafbarkeit im materiellen Recht wird vorverlagert, präventive Überwachungskonzepte werden erweitert, im Strafprozessrecht werden Garantien begrenzt, klassische Rechtskategorien verblassen, «Task Forces», deren Handeln aufgrund von fehlender Kontrolle von außen nicht transparent ist, werden zwischen verschiedenen Institutionen und Ländern gegründet, um strafrechtliche Ermittlungen zu verbessern (vgl. Sieer 2007: 27).

86 Vgl. Kunz/Mona 2006: 254; «Zur neoliberalen Regierung der sozialen Unsicherheit» und der «Bestrafung der Armen» in den USA und Frankreich: vgl. Wacquant 2013.

de zur generalpräventiven und spezialpräventiven Wirkung der Strafe und widmen uns am Ende kurz der Frage, ob sich absolute Strafzwecke zur Begründung von Strafe besser eignen.

Bevor wir uns mit der Frage nach der abschreckenden Wirkung von Strafe auf die Bevölkerung (negative Generalprävention) befassen, muss auf die generellen Herausforderungen der wissenschaftlichen Zugänglichkeit von «Kriminalität» hingewiesen werden.[87] Die vorliegenden Belege zur Bestätigung der Abschreckungswirkung sind mager.[88] Bestenfalls lässt sich deren Wirkung im Bereich leichter «Alltagskriminalität» feststellen, obwohl die nachgewiesenen Effekte auch hier nur geringfügig sind. Interessanterweise ist der Abschreckungseffekt von hohen Strafen nicht größer als der einer symbolischen Missbilligung. Am Beispiel der USA, wo bei mehrmaligen Rückfällen Gefängnisstrafen von mindestens zwanzig Jahren drohen («Three Strikes and you're out!») und es in manchen Staaten noch die Todesstrafe gibt, lässt sich keine höhere Abschreckungswirkung als in anderen Ländern feststellen, die maßvoller strafen. Eine Wirkungssteigerung durch die Erhöhung der Entdeckungs- und Bestrafungswahrscheinlichkeit ist nach aktuellem Wissen ebenfalls eher unwahrscheinlich.[89]

Bezüglich der positiven Generalprävention gibt es zwar Hinweise, dass durch die öffentliche Reaktion auf eine Straftat die verletzte Norm bekräftig werden kann. Allerdings muss dies im Regelfall keine förmliche Strafe sein: Eine symbolische Missbilligung würde bereits ausreichen. Ergebnisse von Umfragen in der deutschen (und europäischen) Bevölkerung bestätigen, dass viele Menschen als Sanktion auf abweichendes Verhalten gemeinnützige Arbeit und sonstige Wiedergutmachungsleistungen Freiheitsstrafen vorziehen. Selbst Betroffene von Straftaten haben kein größeres Strafbedürfnis als andere Menschen ohne vergleichbare Erfahrungen der «Opferwerdung». Anstelle von Strafe werden vielmehr milde (sozial-)pädagogisch wertvollere Reaktionen auf die Tat bevorzugt.[90]

Um die Belegbarkeit der Wirkung der (positiven wie negativen) Spezialprävention ist es ähnlich schlecht bestellt: Der aktuelle Forschungsstand deutet darauf hin, dass sich die Rückfall-

---

87 Vgl. Kunz/Singelnstein 2016: 287ff.

88 Vgl. Lüderssen 1995: 30f.

89 Vgl. Kunz/Singelnstein 2016: 292.

90 Vgl. Kunz/Singelnstein 2016: 289f.

gefahr – unabhängig von der Art und Schwere der vorherigen Sanktion – kaum verändert.[91] Im Fall von eingriffsintensiven Sanktionen wie der Freiheitsstrafe ist vielmehr mit (je nach sozialem Background mehr oder weniger starken) destabilisierenden Wirkungen und einer Verengung des legalen Handlungsspielraums zu rechnen.

Wie die vorangegangene Zusammenfassung des aktuellen Forschungsstands zur gesamten präventiven Wirkung des Strafens zeigt, reichen die Befunde nicht zur Begründung des staatlichen Strafens aus – im Gegenteil. Hinzu kommen verfassungsrechtliche Probleme: Relative Straftheorien lassen «Strafe als ein Instrument einer umfassenden Kontrollpolitik erscheinen, die mit den Handlungen von verantwortlichen Individuen nicht in Verbindung zu bringen ist»[92]. Als Verfechter des zweckfreien Strafens kritisieren dies bereits Kant und Hegel, die stattdessen fordern, den «Täter» «gerade in der Strafe als würdiges Subjekt zu behandeln»[93].

Doch wie soll ausgerechnet durch Strafe – durch einen starken Eingriff in die Grundrechte von Menschen – ein würdiger, respektvoller Umgang mit den Tatverantwortlichen erreicht werden? Und sollte es Aufgabe eines demokratischen Staates sein, Rache auszuüben? Bereits Franz von Liszt sprach im Zusammenhang mit der Vergeltung als Selbstzweck von «einer Versündigung des Herzens» und einer «Verirrung des Verstandes»[94]. Und wenn Strafe zumindest einen Zweck erfüllen muss, dann sollte es sein, dass sie von den Betroffenen verstanden wird. Bei der Strafe als Selbstzweck ist dies kaum möglich.[95]

6. Muss Strafe sein?

Für ein gesellschaftliches Zusammenleben in Frieden und Freiheit sind als schützenswert zu definierende Normen notwendig. Um nach einer schweren Abweichung von einer dieser Normen deren weitere Geltung zu bekräftigen und den sozialen Frieden sowie den Rechtsfrieden zu sichern bzw. wiederherzustellen,

91 Vgl. Kunz/Singelnstein 2016: 303.
92 Zürcher 2014: 81.
93 Zürcher 2014: 81.
94 Wesel 2015: 16.
95 Vgl. Lüderssen 1995: 414.

sind in einigen Fällen durchaus soziale Interventionen oder gar Strafe notwendig.[96] Verstehen wir Strafe – zunächst unabhängig von ihrer Gestalt und ihrer Qualität – als eine reaktive Missbilligung auf den Normverstoß, lautet die Antwort auf die Frage, ob diese sein muss: ja.

Wie an anderer Stelle begründet, bedarf das (staatliche) Strafen einer Legitimation. Und wie sich gezeigt hat, erfüllt unser geltendes Strafrechtsystem die eigenen präventiven Ansprüche kaum. Im Übrigen eignet es sich nicht zur Lösung der originären Konflikte zwischen den Beteiligten oder zur Linderung des entstandenen Leids. Erlauben wir uns den Blick über den straftheoretischen Tellerrand der Grundpositionen, tun sich vielversprechende «neue» Welten auf, die einen anderen theoretischen und praktischen Umgang mit strafrechtlich relevanten Konflikten ermöglichen und das traditionelle staatliche Strafen auf ein Minimum reduzieren können.

Im Sinne der sogenannten «expressiven Straftheorien» muss Strafe nicht zwingend mit weiterer Leidzufügung verbunden sein. Strafe gilt hier zwar als «eine notwendige, d. h. moralisch angemessene Reaktion auf ein moralisch falsches Verhalten»[97], aber von Bedeutung ist vielmehr, dass sie einen symbolischen Charakter besitzt, Ausdruck der Missbilligung des jeweiligen Verhaltens ist und von der tatverantwortlichen Person als Apell verstanden wird, sich zukünftig anders zu verhalten.[98] Die Straftat wird als Konflikt zwischen den direkt und indirekt Beteiligten verstanden;[99] dem Verantwortlichen wird trotz seiner Tat mit Respekt begegnet.

Hierfür sind Rahmenbedingungen notwendig, in denen Kommunikation und aktive Verantwortungsübernahme möglich werden. Es sind Voraussetzungen zu schaffen, in denen die Konfliktbeteiligten im Mittelpunkt stehen, die Verletzung der tatbetroffenen Person anerkannt wird, die Situation tatsächlich verbessert sowie Versöhnung angestrebt und das weitere Zusammenleben fortgeführt werden kann. «Solange es zumindest Hoffnung gibt, ein Gespräch könnte gelingen, ist ‹Ge-

96 Vgl. Zürcher 2014: 184.

97 Zürcher 2014: 129.

98 Vgl. Zürcher 2014: 128f.

99 Konturen einer solchen Kriminalpolitik zeichnen z.B. Hanak/Stehr/Steinert 1989.

sprächsverweigerung› keine moralische Option»[100], das heißt, dass alternative auf Konfliktvermittlung ausgerichtete Praktiken, wie die Mediation oder andere Formen der Restorative Justice priorisiert werden und Freiheitsstrafen nur als Ultima Ratio infrage kommen.

Neben den Strafen und Maßregeln gibt es in Deutschland seit den 1980er-Jahren Bestrebungen, die strafrechtlichen Reaktionen um die Möglichkeit der Wiedergutmachung als «dritte Spur» zu etablieren.[101] Trotz ermutigender wissenschaftlicher Belege, langjährigen positiven Praxiserfahrungen und einer im Wesentlichen «wiedergutmachungsoffenen» Bevölkerung, fristet diese in der Gesellschaft noch weitgehend unbekannte Option nach wie vor in der Justizpraxis ein «Schattendasein».[102] Ziel einer humanistischen Rechtspolitik wäre, dass solche Angebote nicht (in nur wenigen Fällen) die Alternative zur gängigen Strafrechtspraxis bleiben, sondern dass die herrschende Strafrechtspraxis zukünftig (in wenigen Fällen) die Alternative zur gängigen Konfliktbearbeitungspraxis wird.

Weitere sich ergänzende Denkansätze und Reformvorschläge reichen zum Beispiel von der Übernahme der Aufgaben des Strafrechts durch das andere öffentliche Recht und das Zivilrecht,[103] Ansätzen der Teilhabe statt der Ausgrenzung,[104] der Umgestaltung des Strafvollzugs[105] oder einer Abschaffung des Gefängniswesens als Gedankenexperiment und Vision[106].

---

100 Zürcher 2014: 188.

101 Vgl. hierzu z.B. Arbeitskreis deutscher, Schweizer und österreichischer Strafrechtslehrer 1992.

102 Vgl. Kunz/Singelnstein 2016: 304; vgl. Lüderssen 1995. 153ff.; bundesweit wird in Deutschland schätzungsweise jährlich in ca. 20.000–30.000 Fällen über eine Mediation in Strafsachen ein «Täter-Opfer-Ausgleich» angeregt (vgl. Dünkel 2016: 507f.). Das ist nicht besonders häufig, wenn man bedenkt, dass in 2016 insgesamt 6,37 Millionen Straftaten (ohne Ordnungswidrigkeiten, Staatsschutz- und Verkehrsdelikte) polizeilich registriert worden sind (vgl. De.Statista [https://de.statista.com/statistik/daten/studie/197/umfrage/straftaten-in-deutschland-seit-1997/], abgefragt am 5.2.2018).

103 Vgl. Lüderssen 1995: 410ff.

104 Vgl. Dribold 1990.

105 Vgl. z.B. Baumann 1974.

106 Zum Abolitionismus: vgl. z.B. Schumann/Steinert/Voß 1988 u. Mathiesen 1979.

7. Weiterführende Gedanken

Die Zeit der Abolitionist*innen, die auf der Grundlage wissenschaftlicher Empirie der Kritischen Kriminologie eine Abschaffung – oder zumindest eine Zurückdrängung – des staatlichen Strafens und – allen voran – des Gefängniswesens gefordert haben, scheint seit über drei Jahrzehnten vorbei zu sein. Im hintersten Kämmerchen des kriminologischen Elfenbeinturmes mag das Thema beizeiten aufgegriffen werden, für den wissenschaftlichen Mainstream und die Kriminalpolitik scheint es als «utopische Spinnerei» ad acta gelegt worden zu sein.

Dabei ist die Notwendigkeit, auf einer möglichst breiten Basis die justizielle Strafpraxis kritisch zu erörtern und zu verändern, nicht weniger geworden. Das Gegenteil ist der Fall: Im kriminologischen Diskurs wird seit den letzten zwei Jahrzehnten auch in Deutschland eine neue «Lust am Strafen» diskutiert.[107] Deutlich belegbar ist das gesteigerte Strafbedürfnis anhand der inhaltlichen Ausgestaltung von politischen Wahlkämpfen und an darauf folgenden strafverschärfenden kriminalpolitischen Reformen, wie zum Beispiel im Jugendstrafrecht, sowie am Bau neuer Gefängnisse. Besonders verschärft hat sich der Umgang mit Gewalt- und Sexualstraftätern oder auch mit «Kriminellen» mit türkischem oder ex-jugoslawischen Migrationshintergrund –[108] also «spezifische[n] Randgruppen und Personen, denen besonders stigmatisierte Deliktarten zur Last gelegt werden».[109] Es ist zu vermuten, dass sich das kriminalpolitische Klima und das Strafbedürfnis in Teilen der Bevölkerungen seit der sogenannten «Flüchtlingskrise» in Deutschland – zumindest bezüglich der Bestrafung von strafrechtlich in Erscheinung tretenden Migrant*innen – weiterhin verschärft haben.

Diese Straffokussierung lenkt von den eigentlichen sozialen Herausforderungen ab und erschwert einen humanistischen Diskurs über heilsamere Möglichkeiten der Konfliktbearbeitung sowie der Notwendigkeit sozialpolitischer Veränderungen.

---

107 Vgl. z.B. Kunz/Mona 2006: 253.

108 Vgl. Dollinger 2011: 52ff. bzw. vgl. Dübgen 2016: 10.

109 Dollinger 2011: 64.

Bibliographie

Albrecht, Hans-Jörg (2011): Bestrafung der Armen? Zu Zusammenhängen zwischen Armut, Kriminalität und Strafrechtsstaat. In: Bernd Dollinger / Henning Schmidt-Semisch (Hrsg.): Gerechte Ausgrenzung? Wohlfahrtsproduktion und die neue Lust am Strafen. Wiesbaden. S. 111–129

Arbeitskreis deutscher, Schweizer und österreichischer Strafrechtslehrer (1992): Alternativ-Entwurf Wiedergutmachung (AE-WGM). München

Bastian, Johannes (1995): «Strafe muß sein?» Einführende Gedanken zum Strafproblem in der Erziehung. In: Johannes Bastian (Hrsg.): «Strafe muß sein»? Das Strafproblem zwischen Tabu und Wirklichkeit. Weinheim, Basel. S. 7–28

Baumann, Jürgen (Hrsg.) (1974): Die Reform des Strafvollzuges. Programm nach den Vorstellungen des Alternativ-Entwurfes zu einem neuen Strafvollzugsgesetz. München

Beccaria, Cesare (1998): Über Verbrechen und Strafen. Frankfurt am Main, Leipzig

Beck, Ulrich (1986): Risikogesellschaft. Auf dem Weg in eine andere Moderne. Frankfurt am Main

Beck, Ulrich (2008): Weltrisikogesellschaft. Frankfurt am Main

Bentham, Jeremias (2007): Principien der Gesetzgebung. Boston

Christie, Nils (1986): Grenzen des Leids. Bielefeld

Cornel, Heinz (2014): Geschichte des Strafens und der Straffälligenhilfe. In: AK HochschullehrerInnen Kriminologie/Straffälligenhilfe in der Sozialen Arbeit (Hrsg.): Kriminologie und Soziale Arbeit. Ein Lehrbuch. Weinheim, Basel. S. 31–47

Dollinger, Bernd (2011): Punitivität in der Diskussion. Konzeptionelle, theoretische und empirische Referenzen. In: Bernd Dollinger / Henning Schmidt-Semisch (Hrsg.): Gerechte Ausgrenzung? Wohlfahrtsproduktion und die neue Lust am Strafen. Wiesbaden. S. 25–73

Dollinger, Bernd / Schmidt-Semisch, Henning (2011): Mit dem Hochdruckreiniger gegen soziales Elend? Zur Einleitung. In: Bernd Dollinger / Henning Schmidt-Semisch (Hrsg.): Gerechte Ausgrenzung? Wohlfahrtsproduktion und die neue Lust am Strafen. Wiesbaden. S. 11–24

Driebold, Rolf (1990): Teilnahme statt Ausgrenzung. Ein anderer Umgang mit Devianten. Bielefeld

Dübgen, Franziska (2016): Theorien der Strafe zur Einführung. Hamburg

Dünkel, Frieder (2015): Restorative Justice – Aktuelle Entwicklungen einer wiedergutmachenden Strafrechtspflege in Europa. In: Britta Bannenberg / Hauke Brettel et al.: Über allem: Menschlichkeit. Festschrift für Dieter Rössner. Baden-Baden, S. 499–515

Durkheim, Émile (1968): Kriminalität als normales Phänomen. In: Fritz Sack / René König (Hrsg.): Kriminalsoziologie. Frankfurt am Main. S. 3–8

Durkheim, Émile (1984): Erziehung, Moral und Gesellschaft. Frankfurt am Main;

Früchtel, Frank / Halibrand, Anna-Maria (2016): Restorative Justice. Theorie und Methode für die Soziale Arbeit. Wiesbaden

Hanak, Gerhard / Stehr, Johannes / Steinert, Heinz (1989): Ärgernisse und Lebenskatastrophen. Über den alltäglichen Umgang mit Kriminalität. Bielefeld

Hassemer, Winfried (2009): Warum Strafe sein muss. Ein Plädoyer. Berlin

Hegel, Wilhelm Friedrich (2017): Grundlinien der Philosophie des Rechts. Naturrecht und Staatswissenschaft im Grundrisse. Berlin

Henner, Hess / Stehr, Johannes (2015): Die ursprüngliche Erfindung des Verbrechens. In: Henner Hess: Die Erfindung des Verbrechens. Wiesbaden. S. 41–79

Hoerster, Norbert (2012): Muss Strafe sein? Positionen der Philosophie. München

Jung, Heike (2002): Was ist Strafe? Ein Essay. Baden-Baden

Kant, Immanuel (2014): Die Metaphysik der Sitten. 17. Aufl. Frankfurt am Main

Kunz, Karl-Ludwig (2015): Muss Strafen sein oder was sollen wir tun? In: Servicebüro für Täter-Opfer-Ausgleich und Konfliktschlichtung im DBH e. V. (Hrsg.): TOA-Magazin. Fachzeitschrift zum Täter-Opfer-Ausgleich. Nr. 02 / Juli 2015. Köln. S. 4–5

Kunz, Karl-Ludwig / Mona, Martino (2006): Rechtsphilosophie, Rechtstheorie, Rechtssoziologie. Bern, Stuttgart, Wien

Kunz, Karl-Ludwig / Singelnstein, Tobias (2016): Kriminologie. 7. Aufl. Bern, Stuttgart, Wien

Lüderssen, Klaus (1995): Abschaffen des Strafens? Frankfurt am Main

Mathiesen, Thomas (1979): Überwindet die Mauern! Die skandinavische Gefangenenbewegung als Modell politischer Randgruppenarbeit. Neuwied, Darmstadt

Nietzsche, Friedrich (2006): Menschliches, Allzumenschliches. Ein Buch für freie Geister. Köln

Nietzsche, Friedrich (2017): Genealogie der Moral. Hamburg

Ostendorf, Heribert (2010a): Strafrechtsprinzipien und Strafverfahren. In: Bundeszentrale für politische Bildung/bpb (Hrsg.): Informationen zur politischen Bildung Nr. 306. Kriminalität und Strafrecht. Bonn. S. 32–43

Ostendorf, Heribert (2010b): Vom Sinn und Zweck des Strafens. In: Bundeszentrale für politische Bildung/bpb (Hrsg.): Informationen zur politischen Bildung Nr. 306. Kriminalität und Strafrecht. Bonn. S. 18–22

Popitz, Heinrich (2016): Über die Präventivwirkung des Nichtwissens. Dunkelziffer, Norm und Strafe. In: Daniela Klimke / Aldo Legnaro (Hrsg.): Kriminologische Grundlagentexte. Wiesbaden. S. 33–46

Prittwitz, Cornelius (1993): Strafrecht und Risiko. Untersuchungen zur Krise von Strafrecht und Risiko. Untersuchungen zur Krise von Strafrecht und Kriminalpolitik in der Risikogesellschaft. Frankfurt am Main

Rüping, Hinrich / Jerouschek, Günter (2011): Grundriss der Strafrechtsgeschichte. 6. Aufl. München

Saalfrank, Katharina (2017): Kindheit ohne Strafen. Neue wertschätzende Wege für Eltern, die es anders machen wollen. Weinheim, Basel

Schumann, Karl F. (1988): Eine Gesellschaft ohne Gefängnisse. In: Karl F. Schumann / Heinz Steinert / Michael Voß (Hrsg.): Vom Ende des Strafvollzuges. Bielefeld. S. 16–34

Schumann, Karl F. / Steinert, Heinz / Voß, Michael (Hrsg.) (1988): Vom Ende des Strafvollzuges. Bielefeld

Sieber, Ulrich (2007): Grenzen des Strafrechts. Grundlagen und Herausforderungen des neuen strafrechtlichen Forschungsprogramms am Max-Planck-Institut für ausländisches und internationales Strafrecht. In: Helmut Fuchs / Tatjana Hörnle / Kristian Kühl et al. (Hrsg.): Zeitschrift für die gesamte Strafrechtswissenschaft. Sonderdrucks aus Band 119. Heft 1. S. 1–68

Stehr, Johnnes (2016): Vom sozialen Frieden zur individuellen Schuld (und zurück). In: Nadine Ochmann / Henning Schmidt-Semisch / Gaby Temme (Hrsg.): Healthy Justice. Überlegungen zu einem gesundheitsförderlichen Rechtswesen. Wiesbaden. S. 11–20

Wacquant, Loïc (2013): Bestrafen der Armen. Zur neoliberalen Regierung der sozialen Unsicherheit. 2. Aufl. Opladen, Berlin, Toronto

Wesel, Uwe (2015): Prof. em. Uwe Wesel im Gespräch mit Stefan Mey für Fluter, Magazin der Bundeszentrale für Politische Bildung (BPB), Themenheft «Kriminalität», Januar 2014. In: Servicebüro für Täter-Opfer-Ausgleich und Konfliktschlichtung im DBH e. V. (Hrsg.): TOA-Magazin. Fachzeitschrift zum Täter-Opfer-Ausgleich. Nr. 02/ Juli 2015. Köln. S. 16

Zihlmann, Peter (2002): Macht Strafe Sinn? Zürich, Basel, Genf

Zürcher, Tobias (2014): Legitimation von Strafe. Tübingen

Internetquellen

BPD https://www.bpb.de/nachschlagen/lexika/recht-a-z/22552/massregeln-der-besserung-und-sicherung], abgefragt am 17.2.2018

DE.STATISTA [https://de.statista.com/statistik/daten/studie/197/umfrage/straftaten-in-deutschland-seit-1997/], abgefragt am 5.2.2018

OPENJUR [https://openjur.de/u/60105.html], abgefragt am 5.3.2018

Die theologischen Wurzeln des Strafrechts

von Gerry Johnstone

Zusammenfassende Übertragung des Kapitels «The theological roots of judicial punishment» aus Gerry Johnstone: «Restorative Justice. Ideas, Values, Debates. Second Editon» (Routledge 2011, S.160–162,) mit einem einleitenden Kommentar der Herausgeberin.

Wer die Abschaffung der Strafe fordert, ist ständig damit konfrontiert, dass der gängige Umgang mit schmerzhaften Konflikten und problematischen Situationen, nämlich die Definition als Straftaten inklusive dafür zuständiger staatlicher Organe, sowie die Notwendigkeit von Strafe als selbstverständlich, «immer schon so» und quasi naturgegeben angenommen werden. Menschen können sich schlicht gar nicht mehr vorstellen, dass es anders gehen könnte, und sie wissen auch kaum noch, dass es einmal anders gewesen ist. Die Überlieferungen von Strafgeschichten aus anderen Zeiten führt zu einer Projektion heutiger Verhältnisse mit enormer Verfolgungsdichte und quasi Totalüberwachung in die Vergangenheit. Es lohnt sich daher, die Wurzeln unserer heutigen, römisch und katholisch geprägten Strafjustiz zu verfolgen.

Im 11. und 12. Jahrhundert fand ein Paradigmenwechsel in der Geschichte des Strafrechts statt. Ein Schlüsselmoment sollen die 1073 einsetzenden Kirchenreformen unter Papst Gregor VII. gewesen sein, der in seinen 27 Leitsätzen die Vorrangstellung der Kirche in der Gesellschaft und die Hoheit des Papstes in der Kirche festlegte. Davor war das Christentum eher dezentral organisiert und die Grenzen zwischen kirchlicher und weltlicher Macht waren verschwommen. Mit den Reformen bildete sich die katholische Kirche als Prototyp des modernen Staates aus: ein unabhängiges und hierarchisches Gemeinwesen mit eigenen Gesetzen und einer eigenen Verwaltung.

Im 12. Jahrhundert begann der Klerus die Sorge um das Seelenheil der Menschen und die Verwaltung der Gesellschaft als seine Aufgabe anzusehen. Er reklamierte das Recht, Gesetze zu erlassen. Dies ist insofern eine Veränderung, als bis dahin ein sozial eingebettetes, «kodifiziertes Gewohnheitsrecht» galt. Das Recht wurde nun von der Bürokratie mit den ihr eigenen Logiken definiert. Somit änderte sich auch die Bedeutung des Vergehens: Galt es vorher als Übel, das einer anderen Person angetan worden war und für welches Wiedergutmachung geleistet werden musste, so wurde es nun zum Rechtsbruch gegenüber dem Gesetz der Kirche (bzw. des Staates), welche ihrerseits die göttliche Ordnung repräsentierten.

Dies hat zwei weitreichende Folgen: Erstens ist nun der Staat bzw. die Kirche die geschädigte Partei und nicht mehr die andere Person, womit diese nun auch das Recht, den «Preis» des Verbrechens zu bestimmen und es zu verfolgen, in Anspruch nimmt. Der Konflikt wird nicht mehr als Verhandlung zwischen zwei mehr oder weniger Gleichgestellten vor einem Schlichter ausgetragen, sondern ist ein Strafprozess, in dem der Staat den Beschuldigten anklagt. Zweitens bekommt das Vergehen eine moralische Komponente, die es vorher nicht hatte, denn es handelt sich nun nicht mehr nur um die Verletzung einer anderen Person, sondern um eine Beleidigung Gottes. Die einzige Art aber, Gotteslästerung zu sühnen, ist zu leiden.

Zur Rechtfertigung und Organisierung dieser neuen Auffassungen waren Diskursveränderungen nötig. Die erste basiert auf dem bereits im 6. Jahrhundert unter Papst Gregor I. eingeführten Konzept des Fegefeuers. Es erlaubte eine Neudefinition von Sünde. Bis dato galt sie als Entfremdung von der Gemeinschaft der Christen. Mit Bußtaten als Zeichen der Reue konnten Versöhnungsrituale eingeleitet werden. Die neue Vorstellung definierte Sünde juristisch, indem sie einzelne sündige Akte und Gedanken auflistet und die für ihre Verbüßung notwendige Dauer des Leidens im Fegefeuer festlegt. Sünden mussten also gemäß ihrer Schwere hierarchisch geordnet und der Grad der Schuld des Beschuldigten festgestellt werden. Mit zunehmender Durchsetzung dieser neuen Lehre wurde die Bestrafung von Rechtsbrechern eine immer normaler und selbstverständlicher erscheinende Praxis.

Die zweite Lehrmeinung mit gravierenden Konsequenzen für das Strafrecht war die «Satisfaktionslehre», die den Tod

Jesu Christi als Sühneopfer für die Sünden der Menschen interpretiert, welches notwendig sei, um Gott mit den Menschen zu versöhnen. Diese neue, juristische Interpretation des Todes Christi ebnete den Weg für die umgekehrte Auffassung: Sünder müssen wie Christus leiden, um ihre Sünden wiedergutzumachen. Strafjustiziell zugefügtes Leid erschien somit im Lichte der göttlichen Gerechtigkeit.

Über die Jahrhunderte hat sich das weltliche vom kirchlichen Recht und somit auch die Sünde vom Rechtsbruch getrennt. Das Strafrecht hat sein religiöses Erbe weitgehend hinter sich gelassen und präsentiert sich als säkulare, moderne Institution mit der rein praktischen Funktion der Verfolgung von Straftaten und dem Schutz der Gesellschaft. Mit seinen Konzepten von individueller Schuld und Strafe als organisierter, absichtsvoller Leidzufügung unter dem Vorwand der Besserung sowie der Umdeutung des Konfliktes als Straftat und der daraus folgenden Aneignung durch den Staat hat das Strafrecht jedoch sowohl ideell als auch strukturell seine Wurzeln im Mittelalter bei Papst Gregor VII.

Zusammenfassende Übertragung: Rehzi Malzahn

Kriminologie und Kriminalitätskonstruktion

von Christoph Willms

1. «Kriminalität» und kriminologische Wissensproduktion im Wandel von Zeit und Moral

Können Sie sich vorstellen, dass es eine Zeit gegeben hat, in der man in Österreich mit einer Gefängnisstrafe rechnen musste, wenn man Antiraucherliteratur verbreitete?[1] Erinnern Sie sich vielleicht noch daran, als Homosexualität in Deutschland strafbar war?[2] Oder wussten Sie, dass es im US-Staat Maryland heutzutage illegal ist, sich in der Öffentlichkeit länger als eine Sekunde zu küssen?[3]

Was in dem einen Land zum guten Ton gehört, kann im anderen Land als kriminelle Handlung gelten und bestraft werden. Genauso können innerhalb der eigenen Landesgrenzen Verhaltensweisen, die heute toleriert worden sind, zu einem späteren Zeitpunkt unter Strafe stehen – und umgekehrt. Je nach Kontext und Bewertung kann sogar ein und dieselbe Handlung innerhalb der Landesgrenzen als schwere Straftat mit einer hohen Freiheitsstrafe sanktioniert, als rechtfertigbares Verhalten toleriert oder gar vonseiten des Staates befohlen werden.[4]

---

1 Dies war Mitte des 19. Jahrhunderts der Fall: vgl. Christie/Bruun 1991: 42.

2 Bis 1994 stellte § 175 StGB sexuelle Handlungen zwischen Männern unter Strafe, wenn auch die Geltung des Paragraphen erstmals 1969 (z.B. auf die sexuellen Handlungen zwischen Erwachsenen mit unter 21-Jährigen) und 1973 weiter eingeschränkt worden ist (auf sexuelle Handlungen zwischen Erwachsenen mit Jugendlichen). Zur Homosexualität als Forschungsgebiet der Kriminologie vgl. z.B. Klimmer 1958.

3 Vgl. Focus [http://www.focus.de/reisen/usa/knigge/land-der-begrenzten-spass-moeglichkeiten-das-sind-die-20-kuriosesten-sex-gesetze-in-den-usa_id_4658844.html], abgefragt am 9.8.2017.

4 Im Regelfall ist das Töten eines anderen Menschen in Deutschland verboten und wird mit hohen Freiheitsstrafen sanktioniert. In individuellen Notsituationen oder in Kriegszeiten kann dieses Verbot jedoch aufgeho-

Welche Verhaltensweisen in einer Gesellschaft als «kriminell» definiert und im Strafgesetzbuch unter Strafe gestellt werden, hängt nur teilweise mit Erkenntnissen über deren jeweilige Sozialschädlichkeit zusammen: Der soziale Prozess von der Normsetzung und Kriminalisierung entsteht durch komplexe Interaktions- und Bewertungsprozesse, die untrennbar von der jeweiligen Politik und Struktur einer Gesellschaft sind. Das Strafrecht ist Ausdruck der politischen «Darstellung von Ordnung» und der «Demonstration von Herrschaft»[5].

Kriminologische Studien belegen, dass abweichendes Verhalten in einer Gesellschaft ubiquitär[6] und somit kein alleiniges «Unterschichtsphänomen» ist und die «Kriminalität der Mächtigen» durchaus sozialschädlichere Folgen hat als zum Beispiel die klassische «Straßenkriminalität».[7] Allerdings kommt das scharfe Schwert des Strafrechts vornehmlich bei bestimmten «Straftätergruppen» zum Einsatz, weshalb in deutschen Gefängnissen nahezu ausschließlich Menschen aus benachteiligten sozialen Schichten inhaftiert sind. «White-collar-Kriminelle» werden nur in wenigen Fällen strafrechtlich belangt und kaum zu unbedingten Freiheitsstrafen verurteilt.[8]

Ziel dieses Beitrags ist die Anregung zur kritischen Reflexion von meist als selbstverständlich geltenden Vorstellungen davon, was «richtig» oder «falsch» ist, sowie eine Sensibilisierung für

---

ben bzw. sogar Soldat*innen das Töten anderer befohlen werden (vgl. Lamnek 2013: 37).

5 Stehr 2016: 13.

6 Diverse Dunkelfeldstudien belegen, dass ca. 80–90% aller Gesellschaftsmitglieder in ihrem Leben «irgendwann einmal irgendetwas getan haben, das Gesetze unter Strafe stellen» (Sack 1968: 463).

7 Die «Kriminalität der Mächtigen» wird in der Kriminologie als «White-collar-Verbrechen» bezeichnet. Für die Kriminologie wegweisend: z.B. Sutherland 1968. Sutherland vermutet, dass «die Kosten der White-collar-Verbrechen […] etliche Male so hoch [sind] wie die Kosten aller Verbrechen, die gewöhnlich im ‹Kriminalitätsproblem› eingeschlossen werden» (Sutherland 1968: 191).

8 Ob einer Person strafrechtlich relevante Aktivitäten nachgewiesen werden können, hängt in nicht zu unterschätzendem Maß von ihrer Macht und ihren Möglichkeiten ab, die Definition des jeweiligen Sachverhalts auszuhandeln, wie z.B. das Geständnis bei einer Gerichtsverhandlung. Wenn beschuldigte Personen über größere finanzielle Mittel und gesellschaftliche Einflussmöglichkeiten verfügen, ist es fast unmöglich gegen sie «erfolgreich» zu ermitteln (vgl. z.B. die journalistische Arbeit von Roth 2004: 13).

die Zusammenhänge von Macht, Herrschaft und der Kriminalisierung sozial benachteiligter Bevölkerungsgruppen.

1.1 Besonderheiten des Diskurses über «Kriminalität»

Kein Verhalten ist von Natur aus «kriminell» oder «gewalttätig». Diese Attribute werden erst durch Prozesse sozialer Definition und Zuschreibung erschaffen. «Kriminalität» ist als «gesellschaftliche[s] Realphänomen [...] nicht einfach vorhanden und als solches messbar»[9]. Es existiert «als Werk und Spiegel der Gesellschaft [...] nicht als objekthaft, nichtkommunizierend und natürlich ‹sinnlos› vorhandene Gegebenheit»[10]. Was als «Kriminalität» und wer als «kriminell» gilt, ist das Produkt einer diskursiven Ordnung.

Die Kriminologie – als «a study of lawmaking, lawbreaking, and reactions to lawbreaking»[11] – verfolgt das Ziel, wissenschaftlich fundiertes Wissen über «Kriminalität» zu «produzieren». Im Großteil der kriminologischen Studien reicht der Blick jedoch kaum über den eigenen Tellerrand:

In der Auseinandersetzung mit den Hintergründen des «lawbreaking» wird «Kriminalität» vorherrschend wie ein Naturgeschehen untersucht, um mögliche Kausalitäten zwischen defizitären Ursachen und dem abweichenden Verhalten herauszufinden. Der wissenschaftliche Horizont ist entsprechend begrenzt und die auf dieser Grundlage entwickelten Erklärungsansätze leisten nicht wesentlich mehr als die Verfestigung moralischer Alltagsvorstellungen über «Kriminalität».[12]

Im Unterschied zu den exakten Wissenschaften sind wissenschaftliche Vorstellungen von «Kriminalität» zudem von nichtwissenschaftlichen Alltagsvorstellungen der jeweiligen Epoche beeinflusst. Welchen Regeln der kriminologische Diskurs folgt und in welcher Form sich diese verschieben und verändern, ist ein komplexer Prozess: Formationsregeln «stehen im Bezug zu den gesellschaftlichen Zuständen und ihrem Wandel sowie zur

9 Kunz 2008: 100.

10 Kunz/Singelnstein 2016: 19.

11 Sutherland/Cressey zit. nach Kunz/Singelnstein 2016: 14.

12 «Mängel [müssen] aus zuvor erwarteten Mängelzuständen resultieren» (Kunz/Singelnstein 2016: 188).

Veränderungsdynamik des Diskurses; sie sind aber auch das Resultat der Übernahme neuer Konzepte und Theorien»[13].

Kriminologische Aussagen[14] werden maßgeblich von «politischen und wirtschaftlichen Interessenlagen, zeitgenössischen Vorstellungen von gesellschaftlicher Normalität und bürgerlicher Identität, [...] fach- und gemeinsprachlichen Kategorien der Beschreibung und Klassifikation sowie [...] der narrativen Struktur der Texte»[15] über «Kriminelle»[16] beeinflusst. Ebenso können veränderte Vorstellungen von der «Moral» und der «kriminellen Natur» des Menschen, die Etablierung neuer kriminologischer Expert*innen, Forschungsmethoden, Deliktarten, Fahndungsmethoden und technologischer Entwicklungen zu einer Veränderung des kriminologischen Interesses führen.[17,18]

Die Wechselbeziehung zwischen Diskurs und Praxis von Strafverfolgung und Kriminalpolitik spielt hier eine bedeutsame Rolle: So kann zum Beispiel angewandtes Expertenwissen auf dessen Praxistauglichkeit überprüft und in dessen Aussagekraft bei widersprechenden Ergebnissen in der Praxis relativiert werden.[19,20] Wenn das Ziel der Forschenden das Bedienen kri-

13 Becker 2002: 20.

14 Hierzu beispielhaft: Die Diskursanalyse «Verderbnis und Entartung» (2002) von Peter Becker, in der er anhand der Entstehung und Veränderung des kriminologischen Wissens zwischen dem späten 18. und dem frühen 20. Jahrhundert die Formationsregeln des damaligen kriminologischen Diskurses ergründet.

15 Becker 2002: 27.

16 Z.B. in der kriminologischen Fachliteratur oder in Dokumenten der Instanzen sozialer Kontrolle.

17 Vgl. Becker 2002: 22ff.

18 Wie z.B. infolge der «Dekade des Gehirns» von 2000 bis 2010, einer Initiative in Deutschland, in der die neurowissenschaftliche Forschung mit Spenden aus privaten Geldern gefördert worden ist, um neue «Einblicke in das Rezeptbuch der Natur» (Verein zur Förderung der Erforschung des menschlichen Gehirns zit. nach Willms 2011: 38, 39) zu ermöglichen. In der Folge sind verstärkt Forschungsergebnisse produziert worden, die genetisch bedingte Vulnerabilitäten und neuronalen Determinierungen als Hauptfaktoren für die Erklärung von besonders schwerer Kriminalität heranziehen.

19 Vgl. Becker 2002: 18-21.

20 Besonders folgenreich kann dies zum Beispiel bei der Erstellung von Legalprognosen sein, die die weitere «Gefährlichkeit» der begutachteten Person feststellen sollen und ausschlaggebend dafür sind, ob die inhaftierte oder sich in Sicherungsverwahrung befindende Person (vorzeitig) entlassen werden kann. Bei einem gesteigerten öffentlichen und

minalpolitischer Interessen ist, beschränkt sich deren Fokus auf die «Realitäten», die in diesem Zusammenhang nützlich zu sein scheinen. Die Entwicklung und Anwendung der im Strafgesetzbuch kodifizierten Rechtsnormen wird nicht hinterfragt, sondern als Selbstverständlichkeit vorausgesetzt.

Im 21. Jahrhundert ist die international den Ton angebende Kriminologie inzwischen weniger an der Auseinandersetzung mit der Frage interessiert, wieso sich Menschen «kriminell» verhalten, sondern vielmehr daran, was getan werden kann, um kriminelle Handlungen zu verhindern.

1.2 Kriminologie im 21. Jahrhundert

Angetrieben durch den neoliberalistischen Wandel der Wohlfahrtsstaaten schreitet die Globalisierung voran und führt seit den 1980er-Jahren in den westlichen Industrienationen zu einer starken Veränderung und Anpassung der Lebensverhältnisse. Landesgrenzen verlieren an Bedeutung, traditionelle Familien- und Haushaltsstrukturen lösen sich auf, der Arbeitsmarkt wird flexibler, weiträumiger und unsicherer.[21] Diese und andere sozialen Veränderungen haben in der Bevölkerung einen «moralischen Individualismus»[22] gefördert, der auf das eigene Durchsetzungsvermögen setzt und sich an der Erfüllung von Konsumwünschen orientiert. Probleme deprivilegierter Gesellschaftsgruppen werden dagegen zunehmend vernachlässigt.[23]

Die kriminologische Theorienbildung bleibt von diesen gesellschaftlichen Veränderungen nicht unberührt. Während informelle und formelle Normen an Bestimmtheit und Orientierungskraft verlieren, entwickeln sich neue Kontrollbedürfnisse und Fragestellungen. Diese werden vonseiten der Kriminologie

medialen Interesse an Sicherheit und Ordnung führt dies in der Beurteilungspraxis jedoch weniger zur Infragestellung des Expertenwissens. Vielmehr ist häufiger die Folge, dass die Legalprognosen erstellenden Fachpersonen im Zweifelsfall tendenziell selbst auf Nummer sicher gehen, den eingesperrten Personen fälschlicherweise weiterhin «Gefährlichkeit» unterstellen und ihnen damit den möglichen Gang in die Freiheit versperren. Zum Irrtum bei Gefährlichkeitsbeurteilung vgl. Kunz/Singelnstein 2016: 317f.

21 Vgl. Kunz/Singelnstein 2016: 138f.

22 Garland 2008: 174.

23 Vgl. Kunz/Singelnstein 2016: 139.

als «Kriminologie der Kontrolle»[24] unterschiedlich bearbeitet:[25] Die «Kriminologie des Alltags» und die «Kriminologie des Anderen»[26] eignen sich besonders als Nährboden der durch Kontrollfokussierung und Repression geprägten Kriminalpolitik zu Beginn des 21. Jahrhunderts.

1.2.1 Kriminologie des Alltags

Die ätiologischen (an Ursachen orientierten) Kriminologien, die einem wohlfahrtsstaatlichen Gesellschaftsbild verhaftet sind, erklären abweichendes Verhalten anhand von Defiziten des «Kriminellen». Damit sich die betroffene Person wieder in die Gesellschaft eingliedern kann, müsse ihr mittels Resozialisierungsangeboten das notwendige Rüstzeug vermittelt werden.[27] In der neuen Kriminologie des Alltags hingegen wird «Kriminalität» als «Bestandteil normaler sozialer Interaktion»[28] verstanden: Menschen verhalten sich «kriminell», weil sie sich rational dafür entscheiden, sich einen Vorteil davon versprechen und die Möglichkeit haben, dies zu tun – für ihre Taten sind sie selbst verantwortlich.[29]

Aufgrund welcher Rahmenbedingungen und konkreten Beweggründen sich eine Person unerlaubter Mittel bedient, hat dabei letztendlich keine Relevanz. Viel entscheidender ist, was präventiv getan werden kann, damit die Person erst gar nicht die Möglichkeit erhält, eine Straftat auszuüben. «Kriminalität» wird somit zu einem Risiko, das sich im Vorfeld berechnen lässt und durch situative, praktische Maßnahmen unterbunden werden muss.[30] Diese Maßnahmen reichen beispielsweise von architektonischen Umgestaltungen über Wachpersonal an öffentlichen Orten oder Kamerainstallationen bis hin zu einfachen Wegfahrsperren in Autos.[31]

Wird abweichendes Verhalten aus der Perspektive dieser sogenannten Rational-Choice-Modelle erfasst, so wird «Kriminalität» zu einer «Sache von Angebot und Nachfrage, bei welcher

---

24 Garland 2008: 325.
25 Vgl. Kunz/Singelnstein 2016: 139ff.
26 Garland 2008: 325ff.
27 Vgl. Garland 2008: 326.
28 Garland 2008: 237.
29 Vgl. Garland 2008: 63.
30 Vgl. z.B. auch Schmidt-Semisch 2002.
31 Vgl. Garland 2008: 236–239.

der Strafe die Funktion des Preismechanismus zukommt»[32]. Der Strafzweck ist vor allem ein technologischer: Strafe soll abschrecken und, wenn die Strafandrohung nicht ausreicht, müssen die Risikoträger*innen durch Freiheitsentzug unschädlich gemacht werden. Die Kriminologie des Alltags passt mit ihrer Auffassung von gesellschaftlicher Ordnung zu einer modernen, neoliberalistischen Sozial- und Wirtschaftspolitik, in der «Störenfried*innen» ausgeschlossen werden.[33]

1.2.2 Kriminologie des Anderen

Genauso wie die Kriminologie des Alltags ist auch die Kriminologie des Anderen eine Gegenbewegung zur wohlfahrtsstaatlichen Kriminologie. Beide Kriminologien verstehen «Kriminalität» als ein normales soziales Phänomen und fokussieren deren Kontrolle.[34] Abgesehen von diesen Gemeinsamkeiten unterscheiden sich beide Strömungen jedoch in wichtigen Punkten voneinander und werden von der Kriminalpolitik auf unterschiedliche Straftäter*innengruppen angewandt.[35] Entgegen der Kriminologie des Alltags dramatisiert die Kriminologie des Anderen bestimmte Formen «kriminellen Verhaltens» – wie zum Beispiel schwere Gewaltdelikte und Sexualdelikte von Unbekannten oder terroristische Delikte – und positioniert sich thematisch im konservativen Lager. Es geht vornehmlich um Autorität und Ordnung; moralische Standards werden als absolut aufgefasst, der «gesunde Menschenverstand» und gesellschaftliche Traditionen sind zu bewahren beziehungsweise zu stärken.[36]

Die «Kriminellen» unterscheiden sich nach der Kriminologie des Anderen grundlegend von anderen Menschen: Entweder aufgrund ihrer antisozialen, kulturellen Einflüsse als «gefährliche Fremde» oder insbesondere wegen ihrer biologischen Konstitution als «gefährliche Eigene»[37]. Sie sind «Andere», «Feinde», «Monster» oder «menschliche Raubtiere», denen das «Bürgerdasein» als gesellschaftlicher Status abzusprechen sei und denen folglich kein Mitgefühl entgegengebracht werden

---

32 Garland 2008: 240.

33 Vgl. Garland 2008: 327.

34 Vgl. Garland 2008: 330.

35 Vgl. Pilgram 2010: 350.

36 Vgl. Garland 2008: 328–329.

37 Vgl. Pilgram 2010: 351.

dürfe. Für die Sicherheit der Gesellschaft stellen sie eine große Bedrohung dar und müssen im Sinne der sozialen Verteidigung mit härtesten Mitteln unschädlich gemacht werden.[38,39] Mit einer solchen «Dämonisierung» von fast ausnahmslos männlichen Straftätern werden Ängste in der Bevölkerung verstärkt und infolge «populistisch geführte[r] Sicherheitsdebatte[n]»[40] eine zunehmend repressivere Kriminalpolitik durchgesetzt.[41]

2. Kriminalitätskonstruktion und Kriminalisierung der «Armen»

In der Kriminologie der Kontrolle wird der Frage, wieso Menschen sich «kriminell» verhalten, wenig Aufmerksamkeit geschenkt. Über die Jahrhunderte hinweg sind unzählige kriminologische Erklärungsansätze entwickelt worden, die die unterschiedlichsten Antworten auf diese Frage gefunden haben. Je nach Zeitalter und wissenschaftlichem Gusto basieren diese Erklärungen meist auf dem Fund von (neuro-)biologischen, psychologischen, psychiatrischen, sozialstrukturellen, sozialisationstheoretischen oder mehrfaktoriellen Defiziten.[42] Ein wesentlicher gemeinsamer Mangel dieser Erklärungsansätze ist, dass sie die formellen oder informellen Definitionen von abweichendem Verhalten nicht hinterfragen. Ohne diese Definitionen ist jedoch das, was wir unter «Kriminalität» verstehen, nicht existent.

---

38 Vgl. Garland 2008: 329–330.

39 Auswirkungen einer Kriminologie des Anderen lassen sich zum Beispiel in den USA in der Norm zu «Sexual Predator Acts» im Strafrecht finden. Hier hat die Tiermetapher des «menschlichen Raubtiers» als Sinnbild für «Sexualstraftäter» bereits den Weg in einen Gesetzestext gefunden. Jemanden, dem der Status des Menschseins abgesprochen worden ist, kann man anders – und härter – bestrafen als eine gleichgestellte Person. Wiedereingliederungsfragen besitzen in diesem «Jagdrecht» (Pfäfflin/Lamott 2010: 145) keine Relevanz. Auch das deutsche Strafrecht besitzt mit der Option der Sicherungsverwahrung «feindstrafrechtliche» Züge, welche für die Menschen Anwendung findet, die durch die «bürgerstrafrechtlichen» Sanktionen nicht mehr angesprochen zu werden scheinen (vgl. Kunz 2006: 75ff.).

40 Kunz 2006: 71.

41 Vgl. Kunz 2006: 254.

42 Vgl. z.B. Kapitel 2 «Kriminalitäts- und Kriminalisierungstheorien» in Kunz/Singelnstein 2016: 64ff.

Cesare Beccaria, dem Begründer der Klassischen Schule der Kriminologie, war dieser Umstand schon in der zweiten Hälfte des 18. Jahrhunderts bewusst: Das Kriminalitätsphänomen ist in den Mängeln des Kriminaljustizsystems und in den Reaktionen von Justiz und Gesellschaft auf als kriminell definierte Verhaltensweisen begründet.[43] Ähnlich schreibt Karl Marx in einem Zeitungsartikel von 1859, dass die Existenz von Gesetzen abweichendes Verhalten produziert und die Entscheidung, welches Verhalten als Vergehen oder Verbrechen gilt, relativ ist und von der wandelbaren Moral der Gesellschaft abhängt.[44] Auch der deutsche Soziologe Georg Simmel definiert «Kriminalität» im Jahre 1908 als eine «mit öffentlicher Strafe belegte Handlung»[45] und betont dessen kulturell bedingte Relativität. Auf einer solchen Erkenntnisgrundlage verändert sich der Kriminalitätsdiskurs wesentlich.

In den 1960er- und 1970er-Jahren sorgt die deutsche Kritische Kriminologie mit der Rezeption der US-amerikanischen Labeling- (Etikettierungs-)Perspektive für eine Fokusveränderung. Die Kritik an der damaligen Mainstream-Kriminologie lautet: Die Fixierung auf die «Täter» lenkt vom sozialen Prozess der Normensetzung und der Produktion von abweichendem Verhalten durch gesellschaftliche Interaktions- und Bewertungsprozesse ab.[46] «Kriminalität» als gesellschaftlich besonders relevante Form normabweichenden Verhaltens kann infolgedessen nur in Zusammenhang mit der jeweiligen Gesellschaftspolitik und Gesellschaftsstruktur untersucht werden.[47]

Als Anstoß zur Reflexion und Sensibilisierung für die Zusammenhänge von Macht, Herrschaft und der Kriminalisierung sozial benachteiligter Bevölkerungsgruppen ist daher die Darstellung des Prozesses der kollektiven Regelbildung von strafrechtlichen Normen, der Besonderheit von Organisationen sozialer Kontrolle sowie letztendlich der Verknüpfungen zwischen «Armut» und «Kriminalisierung» von besonderem Interesse.

43 Vgl. Beccaria 1998.
44 Vgl. Keupp 1983: 107.
45 Simmel 1983: 372.
46 Vgl. Sack 1985: 151.
47 Vgl. Sack 1985: 154.

2.1 Kollektive Regelbildung von strafrechtlichen Normen

In jeder Gesellschaft, Gemeinschaft und Kleingruppe von Menschen gibt es Verhaltensregeln und Verhaltenserwartungen: Normen. Normen sind «Verhaltensforderungen für wiederkehrende Situationen»[48]. Bereits durch ihre Existenz implizieren sie die Möglichkeit – oder sogar: die Unvermeidbarkeit – eines alternativen Verhaltens, einer Normabweichung.

Ein alltägliches soziales Miteinander ohne Absprachen und Normen ist nicht möglich, ein Leben ohne jegliche Normabweichung allerdings ebenso wenig: Es gibt keinen Menschen, der absolut regelkonform lebt, und keinen, der sich allen Regeln widersetzt. Welches Verhalten in einer Gesellschaft als «normal» gilt, ist variabel und entsprechend variieren weltweit die unterschiedlichsten Auffassungen von dem, was als strafrechtlich relevantes abweichendes Verhalten definiert und demzufolge im Regelfall sanktioniert werden sollte. Die meisten Regelverstöße in einer Gesellschaft sind jedoch strafrechtlich irrelevant. Ob das Begehen oder auch das Unterlassen einer Handlung gesetzlich als Regelverstoß definiert, bewertet und verfolgt oder (härter) bestraft werden kann, ist das Ergebnis eines vielschichtigen, soziokulturellen Entwicklungsprozesses, der insbesondere von sozialen Differenzen in Macht und Klasse gesteuert ist.[49] Dieser Prozess soll im Folgenden skizziert werden.

Der Prozess zur Regeldurchsetzung wird von einer oder mehreren Personen – sogenannten «moralische[n] Unternehmer[n]»[50] – angestoßen. Die persönliche Antriebskraft für die Initiative eines solchen «unternehmerischen Akt[s]»[51] variiert oftmals mit der Beurteilung der eigenen Lebenssituation, des gesellschaftlichen Status' und des Lebensstandards. Werden diese als gesichert empfunden, werden die von der Norm abweichenden Personen eher als Menschen betrachtet, denen geholfen werden sollte. Falls das abweichende Verhalten dagegen für einen selbst als bedrohlich empfunden wird, werden aus den Regelbrecher*innen uneinsichtige «Feinde» der Norm, die

48 Spittler 1967: 14.
49 Vgl. Giddens 1999: 189.
50 Becker 1973: 109.
51 Becker 1973: 109.

dieser gewaltsam untergeordnet werden und die im Zweifelsfall «aus dem Verkehr gezogen» werden müssen.[52]

Ob der unternehmerische Akt Aussicht auf Erfolg hat, hängt vom Interesse und den Wertvorstellungen der Akteur*innen, ihrer Initiative, dem öffentlichen Interesse und der Komplexität des Unterfangens ab.[53] Mit dem Vorhandensein von Werten sind keine expliziten Handlungsanweisungen verbunden, weswegen die moralischen Unternehmer*innen für Situationen, die sie als problematisch empfinden, Regeln aufstellen, die mit ihren Wertvorstellungen übereinstimmen und die ihres Erachtens das Potenzial besitzen, die wahrgenommenen Probleme zu lösen. Ihre geforderten Regeln sollen klarstellen, welche Handlungsweisen in welchen Situationen als normgemäß anerkannt und welche (härter) zu bestrafen sind.[54] So geschehen zum Beispiel im Fall der «Nein heißt Nein»-Kampagne verschiedener Frauenrechtsvereine, die sich erfolgreich für eine Ausweitung des Vergewaltigungsparagraphen eingesetzt haben.[55]

Um Öffentlichkeit herstellen zu können, besitzen die Medien für die moralischen Unternehmer*innen eine Schlüsselfunktion. Schaffen sie es, das Interesse von einflussreichen Medien für ihr Thema zu gewinnen, führt dies in vielen Fällen zu einem politisch-publizistischen Verstärkerkreislauf,[56] der auf der Grundlage von Stereotypen eine wenig differenzierte gesellschaftliche Auseinandersetzung mit dem skandalisierten Phänomen fördert und populistische Sicherheitsdebatten anheizt. Mit kaum einem anderen Thema wie der «Kriminalität» lässt sich Politik betreiben, lassen sich Wahlkämpfe gewinnen und die bestehenden Herrschaftsverhältnisse verfestigen.[57,58] In den selten-

52 Vgl. Schur 1974: 97.

53 Vgl. Becker 1973: 110.

54 Vgl. Becker 1973: 118.

55 Um einen umfassenden Schutz der sexuellen Selbstbestimmung überhaupt leisten zu können, forderten die Unterzeichner*innen der Petition eine Reformation des § 177 StGB «Sexuelle Nötigung; Vergewaltigung». Alle nicht einverständlichen sexuellen Handlungen sollten darin unter Strafe gestellt werden (vgl. Willms 2016: 18).

56 Scheerer zit. nach Böllinger 2010: 15.

57 In Englisch: «Governing through crime» (siehe hierzu z.B. Simon 2007).

58 Besonders beispielhaft ist hierbei z.B. die Entwicklung des deutschen Sexualstrafrechts als Antrieb einer punitiven, den Fokus auf Opferschutz

sten Fällen endet der politisch-publizistische Verstärkerkreislauf mit Gesetzen, die das Potenzial besitzen, die originären Interessenskonflikte zu lösen. In erster Linie haben diese meist rein symbolischen Wert und sollen den besorgten Bürger*innen vermitteln, dass ihre Anliegen und Strafbedürfnisse vonseiten der Politik ernstgenommen werden.

Mit der Gründung von neuen Ämtern und neuen Tätigkeitsbereichen,[59] die gegebenenfalls zur Organisation und Etablierung der neuen Gesetze eingerichtet werden,[60] ist die letzte Stufe des Prozesses der Regeldurchsetzung erreicht.

2.2 Organisationen sozialer Kontrolle

Als ein Beispiel organisationsspezifischer Imperative gelten die Jugendgerichte. Das erste Jugendgericht wird als Folge von Sozialreformen 1908 in Frankfurt am Main gegründet.[61] Entgegen der Absicht sich «kriminell» verhaltende Jugendliche weniger stigmatisieren zu wollen, ist das Jugendgericht nunmehr ein «Hauptschauplatz für Etikettierungsprozesse»[62] und ein Paradebeispiel für die gesellschaftliche und organisationsspezifische «Herstellung» von «Kriminellen» geworden.

Die Organisationen sozialer Kontrolle bestehen überwiegend aus amtlichen Instanzen[63] und lassen sich im Wesentlichen unterscheiden in Institutionen der «Schwäche & Fürsorge»[64] – Ämter und Einrichtungen der Sozialen Arbeit und des öffentlichen Gesundheitswesens – und des «Verbrechen[s] & [der] Strafe»[65] – Polizei, Strafjustiz, Strafvollzug. Darüber hinaus gehören auch Schulen zu Organisationen sozialer Kontrollen.[66]

Maßgeblich für die Ausrichtung der Arbeit dieser Organisationen ist deren Organisationsauftrag, den sie von den Gesetzgebenden erhalten. Diese sind auch für die Kontrolle der Auftrags-

---

und Sicherheitsorientierung legenden Kriminalpolitik (vgl. Sack/Schlepper 2011).

59 Vgl. Becker 1973: 140.

60 Vgl. Becker 1973: 141.

61 Vgl. Landesgeschichtliches Informationssystem Hessen (LAGIS), Internetquelle, abgefragt am 16.7.2017.

62 Schur 1974: 82.

63 Vgl. Hohmeier 1975: 16.

64 Cremer-Schäfer/Steinert 1998: 57ff.

65 Cremer-Schäfer/Steinert 1998: 30ff.

66 Vgl. Hohmeier 1975: 17.

ausführung zuständig; sie haben sowohl Sinn als auch Tätigkeiten der Organisationen auf letzter Ebene zu verantworten und zu rechtfertigen. Gleichwohl unterliegt die Arbeit der Organisationen zusätzlichen Einflüssen, wie zum Beispiel den jeweiligen internen und externen Beziehungen, privaten Hilfsquellen, unterschiedlichen Interessensgruppen, der öffentlichen Meinung, gesetzlichen Ausführungsbestimmungen und den dahinterstehenden Ideologien.[67] Doch auch Zielverschiebungen,[68] organisationsspezifische Eigendynamiken, Hierarchien, Personal- und Finanzierungsfragen verleihen der originären Arbeit mit der Klientel eine besondere Prägung,[69] die zur Zeit der Organisationsgründung nicht vorhersehbar gewesen ist und eigenen Regeln unterliegt.

Ob nun ein Polizist beim abendlichen Wachrundgang eine Person als «auffällig» wahrnimmt und deshalb kontrolliert oder ob Strafverteidigung und Staatsanwaltschaft miteinander besprechen, welcher Fall vor Gericht gebracht werden soll: Inwiefern Menschen als «Kriminelle» wahrgenommen und etikettiert werden, hängt in vielen Fällen nicht zuletzt von spontanen, von Typisierungen geprägten Entscheidungen der Justizpraktizierenden sowie von informellen Arbeitsvereinbarungen ab – und weniger vom eigentlichen strafbaren Handeln an sich. Was für die Mitarbeitenden gegebenenfalls nicht mehr als «organisatorische Routinen» sind,[70] kann für die von den Entscheidungen betroffenen Personen einschneidende, negative Veränderungen in ihrem Leben bedeuten.

Die Bürokratisierung des staatlichen Umgangs mit «Kriminalität» ist im Alltag für bestimmte Bevölkerungsgruppen folgenreicher als für andere: Denn es findet eine Selektion der Personen statt, die vornehmlich durch Sanktionen erreicht, belehrt und «beeindruckt» werden sollen. Diese Selektionen sind von Organisationsinteressen geprägten Alltagstheorien, oberflächlichen Personenmerkmalen – wie zum Beispiel Alter, Hautfarbe, Gruppenzugehörigkeit etc. – und damit verbundenen Stereotypenbildungen geprägt.[71] Weisen Menschen Merkmale auf,

---

67 Vgl. Schur 1974: 80.

68 Ursprüngliche Arbeitsabläufe, die im Laufe der Organisationsentwicklung selbst zu Zielen werden.

69 Vgl. Schur 1974: 81.

70 Vgl. Schur 1974: 89.

71 Vgl. Schur 1974: 90.

die unter solche Typisierungen fallen, laufen sie weitaus eher als andere Gefahr, als «Kriminelle» bewertet, kontrolliert und stigmatisiert zu werden.[72]

2.3 «Armut», soziale Kontrolle und Kriminalisierung

Vom gesamten Prozess der sozialen Kontrolle – von der Personenkontrolle, der Anzeigenerstattung bis hin zur Gerichtsvorführung, Verurteilung und Inhaftierung – sind speziell Personengruppen betroffen, die in «ärmeren» Verhältnissen leben, ausländischer Herkunft und eher jüngeren Alters sind sowie eine niedrige Schulbildung vorweisen. Mit der Zuschreibung des Etiketts des «Kriminellen» wird der Weg der sozialen Ausschließung weiter «geebnet». Denn «Kriminelle» – besonders wenn sie sich für «Straßen-, Gewalt- und Sexualkriminalität» verantworten müssen – haben sich nach der herrschenden Meinung moralisch schuldig gemacht. Diese Schuld rechtfertigt ihre Bestrafung und ihren Ausschluss aus der Gesellschaft.[73] Die Verknüpfung zwischen «Armut» und «Kriminalität» ist nicht zufällig: Strafrecht und praktische Strafjustiz sichern dadurch bestehende gesellschaftliche Machtverhältnisse.

«Kriminalität» ist ein «negatives Gut», das den gesellschaftlich idealisierten, positiven Gütern – Einkommen, Vermögen, Status etc. – gegenübersteht. Es ist als Gegenteil zum Privileg zu verstehen und beeinflusst die Verteilung knapper gesellschaftlicher Ressourcen. Menschen, die von Instanzen sozialer Kontrolle als «Kriminelle» stigmatisiert worden sind, haben im Vergleich zu den als konform geltenden Gesellschaftsmitgliedern weniger Rechte und weitaus geringere Chancen, am positiv bewerteten Gut zu partizipieren.[74] Im ungleichen «Kampf» um gesellschaftliche Ressourcen und Anerkennung kommt für Personen aus sozial benachteiligten Schichten erschwerend hinzu, dass «ihre» Normen häufiger strafrechtlich belangt werden als die Normen von Personen aus mittleren- und oberen Schichten.[75] Das heißt, dass sie generell in ihrem legalen

72 Vgl. Schur 1974: 90.

73 Vgl. Cremer-Schäfer 2002: 127.

74 Vgl. Sack 1968: 470.

75 Zum Beispiel Diebstahl als Eigentumsdelikt benachteiligter Schichten im Vergleich zum «legitime[n] Gangstertum» an der Börse. Zu diesen

Handlungsspielraum eingeschränkt sind, wenn sie ihre Existenz über einen Mindeststandard hinaus sichern und höhere gesellschaftlich anerkannte Ziele[76] erreichen wollen.[77]

Genauso wie der Status «kriminell zu sein», ist der Status «arm zu sein» negativ besetzt. Den «Armen» wird ihre Fähigkeit abgesprochen, einen wichtigen Teil zur Gesellschaft beitragen und eigenständig für sich sorgen zu können; ihre Situation wird von Dritten häufig als selbst verschuldet bewertet. Mehr noch: Den «Bedürftigen» wird das Potenzial zugeschrieben, das Funktionieren des sozialen Systems zu gefährden. Dies ist ein wesentlicher Grund, wieso Menschen, die aufgrund ihrer definierten Hilfsbedürftigkeit Sozialleistungen erhalten, durch Instanzen sozialer Kontrolle beaufsichtigt werden. Das Bild der «Armen» als «bedürftige Risikoträger*innen» gilt als Grundlage verschiedener sozial- und entwicklungspolitischer Handlungen sowie für die verschiedenen Prozesse der Stigmatisierung und Ausgrenzung von «Armen».[78]

Über mehrere Stufen wird die Verknüpfung zwischen «arm» und «kriminell» hergestellt. Infolge der begrenzten legalen Handlungsmöglichkeiten der Personen aus sozial benachteiligten Schichten, werden ihrem Handeln häufiger ungesetzliche Beweggründe unterstellt als anderen. Solche Unterstellungen begründen stärkere soziale Kontrollen, mit denen wiederum die Risiken der Etikettierung und Verurteilung als «Kriminelle» steigt.

Die Freiheitsstrafe ist die mit Abstand eingriffsintensivste und folgenreichste Sanktion in Deutschland, die eine gesellschaftliche (Wieder-)Eingliederung der bestraften Personen besonders erschwert und deren finanzielle Situation nach der Entlassung weiter verschärft. Nicht ohne Grund zählt der Großteil aller vorbestraften und vom Gefängnis entlassenen Personen zur deutschen «Armutsbevölkerung». Anstelle einer Wiederaufnahme in die Gesellschaft und einer nachhaltigen Unterstützung bei der Wiedereingliederung, sehen sich Haftentlassene in der Regel mit weitaus mehr Problemen konfrontiert als vor der Inhaftierung. Für das weitere Leben verstärkt stigmatisiert,

---

Besonderheiten der «White-collar Kriminalität»: vgl. Sutherland 1968: 189ff.

76 Wie beispielsweise das Erlangen von Ansehen, Vermögen etc.

77 Vgl. Cremer-Schäfer 2002: 133.

78 Zu «Armut als sozialer Status»: vgl. Groenemeyer/Ratzka 2012: 367ff.

begegnet ihnen in vielen Lebensbereichen mehr Misstrauen als zuvor:[79] im Berufsleben, in sozialen Behörden, zumindest in Teilen des sozialen Umfelds. Mit der offiziellen Zuschreibung als «Straftäter*in» wird den betroffenen Personen ein «Master Status» verliehen: Kaum eine andere gesellschaftliche Gruppe sieht sich mit derart schwerwiegenden Stereotypenbildungen konfrontiert wie die der «Kriminellen».[80] Infolge dieses Statusverlustes engt sich der Handlungsspielraum der betroffenen Personen zur Lösung ihrer (alltäglichen) Probleme weiter ein, bis «sie durch abweichendes Verhalten [längerfristig; CW] befriedigendere Lösungen für ihre Probleme finden als durch konformes Verhalten»[81] und gegebenenfalls in der letzten Stufe eine «abweichende Identität» entwickeln.

Die Entwicklung und Verabschiedung der Strafgesetze, beziehungsweise deren Anwendung vor allem auf Personen aus sozial benachteiligten Schichten, hat die Funktion, eine bestimmte «Arbeitsmoral» durchzusetzen. Unter dieser Begrifflichkeit ist «keine Arbeitshaltung [zu verstehen; CW], sondern Prinzipien, die einer Produktionsweise, den politischen Institutionen und der Lebensweise beziehungsweise Sozialstruktur zu Grunde liegen». Diese Arbeitsmoral nimmt den konformen Gesellschaftsmitgliedern, den Verwaltenden des Strafrechts und der Regierungsvertretung aufkommende Bedenken hinsichtlich der Gerechtigkeit der bestehenden Sozialstruktur und deren eigenen höher gestellten Positionen. Ihre Annahme wird bestätigen, dass die eigene Stellung in der Sozialstruktur aufgrund der eigenen Leistung mehr oder weniger hart erarbeitet und verdient sei. Diejenigen, die sich in misslichen sozialen Umständen befinden, müssen sich als ordnungsgemäße «Leistungsträger*innen» verweigert haben – den «Armen» und «Kriminellen» wird nicht selten eine «Lebensführungsschuld» vorgeworfen. Deren Ausschluss wirkt wie eine «Selbstmarginalisierung», die durch die Zuschreibung des «Kriminellen»-Etiketts bestätigt wird.[82,83]

79 Vgl. Cremer-Schäfer 2002: 134.

80 Vgl. Sack 1978: 340.

81 Lemert 1982: 459; zur Beschreibung dieses Phänomens hat Lemert den Begriff der «sekundären Devianz» geprägt.

82 Vgl. Cremer-Schäfer 2002: 135–137.

83 Eindrucksvoll zur US-amerikanischen Situation: vgl. Waquant 2013. Zur Überprüfung seiner Hypothesen auf deutsche Verhältnisse: vgl. Artus 2014.

Diese gesellschaftliche Kultur der strafrechtlich relevanten Regelbildung und deren vornehmliche Anwendung auf bestimmte Bevölkerungsgruppen ist eng verknüpft mit Entwicklungen staatlicher Organisation und Herrschaftssicherung, der Entstehung sozialer Klassen[84] und gesellschaftlichen Verteilungskämpfen, in denen Konflikte innerhalb der sozialen Gruppen längst nicht im Sinne aller gelöst werden können. Grundlegende gesellschaftliche Veränderungen im Sinne einer «realen» sozialen Gerechtigkeit und eines durchweg anderen Umgangs mit abweichendem Verhalten mögen in absehbarer Zeit utopisch sein. Gleichwohl ließen sich zumindest verschiedene Entwicklungen anregen, die längerfristig ein vielversprechenderes wissenschaftliches Verständnis von «Kriminalität» sowie einen heilsameren Umgang mit abweichendem Verhalten begünstigen würden.

3. Weiterführende Gedanken: «Kriminalität» verstehen und Konfliktbearbeitung fokussieren

In Zeiten, in denen aufgrund des neoliberalistischen Wandels der Wohlfahrtsstaaten die Unsicherheitsgefühle vieler Menschen steigen, das Interesse an den Problemen deprivilegierter Gesellschaftsgruppen nicht nur sinkt, sondern deren Probleme durch ein «Bestrafen der Armen» verschärft werden, ist es umso wichtiger, dass Kriminolog*innen in der gesellschaftlichen Auseinandersetzung mit «Kriminalität» eine Art «Greenpeace-Organisationen der Sozialsysteme»[85] werden.

Wie die Kritische bzw. die Theoretische Kriminologie[86] sollte sich auch die Mainstream-Kriminologie von ihrer Funktion als kriminalpolitische Zulieferin emanzipieren. Eine vielseitige und ergebnisoffene Kriminologie agiert auf der Metaebene und berücksichtigt, dass Kriminalitätsdefinitionen das Ergebnis von Aushandlungsprozessen und der Ausdruck von Herrschaft

84 Zur Konfliktbearbeitung in herrschaftsfreien Gesellschaften: vgl. Stehr 2016: 12ff.

85 Rawlings zit. nach Christie 2005: 157.

86 Wie im deutschsprachigen Raum insbesondere die Gesellschaft für interdisziplinäre wissenschaftliche Kriminologie (GiwK): vgl. GiwK: [http://www.michaeljasch.de/GIWK/], abgefragt am 29.8.2017.

sind. Abweichendes Verhalten sollte nicht wie eine Naturgegebenheit ergründet und erklärt werden, sondern dieses Handeln sollte aus einer interaktionistischen Perspektive qualitativ und sinnverstehend erforscht werden. Im Unterschied zu dem in der kriminologischen Forschung bevorzugten erklärenden Modell, erkennt dieser kriminalitätstheoretische Zugang die Tatsache an, dass «Kriminalität» ein gesellschaftliches Konstrukt ist und die Definition und Zuschreibung von kriminellen Attributen durch strafrechtliche sowie informelle gesellschaftliche Reaktionen erfolgt.[87]

Aus Sicht einer aufgeklärten, humanistisch orientierten Sozial- und Kriminalpolitik wären folgende Handlungsimplikationen erstrebenswert:

- Die Entdramatisierung von «Kriminalität»: «Kriminalität» tritt in jeder Gesellschaftsform auf und ist daher ein «normales» Phänomen. Ein aufgeklärter, weitsichtiger Umgang mit «Kriminalität» bedarf einer differenzierten Auseinandersetzung mit diesem Themenkomplex.
- Das Verstehen der Gründe für kriminelles Verhalten: Denn dieses ist die Folge von Wünschen, Motiven, Ängsten, Hoffnungen, Wahrnehmungsweisen und Bewusstseinslagen – und nicht die Folge von einem wie auch immer gearteten «Anderssein» der Straftäter*innen.[88]
- Im Umgang mit «Kriminalität» weiteres Leid begrenzen: Durch kriminelles Verhalten werden zwar stets Rechtsnormen verletzt, für die Betroffenen sind in vielen Fällen die mit der Straftat einhergegangenen Verletzungen der zwischenmenschlichen Beziehungen von weitaus höherer Relevanz. Strafprozess und strafrechtliche Sanktionen verstärken häufig bei allen Beteiligten das vorhandene Leid.[89] Übelzufügung durch (Freiheits-)Bestrafung muss folglich die Ultima Ratio bleiben.
- Zur konstruktiven Bearbeitung von strafrechtlich gerahmten Konflikten sind außergerichtliche Angebote der Konfliktver-

---

87 Die Eigenperspektive des sinnhaft handelnden Abweichlers ist hierbei für das Erkenntnisanliegen zentral und kann bspw. durch Intensivinterviews oder teilnehmende Beobachtungen verstanden werden. Zum interpretativen Paradigma und seinen methodischen Ausformulierungen in der Kriminologie: vgl. Kunz 2008: 77ff.

88 Vgl. Strasser 2005: 22.

89 Vgl. Christie 1981.

mittlung im Sinne einer Restorative Justice zu kultivieren und stets zu priorisieren: Hier werden Rahmenbedingungen geschaffen, in denen «Täter» Verantwortung für ihr Handeln übernehmen und – an den tatsächlichen Bedürfnissen der Betroffenen orientiert – direkte Wiedergutmachung leisten können.

- Eine gute Sozialpolitik als beste Kriminalpolitik:[90] Durch das Entgegenwirken sozialer Ungleichheit können sozialstrukturell bedingte Gründe für strafrechtlich relevantes Verhalten an Bedeutung verlieren.
- Einen tiefgreifenden Prozess der Entkriminalisierung anstoßen: Eine kritische Analyse und Überprüfung der im Strafrecht kodifizierten Normen auf dessen gesellschaftlichen Nutzen und die Frage, welchen Normabweichungen mit heilsameren Mitteln als mit denen des Strafrechts begegnet werden können.

Bibliographie

Artus, Ingrid (2014): Droht eine Kriminalisierung der Armen? Wegsperren als Lösung sozialer Probleme. In: Bundesarbeitsgemeinschaft für Straffälligenhilfe (Hrsg.): Informationsdienst Straffälligenhilfe, 22. Jahrgang, Heft 3. Bonn. S. 6–10

Beccaria, Cesare (1998): Über Verbrechen und Strafen. Frankfurt am Main, Leipzig

Becker, Howard S. (1973): Außenseiter. Zur Soziologie abweichenden Verhaltens. Frankfurt am Main

Becker, Peter (2002): Verderbnis und Entartung. Eine Geschichte der Kriminologie des 19. Jahrhunderts als Diskurs und Praxis. Göttingen

Böllinger, Lorenz (2010): Können Menschenbilder von «gefährlichen Menschen» selbst gefährlich werden? In: Lorenz Böllinger et al. (Hrsg.): Gefährliche Menschenbilder. Biowissenschaften, Gesellschaft und Kriminalität. Baden-Baden. S. 13–34

Christie, Nils (1986): Grenzen des Leids. Bielefeld

Christie, Nils (2005): Wieviel Kriminalität braucht die Gesellschaft? München

90 Zur Problematik der Formel «Sozialpolitik statt Kriminalpolitik» sollte diese nicht mit grundlegenden gesellschaftspolitischen Veränderungen und einer Rückgabe der Konflikte an die direkt Beteiligten einhergehen: vgl. Pilgram/Steinert 1980.

Christie, Niels / Bruun, Kettil (1991): Der nützliche Feind. Die Drogenpolitik und ihre Nutznießer. Bielefeld

Cremer-Schäfer, Helga (2002): Formen sozialer Ausschließung. Über den Zusammenhang von «Armut» und «Kriminalisierung». In: Roland Anhorn / Frank Bettinger (Hrsg.): Kritische Kriminologie und Soziale Arbeit. Impulse für professionelles Selbstverständnis und kritisch-reflexive Handlungskompetenz. Weinheim, München. S. 125–146

Garland, David (2008): Kultur der Kontrolle. Verbrechensbekämpfung und soziale Ordnung in der Gegenwart. Frankfurt am Main / New York

Giddens, Anthony (1999): Soziologie. 2. Aufl. Graz, Wien

Groenemeyer, Axel / Ratzka, Melanie (2012): Armut, Deprivation und Exklusion als soziales Problem. In: Günther Albrecht / Axel Groenemeyer (Hrsg.): Handbuch soziale Probleme. Band 1. 2. Aufl. Wiesbaden

Hohmeier, Jürgen (1975): Stigmatisierung als sozialer Definitionsprozess. In: Manfred Brusten / Jürgen Hohmeier (Hrsg.): Stigmatisierung 1. Zur Produktion gesellschaftlicher Randgruppen. Neuwied, Darmstadt. S. 5–24

Keupp, Heinrich (1983): Kriminalität als soziale Konstruktion – Zum interpretativen Potenzial der Labeling-Perspektive. In: Friedrich Lösel (Hrsg.): Kriminalpsychologie. Weinheim, Basel, Beltz. S. 106–118

Klimmer, Rudolf (1958): Die Homosexualität. Hamburg

Kunz, Karl-Ludwig (2006): Die Sicherung als gefährlich eingestufter Rechtsbrecher: Von der Strategie der Inklusion zur strafrechtlichen Exklusion. In: Stephan Barton (Hrsg.): «… weil er für die Allgemeinheit gefährlich ist!» Prognosegutachten, Neurobiologie, Sicherungsverwahrung. Baden-Baden. S. 71–86

Kunz, Karl-Ludwig (2008): Die wissenschaftliche Zugänglichkeit von Kriminalität. Ein Beitrag zur Erkenntnistheorie der Sozialwissenschaften. Wiesbaden

Kunz, Karl-Ludwig / Singelnstein, Tobias (2016): Kriminologie. 7. Aufl. Bern, Stuttgart, Wien

Lamnek, Siegfried (2013): Theorien abweichenden Verhaltens I. «Klassische» Ansätze. 9. Aufl. München

Lemert, Edwin M. (1982): Der Begriff der sekundären Devianz. In: Klaus Lüderssen / Fritz Sack (Hrsg.): Abweichendes Verhalten I. Die selektiven Normen der Gesellschaft. 2. Aufl. Frankfurt am Main. S. 433–476

Pfäfflin, Friedemann / Lamott, Franziska (2010): Von tierischen und menschlichen Raubtieren. In: Lorenz Böllinger et al. (Hrsg.): Gefährliche Menschenbilder. Biowissenschaften, Gesellschaft und Kriminalität. Baden-Baden. S. 138–146

Pilgram, Arno (2010): Gefährliche «Fremde» und «Eigene», Kulturalisierung und Naturalisierung in Kriminalitätsdiskursen. In: Lorenz

Böllinger et al. (Hrsg.): Gefährliche Menschenbilder. Biowissenschaften, Gesellschaft und Kriminalität. Baden-Baden. S. 344–355

Pilgram, Arno / Steinert, Heinz (1980): Abschrecken und Disziplinieren. In: Klaus Lüderssen und Fritz Sack (Hrsg.): Seminar: Abweichendes Verhalten IV. Kriminalpolitik und Strafrecht. Frankfurt am Main. S. 149–180

Roth, Jürgen (2004): Ermitteln verboten! Warum die Polizei den Kampf gegen die Kriminalität aufgegeben hat. Frankfurt am Main

Sack, Fritz (1968): Neue Perspektiven in der Kriminologie. In: Fritz Sack / René König (Hrsg.): Kriminalsoziologie. Frankfurt am Main. S. 431–475

Sack, Fritz (1978): Probleme der Kriminalsoziologie. In: René König (Hrsg.): Handbuch der empirischen Sozialforschung. Band 12. Wahlverhalten, Vorurteile, Kriminalität. 2. Aufl. Stuttgart. S. 192–392

Sack, Fritz (1985): Abweichendes Verhalten aus soziologischer Sicht – Folgen für die Sozialarbeit. In: Ignaz Kerscher (Hrsg.): Sozialwissenschaftliche Kriminalitätstheorien. 4. Aufl. Weinheim, Basel. S. 148–161

Sack, Fritz / Schlepper, Christina (2011): Das Sexualstrafrecht als Motor der Kriminalpolitik. In: Kriminologisches Journal. Heft 4. Weinheim. S. 247–268

Schmidt-Semisch, Henning (2002): Kriminalität als Risiko. Schadenmanagement zwischen Strafrecht und Versicherung. München

Schur, Edwin M. (1974): Abweichendes Verhalten und Soziale Kontrolle. Etikettierung und gesellschaftliche Reaktionen. Frankfurt, New York

Simmel, Georg (1983): Soziologie. Untersuchungen über die Formen der Vergesellschaftung. 6. Aufl. Berlin

Simon, Jonathan (2007): Governing through Crime. How the War on Crime Transformed American Democracy and Created a Culture of Fear. New York

Spittler, Gerd (1967): Norm und Sanktion. Untersuchungen zum Sanktionsmechanismus. Olten

Stehr, Johannes (2016): Vom sozialen Frieden zur individuellen Schuld (und zurück). In: Nadine Ochmann et al. (Hrsg.): Healthy Justice. Überlegungen zu einem gesundheitsförderlichen Rechtswesen. S. 11–20. Wiesbaden

Strasser, Peter (2005): Verbrechermenschen. Zur kriminalwissenschaftlichen Erzeugung des Bösen. Frankfurt am Main / New York

Suterhland, Edwin M. (1968): White-collar Kriminalität. In: Fritz Sack / Ralf König (Hrsg.): Kriminalsoziologie. Frankfurt am Main. S. 187–200

Wacquant, Loïc (2013): Bestrafen der Armen. Zur neoliberalen Regierung der sozialen Unsicherheit. 2. Aufl. Opladen, Berlin, Toronto

Willms, Christoph (2011): «Verbrechergehirne» und ihre «Marionetten»? Eine kritische Auseinandersetzung mit dem Neolombrosianismus am Beispiel der Hirnforschung. Dipl.-Arbeit. Bern

Willms, Christoph (2016): Friedensstiftung statt Leidzufügung – auch im Umgang mit Sexualdelinquenz. In: TOA-Servicebüro (Hrsg.): TOA-Magazin Nr. 1/2016, Köln, S. 17–20

Internetquellen

Focus

[http://www.focus.de/reisen/usa/knigge/land-der-begrenzten-spass-moeglichkeiten-das-sind-die-20-kuriosesten-sex-gesetze-in-den-usa_id_4658844.html], abgefragt am 9.8.2017

Gesellschaft für interdisziplinäre wissenschaftliche Kriminologie (GIWK)

[http://www.michaeljasch.de/GIWK/], abgefragt am 29.8.2017

Landesgeschichtliches Informationssystem Hessen (LAGIS)

[http://lagis.online.uni-marburg.de/de/subjects/xsrec/id/3116/current/145/sn/edb?q=YToxOntzOjc6ImJlcmVpY2giO3M6MjA6IlJlY2h0IHVuZCBWZXJ3YWx0dW5nIjt9], abgefragt am 16.7.2017.

Armut und Strafe. Über die Produktion von Delinquenzmilieus und das Gefängnis als Armenhaus

von KNAS[ ] Initiative für den Rückbau von Gefängnissen

«Ein schlecht Gekleideter tut allemal gut daran, dem Schutzmann auszuweichen.»[1] Auf diese bündige Weise bringt Ernst Bloch den Zusammenhang von Armut und den gesellschaftlichen Strafinstitutionen auf den Punkt. Obwohl der Begriff «Armut» alles andere als eine einheitliche Lebenslage beschreibt, ist unstrittig, dass sozial Benachteiligte viel häufiger strafrechtlich sanktioniert werden und innerhalb der Haftanstalten überrepräsentiert sind. Umstritten ist hingegen, wie man diesen Zusammenhang einordnen kann. Für die einen stellt Armut die Ursache für Kriminalität dar: Wer arm ist, ist viel stärker gezwungen, rechtswidrig zu handeln. Aus einer fast umgekehrten Perspektive lassen sich Gefängnispopulationen als Folge eines sozial selektiven Prozesses der Kriminalisierung begreifen: Wer arm ist, gerät besonders häufig ins Visier der Strafinstitutionen. Damit halten beide Perspektiven jedoch gleichermaßen an der Vorstellung eines Ursache-Wirkung-Zusammenhangs fest. Nur selten wird in den kriminologischen Debatten über das Verhältnis von Armut, sozialen Lebensbedingungen, Kriminalität und ihrer Sanktionierung durch das Gefängnis der wechselseitige Zusammenhang von Armut und Gefängnis betont. Dieser lässt sich erst in konkreten sozial-räumlichen Kontexten und anhand der historisch spezifischen Gefängnisrealitäten nachvollziehen. Die in dieser Hinsicht klassische Studie «Sozialstruktur und Strafvollzug» von Georg Rusche und Otto Kirchheimer dokumentiert eindrucksvoll, dass eine isolierte Betrachtung des Gefängnisses als Institutionengeschichte ihrer «vermeintlichen Eigenentwicklung»[2] ungeeignet ist, die politischen, ökonomischen, kulturellen und sozialen Relationen zwischen dem Ge-

1 Bloch 1980 [1961], S. 206.

2 Rusche/Kirchheimer 1981 [1939], S. 305.

fängnis und seinem gesellschaftlichen Kontext freizulegen. In dieser engen Perspektive geraten die vielfältigen gesellschaftlichen Bedingungen von Strafinstitutionen, die weit über die Gefängnismauern reichen, aus dem Blick.

Dagegen zeigt sich aktuell gerade in der US-amerikanischen Gefängnisforschung der vergangenen Jahre, wie, ausgehend von der Forschungsprämisse eines *punishing the poor*, die Verflechtungszusammenhänge von Armut und Gefängnis erhellt werden können.[3] Jedoch muss dieser Zusammenhang in den USA auch unter den spezifischen Bedingungen der starken sozialräumlichen Segregation betrachtet werden, was etwa bei Loïc Wacquant in der These einer strukturellen Nähe von Gefängnissen und städtischen Armutsvierteln mündet, die sich nicht auf den deutschen Kontext übertragen lässt.[4] Auch die Funktionsweise der zentralen Strukturkategorie *race*, insbesondere in ihrem Zusammenwirken mit sozio-ökonomischen Faktoren, muss für Deutschland anders beschrieben werden als für die USA. Die hiesige Gefängnispopulation lässt sich weder hinsichtlich ihrer Größe mit einem Schlagwort wie dem «Zeitalter der Masseninhaftierungen» sinnvoll beschreiben noch ist sie schlicht Ausdruck eines zuletzt von Michelle Alexander diagnostizierten rassistischen und rassifizierenden Kastensystems.[5] Insofern besteht das Anregungspotenzial dieser Perspektive für den deutschen Kontext nicht darin, einfache Analogien herzustellen.

Punishing the poor – das kann für die gegenwärtige Gefängnisrealität in Deutschland vor allem heißen, die strafverschärfende Wirkung von Armut im Strafvollzug genauso zum Gegenstand der Analyse zu machen wie die negative Auswirkung des Gefängnisses auf die soziale Lage.[6] Gefängnisse erzeugen das soziale Milieu delinquenter Gruppen und wirken als Katalysatoren in Bezug auf die deprivilegierten Bevölkerungsschichten, die zum ständigen Adressat einer sich selbst reproduzierenden Straflogik werden. Die Verweigerung umfassender sozialer Teilhabemöglichkeiten und die Ausweitung von Sanktionierungen gehen dabei Hand in Hand. Den Zusammenhang von Armut und Strafe herauszustellen, bedeutet also, das Gefängnis

---

3 Vgl. Wacquant 2000 und 2009.

4 Siehe hierzu Wacquant 2001.

5 Vgl. Alexander 2012.

6 Vgl. dazu auch Boll/Engelmann/Röhner 2017; ferner Wilde 2015.

als einen gesellschaftlichen Ort von sozial segregierenden und differenzierenden Dynamiken und Prozessen zu begreifen. Das Gefängnis ist nicht Lösung, Antwort oder Reaktion auf Kriminalität, sondern stellt vielmehr einen zentralen Mechanismus ihrer Reproduktion dar.

Vor diesem Hintergrund sollte die Kriminalisierung und Sanktionierung von Armut aus unterschiedlichen Perspektiven genauer in den Blick genommen und die spezifischen Sanktionsmittel und Strafpraktiken sowie die ökonomisch bedingte Umstrukturierung des Strafvollzugs in den Fokus gerückt werden.[7] Auch die Veränderung der Vermögensverhältnisse, des Einkommensniveaus und der Armutsquote sind entscheidend, um den Zusammenhang von Armut und Gefängnis genauer zu verstehen. Daraus ergibt sich eine Neubewertung des aktuellen Strafvollzugs, die neue Ansätze der Gefängniskritik erforderlich macht und das Gefängnis nicht mehr nur punktuell einbezieht. Ebenso wenig reicht es aus, das Gefängnis lediglich als spezifische Organisation oder Institution sowie deren Akteure und Alltag zu untersuchen.[8] Auch die einzelnen Strafpraktiken sollten nicht im Fokus der Kritik stehen. Zentral wird vielmehr die Frage nach der *gesellschaftlichen* Bedeutung und Auswirkung von Disziplinarinstitutionen sowie nach der Entfaltung ihrer regulierenden und kontrollierenden Wirkung über ihre Grenzen, in diesem Fall über die Gefängnismauern, hinaus.[9]

In dieser Perspektive lassen sich zwei kritische Zugänge zum Zusammenhang von Armut und Gefängnis aufgreifen: Zum einen der bereits erwähnte Ansatz von Georg Rusche, für den in der Erforschung des Gefängnisses «Erscheinungen» vorliegen, «die in so weitem Ausmaß von gesellschaftlichen Kräften bestimmt sind, daß sie auf der einen Seite nach Erklärung aus sozialen Gesetzmäßigkeiten geradezu drängen, auf der anderen Seite ganz besonders geeignet sind, diese Gesetzmäßigkeiten und Mechanismen ihrerseits zu erhellen».[10] Zum anderen der von Michel Foucault in *Überwachen und Strafen* eingeführte Begriff des «Delinquenzmilieus», mit dem sich strafrechtliche

---

7 Vgl. Dübgen/Mattutat 2017.

8 Vgl. hierzu die ethnografisch orientierten Untersuchungen zum Gefängnis von unter anderem Crewe 2009; Drake, Earle und Sloan 2015.

9 Vgl. Foucault 1994 (1976), S. 271.

10 Rusche 1981 [1933], S. 298.

und sozialpolitische Fragen zusammenführen lassen.[11] Letzterer geht davon aus, dass zwischen der staatlichen Strafzumessung und der sozialen wie ökonomischen Lage ein Zusammenhang besteht, der sich als soziale Eigenlogik der Strafpraxis beschreiben lässt. Zentral wird mit Blick auf die Gefängnisrealität vor allem die Frage nach der *Produktion* von Delinquenz, also nicht nur die Frage, *was* gesellschaftlich kriminalisiert und staatlich sanktioniert wird, sondern vor allem auch, *wer* hierbei aus *welchen* Gründen Zielscheibe und Objekt des selektiven Prozesses der Kriminalisierung ist.[12]

Foucault hat ausführlich dargelegt, dass das Gefängnis bereits seit seiner Entstehung immer wieder Gegenstand von Kritiken wurde, die seine offensichtliche Ineffizienz bei der Reduktion von Kriminalität beklagt haben. Die Gründe dieser Ineffizienz lassen sich leicht benennen: Das Gefängnis stigmatisiert und erschwert eine Wiedereingliederung in die Gesellschaft nach der Entlassung, es frustriert individuelle Bedürfnisse, führt zur Verrohung von zwischenmenschlichem Handeln und zur Zunahme von Gewaltbereitschaft. Darüber hinaus bringt es die Gefangenen miteinander in Kontakt und ermöglicht so einen Austausch von Wissen und informellen Ressourcen. Das offensichtliche Scheitern des Gefängnisses, seinen offiziellen Zweck zu erfüllen, veranlasst Foucault zu der Vermutung, dass der eigentliche Strafzweck woanders gesucht werden muss. Er kommt dabei zu dem Ergebnis, dass der tatsächliche Effekt der Gefängnisstrafe gerade nicht in der Reduktion von Kriminalität, sondern in der Herstellung von Delinquenz besteht. Delinquenz ist dabei als eine Form der Gesetzeswidrigkeit mit schwacher Intensität zu verstehen (zum Beispiel Drogendelikte, kleinere Eigentumsdelikte etc.), die sich von der «spektakulären» Kriminalität wie Mord oder schweren Eigentumsdelikten (die nie den Großteil der Inhaftierungsgründe ausmachte) unterscheiden lässt. Indem das Gefängnis ein regelrechtes Milieu der Delinquenz produziere, so Foucault, unterwerfe es bestimmte Personen einer besseren Kontrollierbarkeit:

11 Foucault 1994 [1976]. Vgl. auch Goffman 2014, Gowan 2002, Rios 2011 oder Wacquant 2001.

12 Vgl. dazu auch den Vorschlag von Didier Fassin, die kritische Gefängnisforschung an drei zentralen Fragedimensionen auszurichten – dem «was», «warum» und «wen» des Strafens (Fassin 2017, S. 37).

«Anstatt von einem Versagen des Gefängnisses bei der Eindämmung der Kriminalität sollte man vielleicht davon sprechen, daß es dem Gefängnis sehr gut gelungen ist, die Delinquenz als einen spezifischen, politisch und wirtschaftlich weniger gefährlichen und sogar nützlichen Typ von Gesetzeswidrigkeit zu produzieren; es ist ihm gelungen, die Delinquenz als ein anscheinend an den Rand gedrängtes, tatsächlich aber zentral kontrolliertes Milieu zu produzieren, es ist ihm gelungen, den Delinquenten als pathologisiertes Subjekt zu produzieren.»[13]

Für die Analyse des Zusammenhangs von Armut und Gefängnis besitzt der Begriff des Delinquenzmilieus somit wichtige Implikationen: Erstens kann das Gefängnis nicht isoliert von anderen institutionellen Praktiken betrachtet werden, die der Verwaltung dieses Milieus dienen. Die Biografie der Delinquent*in wird nacheinander und abwechselnd Gegenstand verschiedener institutioneller Ein- und Zugriffe, so dass sich das Gefängnis in die behördliche Erfassung durch Jobcenter, Sozialamt, Drogenhilfe oder Haftentlassenenhilfe einreiht. Zweitens liegt der Effekt dieser Interventionen nicht allein in der Kontrolle und Verwaltung, sondern in einer besonderen Subjektivierung. Das Gefängnis als der zentrale Ort der Produktion von Delinquenz setzt, wie Foucault schreibt, die Delinquent*in als «pathologisiertes Subjekt» in Szene, das keinerlei Autonomie über sein Leben mehr zu besitzen scheint, sondern immer nur Objekt, niemals Subjekt institutionellen Handelns ist. Dies lässt sich drittens genauer als Infantilisierung der Delinquent*in beschreiben. Im Gegensatz zur Schwerverbrecher*in, deren strafrechtliche Schuld auf der Idee der Vorwerfbarkeit, das heißt der Fiktion eines individuellen Vertretenkönnens der eigenen Handlungen basiert, wird die Delinquent*in wie ein Kind behandelt, zu dem allenfalls ein erzieherisches Verhältnis möglich ist. Das Ziel der Inhaftierung ist, sie dazu zu zwingen, «morgens aufzustehen» oder «einen strukturierten Tagesablauf» zu ermöglichen.

Kontexte: Armut und Strafe

Für den Kontext des deutschen Strafvollzugs kann der Begriff des Delinquenzmilieus in der Analyse von Kriminalisierungsprozessen von Armen und sozial benachteiligten Menschen sowie in Bezug auf informelle Ökonomien und Bagatelldelikte

13 Foucault 1994 [1976], S. 357.

verdeutlicht werden. Ein Blick in deutsche Justizvollzugsanstalten (die Hochsicherheitsgefängnisse ausgenommen) zeigt, dass hier nicht die gleiche Bandbreite sozio-ökonomischer Lagen vorzufinden ist wie in der Gesamtbevölkerung. Ohnehin gesellschaftlich deprivilegierte Gruppen sind in Gefängnissen überrepräsentiert. Dies zeigt sich besonders in Bezug auf kürzere Haftstrafen. Am deutlichsten lassen sich das gesellschaftlich ungleich verteilte Risiko einer Haftstrafe und der Zusammenhang von Armut und Gefängnis am Beispiel der so genannten «Ersatzfreiheitsstrafe» nachvollziehen.[14] Diese Form der Strafe, bei der ein Gefängnisaufenthalt zum «Ersatz» für eine zunächst ausgesprochene Geldstrafe wird, nimmt in Deutschland seit einigen Jahren kontinuierlich zu. Ersatzfreiheitsstrafen werden dann verhängt, wenn die eigentlich zu einer Geldstrafe verurteilte Person diese nicht bezahlen kann. Es handelt sich also um Fälle, bei denen das Gericht zu der Einschätzung kam, dass kein Freiheitsentzug erforderlich ist (etwa, weil die Delikte nicht schwerwiegend genug waren und daher die Sicherheitsbelange der Bevölkerung nicht tangieren) und den Betroffenen deshalb die Möglichkeit gegeben werden soll, trotz Strafe ihr Leben in Freiheit fortzusetzen.

Wie die nähere Betrachtung der Ersatzfreiheitsstrafe zeigt, wird durch die Umwandlung einer Geld- in eine Haftstrafe das Zusammenwirken von Armut und Strafpraxis drastisch verstärkt oder, mehr noch: zu einem unentrinnbaren Verhängnis. Dabei besteht in diesem Fall gerade kein einseitiger Ursache-Wirkungs-Zusammenhang, der von der Armut zwangsläufig ins Gefängnis führt – oder umgekehrt. Weder kann in Bezug auf die Ersatzfreiheitsstrafe angenommen werden, dass Menschen in prekären Lebensbedingungen eher zu kriminellen Handlungen neigen, noch dass deprivilegierte Bevölkerungsgruppen einem höheren Kriminalisierungsrisiko durch die Gesellschaft ausgesetzt und deshalb im Gefängnis überrepräsentiert sind. Stattdessen erweist sich der Strafvollzug als aktive Instanz in der Produktion eines Milieus, das ohnehin schon häufiger und unmittelbarer mit Strafen und Sanktionieren konfrontiert wird. Das Gefängnis steht nicht einfach am Ende dramatischer Zuspitzungen, die Menschen zunächst in die Armut, dann von der Armut in die Kriminalität und schließlich in die Haft führen. Es

14 Vgl. dazu auch Lim/Loick/Marquardt/Trautmann 2017.

ist vielmehr zentraler Bestandteil einer Vielzahl von Institutionen und gesellschaftlichen Dynamiken, die Armut hervorbringen und die Erfahrung davon prägen, was es in dieser Gesellschaft heißt, arm zu sein. Am Fall der Ersatzfreiheitsstrafe lässt sich somit verdeutlichen, wie bereits kurze Gefängnisaufenthalte die soziale Lage deutlich verschärfen können.

Ein Blick in die Statistiken zeigt, dass fast jede dritte zu einer Geldstrafe verurteilte Person Hartz IV (bzw. ALG II) bezieht oder nur über ein vergleichbar geringes Einkommen verfügt. Von den derzeit in Deutschland verhängten Geldstrafen werden dabei etwa sieben Prozent in Ersatzfreiheitsstrafen umgewandelt.[15] Hieraus ergibt sich, dass etwa jeder zehnte Gefangene in Deutschland aktuell wegen einer Ersatzfreiheitsstrafe einsitzt. Auch wenn es schwer ist, genau anzugeben, wie viele Menschen jährlich von Ersatzfreiheitsstrafen betroffen sind, zeigt sich bereits anhand dieser prozentualen Anteile, dass es sich hierbei nicht um eine strafrechtliche und sozialpolitische Marginalie handelt.[16] Eine aktuelle Schätzung des Kriminologen Heinz Cornel geht davon aus, dass dreißig bis vierzig Prozent aller Aufnahmen und Entlassungen in einem Jahr in deutschen Gefängnissen Ersatzfreiheitsstrafen betreffen.[17] Diese Zahlen machen deutlich, dass diese Strafform sehr viele Menschen dem Gefängnis aussetzt – mit den entsprechenden psychischen, sozialen und materiellen Konsequenzen. Im Folgenden beleuchten wir eine Reihe von Delikten, die am häufigsten zu Ersatzhaftstrafen führen und anhand derer sich die strafverschärfende Wirkung von Armut sowie – umgekehrt – die Armut verschärfende Wirkung der Strafpraxis aufzeigen lässt.

Fahren ohne Fahrschein

Das mit Abstand häufigste Delikt, für das «Ersatzhaftler*innen» im Gefängnis sitzen, ist das Fahren ohne Fahrschein. Die Nutzung des öffentlichen Nahverkehrs ohne gültigen Fahrschein wird nach §265a des Strafgesetzbuchs (StGB) als «Erschleichung einer Beförderungsleistung» gefasst. Verschiedene Wege

15 Vgl. Laudon 2013.

16 Die Erhebungen des statistischen Bundesamtes erfassen nur den Ist-Zustand der Belegung von Gefängnissen an einzelnen Stichtagen, bilden aber nicht die Zu- und Abgänge von Gefangenen im Jahresverlauf ab. Vgl. Statistisches Bundesamt 2017.

17 Thurm 2016.

können dabei von einem Bußgeldbescheid der öffentlichen Verkehrsbetriebe in die Ersatzfreiheitsstrafe führen. In vielen Fällen resultiert die Haft daraus, dass die betroffenen Personen wiederholt und über Wochen nicht auf Bußgeldbescheide reagieren, die Mahnungen oder Fristen von Inkassoverfahren verstreichen lassen und schließlich auch nicht zu Gerichtsterminen erscheinen. In manchen Städten kann es aber auch sehr schnell gehen. In Berlin etwa wird das Fahren ohne Fahrschein von den Verkehrsbetrieben bereits nach dem dritten Wiederholungsfall zur Strafanzeige gebracht. Kann die verhängte Geldstrafe nicht bezahlt werden, kommt es als Ersatz für die «uneinbringliche» Geldstrafe zu einer Haftstrafe. In Berlin, einer Stadt mit seit Jahren steigender Armutsquote (aktuell liegt sie bei 22 Prozent), nehmen die Strafanzeigen aufgrund des Straftatbestands der «Beförderungserschleichung» stetig zu.[18] Mittlerweile beziehen sich dort 25 bis 30 Prozent aller Gerichtsverfahren auf das wiederholte Fahren ohne Fahrschein, im Jugendstrafrecht 15 bis 20 Prozent.[19] In der Justizvollzugsanstalt Berlin-Plötzensee verbüßt etwa ein Drittel der Häftlinge eine Ersatzfreiheitsstrafe für das wiederholte «Erschleichen einer Beförderungsleistung».[20] In der öffentlichen Debatte trägt die JVA deshalb bereits seit einigen Jahren den Beinamen «Schwarzfahrerknast».[21]

Ladendiebstahl

Ein ebenfalls nicht geringer Teil der Ersatzfreiheitsstrafen geht auf einfache Eigentumsdelikte wie Ladendiebstahl zurück, bei denen meist ein ökonomischer Schaden von weniger als fünfzig Euro entsteht. Bei den gestohlenen Gütern handelt es sich häufig um Dinge des alltäglichen Gebrauchs: Lebensmittel, Kleidung oder Kosmetika. Sofern die Strafbefehlsverfahren, die bei Eigentumsdelikten eingeleitet werden, nicht vorab eingestellt werden, wird in der Regel eine Geldstrafe verhängt. Kommt es zu Zahlungsversäumnissen, können die Geldstrafen auch hier in Ersatzfreiheitsstrafen umgewandelt werden. Eine aktuelle Studie zu Eigentums- und Vermögensdelikten und ihrer strafrechtlichen Verfolgung zeigt, dass es in Frankfurt im Jahr 2013 bei allen mit Geldstrafen abgeschlossenen Strafverfahren für

18 Siehe Paritätischer Wohlfahrtsverband 2017.

19 Bommarius 2015; siehe auch Heischel 2011.

20 Litschko 2010.

21 Dassler 2008.

Diebstahldelikte bei einem Viertel der Männer und einem Achtel der Frauen zu Zahlungsversäumnissen kam, die nicht selten mit Ersatzfreiheitsstrafen endeten.[22] Die repräsentative Studie macht ebenfalls deutlich, dass es sich bei den Beschuldigten überwiegend um gesellschaftlich äußerst deprivilegierte Personen handelt: «Während bei den Männern eine Gruppe von Personen zu identifizieren ist, die sich durch Erwerbs-, oft auch Wohnsitzlosigkeit, Alkohol- und Drogenprobleme auszeichnet, finden sich bei den weiblichen Diebstahlsbeschuldigten oft ältere, alleinstehende Frauen mit geringen Renten. Auffällig ist, dass unter den Beschuldigten, die in diesem – oder einem anderen – Verfahren verurteilt werden, alleinstehende Personen überwiegen.»[23] Ähnlich wie beim Fahren ohne Fahrschein übersteigen die Kosten für die strafrechtliche Verfolgung der Delikte auch hier die durch den Diebstahl selbst entstandenen Schadenssummen bei weitem.

Drogendelikte

Ein erheblicher Teil der Gefängnispopulation lässt sich, drittens, auf Haftstrafen zurückführen, die für Vergehen gegen das Betäubungsmittelgesetz (BtMG) verhängt wurden. Bei der letzten Stichtagerhebung saßen etwa 6500 Gefangene solche Freiheitsstrafen ab, was etwa 15% der gesamten Gefängnispopulation ausmacht.[24] Darüber hinaus finden sich auch in der Gruppe der Ersatzhaftstrafler*innen viele Menschen, die aufgrund von Drogendelikten im Gefängnis landen – obwohl eine Haftstrafe für sie eigentlich gar nicht vorgesehen war. Bei Straftaten nach BtMG können sowohl Geldstrafen als auch Haftstrafen ausgesprochen werden. Für kleinere Konsumdelikte und minder schwere Fällen des Handels mit «weichen» Drogen kommt grundsätzlich die Geldstrafe zum Zug. Doch auch hier gilt: Kann die Geldstrafe nicht bezahlt werden, kommt es zur Ersatzhaft. Die polizeiliche Verfolgung von Verstößen gegen das BtMG trifft an erster Stelle diejenigen, die etwa aufgrund eines fehlenden legalen Aufenthaltstitels oder aus anderen gesellschaftlichen Gründen keinen Zugang zu regulären Erwerbsverhältnissen oder zu ausreichender Sozialhilfe haben. Auch

---

22 Leuschner et al. 2017, S. 40.

23 Ebd., S. 69.

24 Vgl. Statistisches Bundesamt 2017.

hier lässt sich der Zusammenhang von Armut und Strafe als der einer wechselseitigen Verschärfung beschreiben.[25]

Die Reproduktion von Delinquenz

Wie lässt sich nun der Zusammenhang von Armut und Strafe aufbrechen? Zunächst kann festgehalten werden, dass die Dysfunktionalität der Ersatzfreiheitsstrafe den Akteur*innen des Strafvollzugs, der Justiz und den Staatsanwaltschaften, die mit den Fällen betraut sind, durchaus bewusst ist. Dies kommt nicht zuletzt in der verbreiteten Kritik an der Ersatzhaft als «Fehlbelegung» der Gefängnisse zum Ausdruck.[26] In der Praxis des Strafvollzugs gelten vor allem die hohen Kosten der Gefängnisstrafe, aber auch der durch die kurzen Haftstrafen entstehende Verwaltungsaufwand als Ärgernis.

Die Ersatzfreiheitsstrafe stellt aber nicht allein strafrechtlich oder aus der Perspektive der Steuerzahler*in eine problematische Konstruktion dar, die hinsichtlich des ursprünglichen Strafanliegens oder mit Blick auf die enormen Kosten des Strafvollzugs unverhältnismäßig ist. Sie ist vor allem aus sozialpolitischen Gründen kritikwürdig. Der Entzug der Freiheit bedeutet für die Betroffenen eine schwerwiegende materielle und psychische Belastung. Wie die Statistiken klar belegen, führt ein Haftaufenthalt häufig zur weiteren Verschlechterung der ökonomischen Situation. Darüber hinaus geht der Strafvollzug mit der weiteren Vereinzelung von Subjekten durch den Verlust sozialer Beziehungen einher. Indem bereits kurze Haftstrafen ohnehin prekäre Lebenssituationen für Einzelne noch weiter verschärfen, bleiben ehemals Inhaftierte über die Haft hinaus staatlichen Repressionen ausgesetzt. Das ursprüngliche gesellschaftspolitische Ziel der Geldstrafe, Bagatelldelikte so zu sanktionieren, dass die sozial desintegrativen Effekte einer Haft vermieden werden, wird durch die Praxis der Ersatzfreiheitsstrafe ad absurdum geführt. Für Menschen, die nur über ein minimales Erwerbseinkommen verfügen, Hartz IV oder eine geringe Rente beziehen oder unter Umständen gar keinen Zugang zum

25 Ganz zu schweigen von den fehlenden Möglichkeiten in den Justizvollzugsanstalten, mit den körperlichen und psychischen Folgen des Drogenkonsums therapeutisch umzugehen. In vielen Fällen kommt der Haftaufenthalt für «suchtkranke Personen» einem kalten Entzug gleich.

26 Dünkel 2011: 143.

Arbeitsmarkt und zu den staatlichen Systemen sozialer Sicherung haben und die nicht durch private Unterstützung abgesichert sind, stellen die Bußgeldbescheide der Verkehrsbetriebe und die Geldstrafen für geringfügige Delikte in der Regel Summen dar, die nicht geleistet werden können. Auf den öffentlichen Personennahverkehr, auf Dinge des alltäglichen Gebrauchs wie Lebensmittel, Kleidung oder Kosmetika oder auch auf den Handel mit Drogen zur Sicherung eines minimalen Auskommens können die betroffenen Personengruppen aber auch nicht einfach verzichten. Sie gehen dabei stets das Risiko ein, in den Kreislauf von Armut und Strafe zu gelangen und in ihm gefangen zu bleiben.

Vor diesem Hintergrund zeigt sich, dass die Kritik des Gefängnisses nicht allein die generelle Frage nach den Gründen des Strafens und den Umgang mit Straftaten betrifft. Über die strafrechtliche und ethische Frage hinaus umfasst sie vor allem auch den sozialpolitischen Umgang einer Gesellschaft mit Armut. Die gegenwärtige Strafpraxis, insbesondere in Form der Ersatzfreiheitsstrafe und der kurzzeitigen Freiheitsstrafe, setzt deprivilegierte Personen dem Gefängnis nicht nur stärker aus, sondern tut dies auch mit besonders gravierenderen Konsequenzen. «Nach der Haft» ist für die Betroffenen, was so zynisch wie wahr ist, deshalb zumeist «vor der Haft». Dass viele Betroffene diesen Kreislauf nicht durchbrechen können, wird politisch in Kauf genommen. Delinquenz wird durch diese Strafpraxis somit nicht eingehegt, sondern in massiver Weise produziert. Die zunächst zu Geldstrafen Verurteilten werden dem Zusammenhang von Armut und Strafe dauerhaft ausgesetzt. Das Gefängnis und die Strafjustiz insgesamt kann in genau diesem Sinne auch nicht isoliert und ohne die veränderten «sozialen Gesetzmäßigkeiten»[27] betrachtet werden.

Das heißt auch, dass es nicht ausreicht, sich in der Kritik des Gefängnisses und der Strafpraxis auf die Gleichbehandlung vor dem Gesetz zu beziehen. De jure sieht das deutsche Strafrecht die rechtliche Gleichbehandlung aller sozialen Gruppen vor. Vor dem Gesetz gilt der demokratische Gleichheitsgrundsatz und die soziale Lage darf keine strafverschärfende Wirkung haben. Die fehlenden Mittel, auf Grund derer jemand nicht in der Lage ist, vertragliche Verpflichtungen zu erfüllen, darf auch laut der

27 Rusche 1981 [1933]: 298.

Europäischen Menschenrechtskonvention kein Grund für den Freiheitsentzug sein.[28] Kurz gesagt: Armut ist, seit die Tage der Schuldknechtschaft gezählt sind, nicht strafbar.

Verschiebt man jedoch den Blick vom Gesetzestext auf die gegenwärtige Praxis der Rechtsdurchsetzung, zeigt sich ein anderes Bild. Soziale Lagen haben sehr wohl eine strafverschärfende Wirkung. Wie die «Ersatzfreiheitsstrafe» vor Augen führt, setzen Gefängnisse nicht einfach gesellschaftliche Rechtsvorstellungen durch, sondern können Armut unmittelbar bestrafen und aktiv zur Aufrechterhaltung oder Verschlechterung von Armutslagen beitragen. Um gegen diese Form des *punishing the poor* effektiv vorzugehen, erfordert es neben der politischen Kritik des Freiheitsentzugs als Strafmittel auch ein grundsätzliches Durchbrechen des Kreislaufs von Armut und Strafe. Mit Blick auf die genannten Kontexte könnte dies heißen, anstatt immer mehr Geld in Gefängnisse und Polizei zu stecken, die materiellen Bedingungen für die Mobilität, die Grundversorgung des täglichen Lebens sowie Formen eines sicheren und informierten Drogenrauschs zu schaffen. In diesem Sinne verbindet Gefängniskritik den Kampf gegen bestehende punitive Institutionen mit dem Eintreten für gesellschaftliche wie politische Teilhabe sowie für kollektive Praktiken der sozialen Fürsorge und der damit verbundenen materiellen Absicherung für alle.

28 Vgl. Europäische Menschenrechtskonvention vom 16. September 1963, Protokoll Nr. 4, Art. 1.

Bibliographie

Alexander, Michelle 2012: The New Jim Crow. Mass Incarceration in the Age of Colorblindness. New York: The New Press

Bloch, Ernst 1980 [1961]: Naturrecht und menschliche Würde. Frankfurt a. M.: Suhrkamp

Boll, Friederike, Andreas Engelmann und Cara Röhner (Hrsg.) 2017: Das Gefängnis im Neoliberalismus, in: Kritische Justiz 50. 2

Bommarius, Christian 2015: Schwarzfahrer gehören nicht in den Knast, in: Berliner Zeitung, 19. Februar. «www.berliner-zeitung.de/leitartikel-zu-oeffentlichen-verkehrsmitteln-schwarzfahrer-gehoeren-nicht-in-den-knast-2264676»

Crewe, Ben 2009: The Prisoner Society. Power, Adaptation and Social Life in an English Prison. Oxford: Oxford University Press

Dassler, Sandra 2008: Jeder Dritte in Plötzensee sitzt wegen Schwarzfahrens, in: Der Tagesspiegel, 15. Dezember. «www.tagesspiegel.de/berlin/strafen-jeder-dritte-in-ploetzensee-sitzt-wegen-schwarzfahrens/1396434.html»

Drake, Deborah H., Rod Earle und Jennifer Sloan 2015 (Hg.): The Palgrave Handbook of Prison Ethnography. Basingstoke: Palgrave Macmillan

Dünkel, Frieder 2011: Ersatzfreiheitsstrafen und ihre Vermeidung. Aktuelle statistische Entwicklung, gute Praxismodelle und rechtspolitische Überlegungen, in: Forum Strafvollzug 3, 143–153

Dübgen, Franziska und Liza Mattutat 2017: Neoliberalisierung im Vollzug. Gibt es einen «Prison-Industrial Complex» in Deutschland?, in: WestEnd. Neue Zeitschrift für Sozialforschung 14. 2, 77–97.

Fassin, Didier 2017: Punir. Une passion contemporaine. Paris: Seuil

Foucault, Michel 1994 [1976]: Überwachen und Strafen. Die Geburt des Gefängnisses. Übers. von Walter Seitter. Frankfurt a. M.: Suhrkamp

Goffman, Alice 2014: On the Run. Fugitive Life in an American City. Chicago: University of Chicago Press

Gowan, Teresa 2002: The Nexus. Homelessness and Incarceration in Two American Cities, in: Ethnography 3. 4, 500–534

Heischel, Olaf 2011: Ersatzfreiheitsstrafe. Fakten, Thesen und Anregungen des Berliner Vollzugbeirats BVB, in: Forum Strafvollzug 3, 153–159

Laudon, Mirko 2013: Lieber im Park schwitzen, statt in Haft sitzen, in: Legal Tribune Online, 26. August. «www.lto.de/recht/hintergruende/h/strafvollzug-geldstrafen-abarbeiten-ersatzfreiheitsstrafe-gemeinnuetzige-arbeit/»

Lim, Il-Tschung, Daniel Loick, Nadine Marquardt und Felix Trautmann 2017: Delinquenzmilieu. Armut und Gefängnis am Beispiel der Ersatzfreiheitsstrafe, in: WestEnd. Neue Zeitschrift für Sozialforschung 14. 2, 125–138

Litschko, Konrad 2010: Freifahrt in den Knast, in: Die Tageszeitung, 14. Oktober. «www.taz.de/!5134051/»

Paritätischer Wohlfahrtsverband 2017: Bericht zur Armutsentwicklung in Deutschland 2017. «www.der-paritaetische.de/schwerpunkte/armutsbericht/download-armutsbericht/»

Rios, Victor M. 2011: Punished. Policing the Lives of Black and Latino Boys. New York und London: New York University Press

Rusche, Georg 1981 [1933]: Arbeitsmarkt und Strafvollzug. Gedanken zur Soziologie der Strafjustiz, in: ders. und Otto Kirchheimer: Sozialstruktur und Strafvollzug. Frankfurt a. M.: Europäische Verlagsanstalt, 298–313

Rusche, Georg und Otto Kirchheimer 1981 [1939]: Sozialstruktur und Strafvollzug. Übers. von Helmut Kapczynski und Susan Kapczynski. Frankfurt a. M.: Europäische Verlagsanstalt

Statistisches Bundesamt 2017: Bestand der Gefangenen und Verwahrten in den deutschen Justizvollzugsanstalten nach ihrer Unterbringung auf Haftplätzen des geschlossenen und offenen Vollzugs jeweils zu den Stichtagen 31. März, 31. August und 30. November eines Jahres. «www.destatis.de/DE/Publikationen/Thematisch/Rechtspflege/StrafverfolgungVollzug/BestandGefangeneVerwahrtePDF_5243201.pdf?__blob=publicationFile»

Thurm, Frida 2016: Geld oder Knast, in: Die Zeit, 2. Juni. «www.zeit.de/gesellschaft/zeitgeschehen/2016-06/ersatzfreiheitsstrafe-geldstrafe-gefaengnis-reform»

Wacquant, Loïc 2000: Die strafrechtliche Versuchung in Europa, in: ders.: Elend hinter Gittern. Übers. von Jörg Ohnacker. Konstanz: UVK, 64–149

Wacquant, Loïc 2001: Deadly Symbiosis: When Ghetto and Prison Meet and Mesh, in: Punishment and Society 3. 1, 95–134

Wacquant, Loïc 2009: Punishing the Poor. The Neoliberal Government of Social Insecurity. Durham und London: Duke University Press

Wilde, Frank 2016: Armut und Strafe. Zur strafverschärfenden Wirkung von Armut im deutschen Strafrecht. Wiesbaden: Springer VS

Kapitel 2
Das Gefängnis

Gefängnisstrafe

Sie wurden zerstört
daher haben sie zerstört
dafür wurden sie noch mehr zerstört.
Gerald Dunkl

Nous sommes tous des prisonniers! Foucaults Genealogie des Gefängnisses

von Liza Mattutat

Michel Foucault (1926–1984) war ein französischer Historiker, Philosoph, Soziologe und Psychologe. Er arbeitete nicht so sehr innerhalb dieser Disziplinen, vielmehr verband er sie zu einem einzigen, bahnbrechenden Forschungsprogramm: Mit den von ihm selbst entwickelten, philosophischen Methoden der Diskursanalyse, Genealogie und Archäologie arbeitete er zur Geschichte und zur gesellschaftlichen Funktion von Phänomenen und Institutionen, wie des Wahnsinns und der Psychiatrie, der Krankheit und der Medizin, der Regierung und des Staates und natürlich – der Strafe und des Gefängnisses.

In seinen Studien rekonstruiert er die Entstehung der Regeln, die festlegen, wer und was als normal oder abnormal, als vernünftig oder irrational, gesund oder krank, gesetzestreu oder kriminell gilt. Dabei spürt er den historischen Verknüpfungen von Macht, Wissen und Subjekt innerhalb der Herausbildung dieser Diskursregime und Subjektivierungsformen nach. So stellt er z.B. heraus, dass der juridisch-kriminologische Diskurs, indem er Wissen über die «Gesetzesbrecher» generiert (Wissen), zugleich den Typus des Delinquenten formt (Subjekt) und die Informationen für seine subtile und effiziente Kontrolle bereitstellt (Macht) (Foucault 1995, 301 ff.).

Foucaults Einfluss auf die Wissenschaften ist kaum zu überschätzen. Viele seiner Begriffe und Methoden sind auch in diejenigen Disziplinen aufgenommen worden, die er damit kritisierte. So ist die Diskursanalyse heute eine etablierte Methode der Geschichtswissenschaft, Politikwissenschaft, Soziologie, Ethnologie, Literatur- und Geschichtswissenschaft und der Philosophie. Doch auch für unterschiedliche politische Bewegungen sind seine Studien maßgeblich geworden. «Überwachen und Strafen» ist ein Klassiker der Gefängniskritik, «Wahnsinn und Gesellschaft» informierte die Antipsychiatriebewegung, seine Thesen zur Subjektivierung wurden insbesondere durch die Rezeption von Judith Butler grundlegend für die Queer-Theorie und weite Teile der jüngeren Kritik des Neoliberalismus stützen sich auf seine Thesen zur Gouvernementalität.

Foucault wirkte jedoch nicht nur als Wissenschaftler, sondern setzte sich immer auch politisch für die Marginalisierten, die Aus- und Eingeschlossenen und als abnorm Stigmatisierten ein. Er bekannte sich vorbehaltlos zur Frauen- und Homosexuellen-Bewegung, demonstrierte für die Rechte von Geflüchteten und gegen Rassismus und erklärte sich mit Franco-Gegner*innen und Black Panthers solidarisch. 1970 gründete er gemeinsam mit Jean-Marie Domenach und Pierre Vidal-Naquet die *Groupe d'Information sur les Prisons* (GIP), die sich für die Verbreitung von Informationen über die Lebensbedingungen in französischen Gefängnissen einsetzte. Die Mitglieder der Gruppe interviewten Gefangene und deren Angehörige sowie Vollzugsbeamte und veröffentliche die Resultate ihrer Untersuchung in der Broschürensammlung *Intolerablé* (Buchanan 2010). Darin finden sich bereits Themen, die Foucault kurz danach in «Überwachen und Strafen», seiner Studie zum Gefängnis, aufgreifen wird: die Erzeugung des Delinquenten durch das Gefängnis, die Verwaltung von Gesetzwidrigkeiten, die Zugehörigkeit des Gefängnisses zu einem gesamtgesellschaftlichen Strafsystem.

Bevor ich die zentralen Thesen dieses Klassikers der Knastkritik vorstelle (3), möchte ich zunächst seine Herangehensweise – die Genealogie – auf ihren kritischen Gehalt befragen (2). Abschließend werde ich einige Konsequenzen für die Gefängniskritik ziehen (4).

Genealogie als «wirkliche Historie»

Foucault arbeitete zwar mit unterschiedlichen Methoden, die sich im Laufe seiner Arbeit wandelten[1], «Überwachen und Strafen» ist aber eine klar genealogische Studie. Wer außerhalb akademischer Kreise das Wort «Genealogie» hört, denkt zunächst an Ahnenkunde und Stammbäume. Die Lehre von den Verwandtschaftsbeziehungen ist auch in der Tat die erste Bedeutung des Wortes, das sich aus geneá «Geburt, Abstammung, Sippschaft, Familie» und lógos «Lehre, Vernunft, Sinn,

1 Eine Rekonstruktion dieser Entwicklung der Methodologie von der Archäologie über die Genealogie bis hin zur Kritik, die sich zugleich als Einführung in das Denken Foucaults lesen lässt, bietet Tanja Proki (Proki 2009).

Rede» zusammensetzt. Auf den ersten Blick ist es schwierig, in einer Rekonstruktion von Blutgemeinschaften und Abstammungslinien das Potenzial für eine kritische Methode zu sehen. Doch die Genealogie im Sinne Nietzsches und Foucaults hat mit der Verwandtschaftslehre immerhin eines gemein: Statt ausgehend von einer festen Vorstellung einer Institution, einer Idee oder eines Konzepts in der Geschichte nach ähnlichen Vorläufern zu suchen, bemüht sich die Genealogie, «die vielfältigen subtilen, einzigartigen, subindividuellen Merkmale aufzuspüren, die sich darin kreuzen und ein schwer entwirrbares Netz bilden» (Foucault 2002, 171 f.). Genealogie ist so zunächst eine bestimmte Weise, Geschichte zu schreiben. Friedrich Nietzsche, auf den die Genealogie als geisteswissenschaftliche Methode zurückgeht, nennt sie die «*wirkliche* Historie» (Nietzsche 2013, 10, Hervhb. LM). Die Entfaltung dieser allerknappsten Definition von Genealogie und der darin liegenden Doppelbedeutung von «wirklich» – im Sinne von «auf Tatsachen beruhend» einerseits und von «wirksam werden»[2] andererseits – bietet alles, was es für ihr Verständnis braucht.

Durch den Zusatz «wirklich» grenzt Nietzsche die Genealogie zunächst von der klassischen Geschichtsschreibung (Historie[3]) ab. Diese setze eine unmöglich einzunehmende überhistorische Perspektive, einen Standpunkt der Historikerin außerhalb der Geschichte, voraus. Sie bemerke nicht, dass sie damit die «Gegenwart an den Ursprung [setzt und] so an die verborgene Wirkung einer Bestimmung glauben [lässt], die sich vom Anfang her Bahn bricht» (Foucault 2002, 174 f.). Die klassische Geschichtsschreibung ist nach Nietzsche und Foucault metaphysisch: Indem sie die Geschichte von ihrem Ende her rekonstruiert, erscheint das historische Geschehen als teleologisch und damit sinnhaft auf die Gegenwart zulaufend. Sie ist damit

2 Diese terminologische Verwendung des Wortes «wirklich» ist im Anschluss an Hegel entstanden und seither fester Bestandteil des Vokabulars linker Theorie. Vgl. etwa den berühmten Satz aus Marx' und Engels Deutscher Ideologie: «Wir nennen Kommunismus die wirkliche Bewegung, welche den jetzigen Zustand aufhebt» (Marx und Engels 1978, 35).

3 Nietzsche verwendet den Ausdruck «Historie» gleichermaßen für den Lauf der Geschichte, die Geschichtsschreibung und für die Geschichtswissenschaft. Da es hier um den spezifisch methodischen Zugriff der Genealogie gehen soll, beziehe ich mich nur auf die Wortbedeutung «Geschichtsschreibung».

affirmativ, weil sie das gesellschaftlich Gegebene als notwendig und sinnvoll rekonstruiert. Dazu verlegt sie den Anfang der Institutionen an einen einheitlichen «Wunder-Ursprung» (Nietzsche 2013b, § 1), der ihre Verstricktheit mit den vielfältigen machtvollen, gewaltsamen, gegenläufigen, gar widersprüchlichen Entwicklungen verdeckt.

Die Genealogie interessiert sich hingegen gerade für das Aufdecken dieser Entwicklungen, für «das Urkundliche, das Wirklich-Feststellbare, das Wirklich-Dagewesene, kurz die ganze lange, schwer zu entziffernde Hieroglyphenschrift der menschlichen [...] Vergangenheit» (Nietzsche 2013a, 10). Genealogie ist also zunächst «*wirkliche* Historie», indem sie sich vor glättenden und versöhnenden Perspektiven auf das historische Geschehen hütet. Durch den Fokus auf die Brüche und Widersprüchlichkeiten in der Geschichte führt sie konkret vor Augen, was Aristoteles bereits logisch herausstellte: Dass das, was einmal anders geworden ist, nicht ewig sein kann (Aristoteles 2011). Dadurch ermöglicht sie ein Bewusstsein für die Veränderbarkeit des Quasinatürlichen der Gesellschaft. «Die Erforschung der Herkunft schafft keine sichere Grundlage; sie erschüttert, was man für unerschütterlich hielt; sie zerbricht, was man als eins empfand; sie erweist als heterogen, was mit sich übereinzustimmen schien» (Foucault 2002, 173).

Doch begründet die Herausstellung der Gewordenheit von etwas noch nicht seine Kritik: «Herkunft und Wert, Genesis und Geltung [sind] voneinander logisch unabhängig [...] und von der bloßen Gewordenheit einer Sache auf deren Wert oder Unwert zu schließen hieße, einen ‹genetischen Fehlschluss› zu begehen» (Saar 2009, 248). Um zu verstehen, wie die Genealogie gesellschaftskritisch wirksame Historie wird, braucht es noch etwas Weiteres: Sie erzählt nicht nur eine andere Geschichte der Institutionen und Werte, sondern sie erzählt sie als Machtgeschichte. Sie macht deutlich, wie die gegenwärtigen Institutionen, die uns selbstverständlich und sinnvoll erscheinen, durch gewaltsame Prozesse entstanden sind. Das heißt, sie zielt auf eine Destabilisierung unserer Selbstverhältnisse, indem sie zeigt, «dass an der Wurzel dessen, was wir erkennen und was wir sind, nicht die Wahrheit liegt und auch nicht das Sein, sondern die Äußerlichkeit des Zufalls» (Foucault 2002, 172) und die Auseinandersetzung von Macht und Gegenmacht. Genealogie ist damit «*wirkliche* Historie» im oben angekündigten doppelten

Sinn. Sie ist eine Weise, Geschichte zu schreiben, die, *indem* sie näher an den Phänomenen ist, kritische Wirkungen entfaltet: eine Destabilisierung der gesellschaftlichen Selbstverhältnisse und das Potenzial für veränderndes Handeln. Damit wird die Kritik zum Moment der «Kunst, nicht dermaßen regiert zu werden» (Foucault 1992, 12), so hat Foucault die Kritik definiert. Dies entspricht Foucaults intellektuellem Selbstverständnis als «Waffenschmied» (Foucault 1976, 129) und «Experimentator» (Foucault 1996, 24). Die Genealogie lotet die Möglichkeiten von Denk- und Lebensweisen aus und liefert die theoretischen Instrumente für soziale Kämpfe.

Wenn ich im Folgenden Foucaults Genealogie des Gefängnisses zusammenfasse, ist dies ein Versuch, diese «Waffen» weiterzugeben, der jedoch die Leser*innen zugleich um den Witz der Genealogie betrügt: die destabilisierende Erfahrung der eigenen Lektüre – sorry, folks!

«Überwachen und Strafen»: von der Marter zur modernen Disziplinargesellschaft

Neben seinem politischen Engagement, das er jedoch streng getrennt von seiner theoretischen Arbeit verstanden wissen wollte, gaben Foucault zwei Irritationen Anlass zu seiner Auseinandersetzung mit der Geschichte des Gefängnisses: Erstens gilt das Gefängnis als «humane Strafe», die eine Konsequenz aus der humanistischen Reform des Justizsystems sein soll. Die Reformjuristen wie Beccaria kritisierten es hingegen u.a. wegen seiner verborgenen körperlichen Zwangsgewalt (Foucault 1995, 147). Ist die Freiheitsstrafe so ganz klar keine rationale Folge aus der Reform der Justiz, muss ihre Geschichte eine andere sein. Zweitens stellt sich uns das Gefängnis – auch heute noch – als eine Selbstverständlichkeit dar, obwohl man zugleich seinen Misserfolg beklagt und belegt: Statt zu resozialisieren, steigern Haftstrafen etwa die Rückfallquoten. «Man kennt alle Nachteile des Gefängnisses: daß es gefährlich ist, daß es vielleicht sogar nutzlos ist. Und dennoch ‹sieht› man nicht, wodurch es ersetzt werden könnte» (Foucault 1995, 296). Erfüllt das Gefängnis seine offiziellen Zwecke so offensichtlich nicht und erscheint es dennoch unvermeidlich, muss seine wahre Funktion eine andere sein.

«Überwachen und Strafen» schreibt diese andere Geschichte und analysiert die wahren gesellschaftlichen Funktionen des Gefängnisses, die nicht so sehr jenseits von Besserung und Resozialisierung liegen, sondern sich vielmehr durch sie hindurch zur Geltung bringen.

In dieser Genealogie taucht das Gefängnis jedoch erst relativ spät auf und wird erst am Ende verständlich. Foucault setzt stattdessen mit einer Darstellung der Marter ein, einer Strafpraxis, die Gesetzesbrüche mit grausamen Folter- und Hinrichtungsmethoden ahndete. Der Hauptteil von «Überwachen und Strafen» ist der Frage gewidmet, warum und wie sich diese Ordnung nach und nach zu einer apersonalen, entkörperten Form von Macht verändert, in der die Gewalt nicht verschwindet, sondern sich transformiert. Ich möchte diese Geschichte hier entlang des Leitmotivs der Produktivitätssteigerung und Ökonomisierung der Macht in zwei großen Schritten erzählen: 1. Soziale Kontrolle durch Vernichtung und Ausschluss (Marter), 2. Soziale Kontrolle durch differenzierende Einschließung (Disziplin). Daraus ergeben sich 3. die gesellschaftlichen Funktionen der Institution Gefängnis.

Soziale Kontrolle durch Vernichtung und Ausschluss (Marter)

Das Strafsystem der Marter ist Teil der politischen Ökonomie monarchistischer Gesellschaften, insbesondere des Absolutismus im 17. und 18. Jahrhundert. Das Gesetz galt in diesem System als in der Person des Königs verkörpert. Daher galten Übertretungen der Gesetze zugleich als Angriffe auf den symbolischen Körper des Königs. So zielte auch die Strafe der Marter auf den Körper der Verurteilten, um in öffentlichen Festen der Gewalt die verletzte Integrität des königlichen Körpers und damit die verletzte Integrität der gesellschaftlichen Ordnung wiederherzustellen (Foucault 1995, 71). Die öffentliche Inszenierung der Strafe diente der sozialen Kontrolle, indem am gemarterten Körper ein Exempel statuiert wurde, das die zusehende Bevölkerung in Angst und Schrecken versetzen und von Übertretungen abschrecken sollte. Die Verbrecher*innen galten als zu vernichtende Feinde des Souveräns, der sich ihnen gegenüber gewaltsam behauptete. «Das Verbrechen greift über sein unmittelbares Opfer hinaus den Souverän an; es greift ihn persönlich an, da das Gesetz als Wille des Souveräns gilt; es greift ihn physisch an, da die Kraft des Gesetzes die Kraft des Fürsten ist. [...] Der Eingriff des Souveräns ist [...] der unmittelbare Gegenschlag gegen den Beleidiger» (Foucault 1995, 63).

Foucault zufolge führte nicht etwa moralischer Fortschritt zur Abschaffung der Marter, auch wenn sich die neuen Strafsysteme durch moralische Diskurse der Reformjuristen rechtfertigten (Foucault 1995, 104, 170). Sie war vielmehr nicht effizient genug: Macht operierte im System der Marter fast ausschließlich repressiv. Sie unterdrückte die Kräfte der Menschen bis hin zu ihrer Vernichtung. Nicht nur bedeutete die Inszenierung der Feste der Marter einen in Bezug auf ihre kontrollierende Wirkung unverhältnismäßig hohen Kraft- und Zeitaufwand, auch konnten die Verurteilten – tot, verbannt oder verstümmelt – nicht mehr wertschöpfend eingesetzt werden. Sie bringt außerdem die Gefahr der Revolte mit sich, wenn sich die Bevölkerung mit dem Opfer identifiziert und zu seiner Verteidigung oder Rache auszieht. Das Strafsystem der Marter provoziert zwei spiegelbildliche Überschreitungen legitimer Machtausübung: «Tyrannei und Revolte, die einander gegenüberstehen und einander herausfordern» (Foucault 1995, 94).

Soziale Kontrolle durch differenzierende Einschließung (Disziplin)

Diese ökonomische und politische Ineffizienz der Macht führte auf verschlungenen Wegen zu einem neuen Umgang mit Gesetzwidrigkeit, einer neuen Konzeption des Gesetzesbegriffes, einem neuen Strafvollzug und insgesamt zu einem neuen System sozialer Kontrolle, das Foucault Disziplinarmacht nennt.

Der neue Umgang mit Gesetzeswidrigkeit liegt darin, dass sie zwar weniger drastisch, dafür aber sehr viel häufiger geahndet wurde (Foucault 1995, 95). Befördert wurde diese doppelte Entwicklung der Milderung und Verallgemeinerung des Strafens etwa durch den entstehenden Interessengegensatz zwischen dem Bürgertum und den unteren Klassen, die sich einst noch gemeinsam gegen die feudalen Gesetze positionieren konnten. Mit dem Übergang des Grundeigentums an die Bourgeoisie und der Entwicklung der Lagerhaltung (Ausbau der Häfen, Entstehung großer Stapelplätze etc.) gerieten sie hingegen in Opposition. Um sein Eigentum zu schützen, forderte nun auch das Bürgertum eine strenge Verfolgung jeder Gesetzwidrigkeit (Foucault 1995, 108).

Das Gesetz galt in den Augen der Reformjuristen dementsprechend nun auch nicht mehr als Wille des Souveräns, sondern wurde vertragstheoretisch als Übereinkunft der Bevölkerung mit dem Staat konzipiert. Der Gesetzesbrecher*innen vergingen sich somit nicht mehr am König, sondern an der demokratischen Gesellschaft. Ihr gegenüber musste sie fortan ihre Schuld begleichen. Die Strafe zielte daher auch nicht mehr ausschließlich auf den Körper der Verurteilten, sondern auf ihre Seele und ihr Verhalten, die es zu bessern und sozialkonform umzugestalten galt.

Dem entspricht ein einschließender Strafvollzug, der die Verurteilten den Techniken der Besserung ebenso aussetzt wie den moralischen Qualen des Gewissens in der Isolation und der ihn zu entschädigender Arbeit für die Gesellschaft verpflichtet. Bei der formenden «Besserung» der Verurteilten kommen laut Foucault verschiedene Machttechniken zum Einsatz: Überwachung, Isolation, Parzellierung, Hierarchisierung, Übung und Prüfung.

Um die Funktion der Überwachung zu erläutern, greift Foucault auf ein von Jeremy Bentham konzipiertes Gefängnisbaumodell zurück – das Panoptikum, bei dem die Zellen rund um einen zentralen Beobachtungsturm angeordnet sind, sodass ein einziger Wärter oder eine einzige Wärterin alle Zellen einsehen kann, ohne jedoch von den Insass*innen gesehen werden zu können. Dies erzeugt Unsicherheit bei den Beobachteten. Auch wenn sie gerade nicht beobachtet werden, verhalten sie sich so als würden sie überwacht. Dies ist eine kostengünstige, effiziente, zur Selbstnormierung erziehende Technik, die den Bewacher nahezu überflüssig macht (Foucault 1995, 156 ff.). Durch Isolierung werden die Insass*innen einer solchen Institution jedem äußeren Einfluss entzogen und damit der totalen Kontrolle unterworfen sowie der Einsamkeit ihres Gewissens überlassen. Parzellierung meint die Zuweisung von festen Plätzen und Funktionen innerhalb der Tages- und Arbeitsabläufe, die die Individuen voneinander trennt, kontrollierbar macht und zugleich ihre Leistung durch Arbeitsteilung steigert. Hierarchisierung klassifiziert die Individuen nach Rang und Status, die jeweils mit besonderen Pflichten und Privilegien ausgestattet sind. Übungen, d.h. die wiederholten Ausführungen von Tätigkeiten, dienen der «Besserung» der Individuen, die sich, um Sanktionen zu entgehen, immer besser an die geforderten Verhaltensweisen anpassen. Prüfungen messen die so erlernten Fähigkeiten und bestimmen den Platz des Einzelnen in der Hierarchie.

Eine der brisanten Thesen Foucaults ist nun, dass sich dieses am Strafvollzug gewonnene Modell in Wahrheit in allen gesellschaftlichen Institutionen wiederfindet. Schulen, Kasernen, Fabriken, Krankenhäuser und Psychiatrien operieren alle mit diesen Machttechniken, um die in ihnen eingeschlossenen Individuen zu formen. Gemeinsam bilden sie die Disziplinargesellschaft und stellen sicher, was «für die Entstehung der industriellen Gesellschaft erforderlich» (Foucault 2003, 115) ist: die «Umwandlung des Körpers in Arbeitskraft und die Umwandlung der Zeit in Arbeitszeit» (Foucault 2003, 117). Sie gewinnen Kontrolle über die Lebenszeit der Menschen und strukturieren sie (z.B. durch Schulpflicht oder Wehrdienst); sie vermitteln den Körpern der Menschen Fähigkeiten, die sie zur Arbeit befähigen (z.B. Schreiben, Stillsitzen); indem sie Abweichungen richten und strafen (z.B. durch schlechte Noten, Strafdienst beim Militär), erzeugen sie den Wunsch nach Konformität und sie generieren Wissen über die Individuen, das zugleich zu ihrer besseren Kontrolle eingesetzt wird. So wird zum Beispiel in der Fabrik sowohl das Wissen der Arbeiter*innen über ihre Arbeitsprozesse aufgezeichnet als auch Wissen über sie selbst gewonnen. «Die Menschen, über die Macht ausgeübt wird, bilden so entweder den Ausgangspunkt für die Extraktion eines Wissens, das sie selbst geschaffen haben und das nun in Normen zusammengefasst und akkumuliert wird, oder sie sind Objekte eines Wissens, das gleichfalls neue Formen der Kontrolle ermöglicht» (Foucault 2003, 119 f.).

Subjektivierung und Normalisierung vollziehen sich in der Disziplinargesellschaft so in einem Zuge. Die Individuen werden verschiedenen Beobachtungs-, Kategorisierungs-, Klassifikations-, Analyse-, Diagnose- und Ordnungsrastern unterworfen, wobei der Durchschnitt der so ermittelten Erkenntnisse festlegt, was normal ist. Zugleich werden die Individuen durch lehrende, heilende oder korrigierende Eingriffe diesen Normen angepasst. «Die Identität des Subjektes als krankes oder gesundes, anständiges oder delinquentes, vernünftiges oder wahnsinniges, fleißiges oder faules, kluges oder einfältiges, usw. wird durch die allgegenwärtige, vielfältige und sich stetig verändernde Grenzziehungen diskursiv konstituiert» (Vasilache 2007, 204). Daher Foucaults berühmtes und erschreckendes Diktum vom Subjekt der Unterwerfung: Subjektivität bildet sich nur innerhalb dieses Macht-Wissens-Nexus heraus und Individualität lässt sich nur als Abweichung von der Norm verstehen, die von der Macht gesetzt ist. «[W]enn man den gesunden, normalen, gesetzestreuen Erwachsenen individualisieren will, so befragt man ihn immer danach, was er noch vom Kind in sich hat, welcher geheime Irrsinn in ihm steckt, welches tiefe Verbrechen er eigentlich begehen wollte» (Foucault 1995, 248 f.).

Die Macht ist hier also nicht mehr (nur) repressiv, sondern produktiv: Statt Abweichler*innen zu unterdrücken und zu vernichten, «produziert» sie arbeitssame und gelehrige Subjekte. Die verschwenderische und prekäre Gewalt der Souveränität wird durch ein subtiles Netz sozialer Kontrolle und Überwachung abgelöst, in das jede*r eingespannt ist und das so auch weniger angreifbar ist. Apersonale Herrschaft tritt an die Stelle persönlicher Herrschaft und Disziplinierung an die Stelle direkter Gewalt.

Die gesellschaftlichen Funktionen des Gefängnisses

Das Gefängnis, so schlussfolgert Foucault nun endlich, hat sich trotz all seiner sichtbaren Mängel durchgesetzt, weil es all diesen Institutionen isomorph, das heißt strukturgleich, ist. «In dem großen sozialen Panoptismus, der das Leben der Menschen in Produktivkraft umwandeln soll, fällt dem Gefängnis eine Funktion zu, die weit eher symbolisch-exemplarischen als ökonomischen, strafenden oder bessernden Charakter hätte. So erklärt sich das Gefängnis selbst für unschuldig, weil es als Gefängnis allem Übrigen ähnele, und befreit zugleich alle anderen Institutionen [Schule, Fabrik, Kaserne etc.] von dem Vorwurf, Gefängnisse zu sein, weil das Gefängnis nur für Gesetzesbrecher gedacht sei» (Foucault 2003, 121). Das Gefängnis hat sich also nicht zur Strafform moderner Gesellschaften schlechthin entwickelt, weil es besonders «human» ist, wie der ideologische Diskurs uns glauben machen will. Vielmehr entspricht es der Struktur moderner Herrschaft und ist zugleich der deutlichste Ausdruck ihrer Funktionsweise, die nicht gewaltsam, sondern *«normend, normierend und normalisierend»* (Foucault 1995, 236) operiert. Deshalb erscheint uns das Gefängnis als selbstverständlich, deshalb «sehen» wir nicht, wodurch es ersetzt werden könnte.

Neben dieser symbolischen erfüllt das Gefängnis eine weitere paradoxe Funktion: Es produziert die Delinquenz, die es selbst ahnden und verringern soll. Dies ist zunächst ganz handfest zu verstehen. Eine Haftstrafe erhöht die Rückfallgefahr, sie begünstigt die Organisation eines kriminellen Milieus, belastet die sozialen Beziehungen insbesondere der Partner*innen und Kinder und die Entlassungsbedingungen erschweren die Reintegration, statt sie zu fördern (Foucault 1995, 340 ff.). Weniger handfest, aber weitreichender ist jedoch, dass das Gefängnis den Delinquenten bzw. die Delinquentin als pathologisiertes Subjekt und die Delinquenz als besondere Form der Gesetzwidrigkeit herausbildet. Die Überwachung im Gefängnis ermöglicht einen kriminologischen Diskurs, der Erkenntnisse über die Insass*innen versammelt, der es erlaubt, sie zu ordnen und zu klassifizieren. So entsteht der Delinquent, der nicht mehr das formale Rechtssubjekt der Tat ist, sondern ein aufgrund seiner Biographie und Klassenzugehörigkeit «gefährlicher Charakter», den es zu kontrollieren gilt. Zugleich werden die Gesetzwidrigkeiten hierarchisiert: Verbrechen, die mit Gefängnis geahndet werden, werden symbolisch von den anderen Gesetzwidrigkeiten abgegrenzt. Dies gestattet es, «die anderen Formen zu übersehen oder zu tolerieren» (Foucault 1995, 356). Der Diskurs über die «Delinquenz» schließt Kriminalität so in das Milieu der unteren Klassen ein. Kriminalität ist durch diese Abgrenzung zugleich besser zu kontrollieren und rechtfertigt, der Gesetzeswidrigkeit der oberen Klassen, wie etwa Wirtschaftskriminalität, weniger Aufmerksamkeit zu schenken (Foucault 1995, 361). Schließlich kann dieses «Milieu der Delinquenz» politisch und ökonomisch genutzt werden; politisch etwa durch die Rekrutierung von Spitzeln und V-Personen, die die polizeiliche Überwachung der Bevölkerung vereinfachen, und ökonomisch etwa durch die Profitabilisierung von Drogen- und Waffenhandel.

So bilden Polizei, Gefängnis und Delinquenz ein miteinander verstricktes Überwachungssystem, in dem die Justiz die nur untergeordnete Rolle der legalen Absicherung spielt: «Die polizeiliche Überwachung liefert dem Gefängnis die Straftäter, die es in Delinquenten transformiert, welche dann zu Zielscheiben und Hilfskräften der Polizei werden und einige aus ihren Reihen regelmäßig wiederum ins Gefängnis bringen» (Foucault 1995, 363 f)[4].

4 Zur Frage, wie das Gefängnis Delinquenz produziert, siehe auch die Beiträge von der Gruppe Knas[] und von Bernhard Stoevesandt in diesem Band.

So wird deutlich, dass man die Funktion des Gefängnisses nur in Zusammenhang mit den anderen gesellschaftlichen disziplinierenden Institutionen, mit denen es das «Kerkersystem» (Foucault 1995, 379) bildet, verstehen kann: Es entlastet die anderen Normalisierungsinstitutionen symbolisch vom Vorwurf, Gefängnisse zu sein. Durch «Besserungsmaßnahmen» wie Zwangsarbeit formt es arbeitsfähige Körper und Geister für die Produktion, durch die diskursive Formierung der Delinquenz erlaubt es die politische und ökonomische Nutzung von Kriminalität und die Verstärkung polizeilicher Kontrolle.

Gefängniskritik mit und nach Foucault

Foucaults Kritik des Gefängnisses verfährt genealogisch im oben erläuterten Sinne. Statt von der Institution des modernen Gefängnisses auszugehen und es dann in allen Kerkern der Vergangenheit wiederzuerkennen, fragt er, wie es geschehen konnte, dass sich diese Kerker zur modernen Strafform schlechthin entwickelt haben. Dabei zeichnet er die vielfältigen Komplizenschaften nach, die mit der gesamten politischen Ökonomie der modernen Gesellschaft einhergehen. Wirksam wird diese Darstellungsweise dadurch, dass sie uns vor Augen führt, dass wir von diesem Disziplinarsystem durchdrungen sind. Nicht nur die Verbrecher*innen sind vom Gefängnis betroffen, die disziplinierende Logik des Gefängnisses gehört wesentlich zu unserer gesellschaftlichen Wirklichkeit und zu unserem innersten Selbstverständnis. Deshalb erschüttert die Lektüre von «Überwachen und Strafen» und deshalb führte das Buch in den Jahren nach seiner Veröffentlichung zu Betäubungseffekten bei Erzieher*innen und Gefängnispsycholog*innen.

Erschüttert wird allerdings auch die reformorientierte Gefängniskritik: Alle Kritiken, die darauf abzielen, die resozialisierende Wirkung des Gefängnisses zu verbessern und die Haftbedingungen humaner zu gestalten, gehören selbst zur Logik des Gefängnisses. Sie tragen zur Verfeinerung, Erneuerung und legitimierenden Bekräftigung der Besserungstechniken bei, die im Zentrum der Disziplinarmacht stehen. «Wort für Wort wiederholen sich von einem Jahrhundert zum anderen dieselben Grundsätze und Vorschläge. Und jedesmal geben sie sich für die endlich erreichte, endlich akzeptierte Formulierung einer bis dahin immer versäumten Reform aus» (Foucault 1995, 348 f.).

Daraus sollte aber nicht geschlossen werden, dass man nicht für bessere Haft- und Arbeitsbedingungen streiten sollte. Es wäre zynisch, nicht mehr für die Verringerung des Leidens der Gefangenen einzutreten. Es bedeutet aber, dass dieser nichtsdestotrotz wichtige Teil der Gefängniskritik an der fundamentalen Logik des Gefängnisses nichts zu ändern vermag, sondern ein Teil von ihr ist. Diese Logik lässt sich nur adressieren, wenn «die gesellschaftliche und moralische Unterscheidung zwischen Unschuldigen und Schuldigen selbst in Frage gestellt wird» (Foucault 1993, 120) und Widerstand gegen den «Aufstieg der Normalisierungsanlagen [und die] Ausweitung ihrer Machteffekte mit Hilfe neu eingesetzter Erkennungsmöglichkeiten» geleistet wird (Foucault 1995, 395).

Am Ende von «Überwachen und Strafen» benennt Foucault zumindest einen Ansatzpunkt für eine solche Kritik: Gegen-Kriminalberichterstattung kann «eine Umkehrung jenes monotonen Diskurses über das Verbrechen, der es als Monstrosität zu isolieren und gleichzeitig auf die ärmste Klasse abzuwälzen sucht» (Foucault 1995, 373), erreichen, wenn sie die gesellschaftlichen Ursachen von Kriminalität in den Vordergrund stellt. Eine weitere Strategie, die Rolle des Gefängnisses einzuschränken, liegt darin, die Nützlichkeit der Delinquenz zu verringern oder ihre Kosten zu steigern (Foucault 1995, 394). Die Beiträge im dritten Kapitel dieses Buches loten solche gefängniskritischen Strategien und Alternativen aus.

Bibliographie

Aristoteles. 2011. Über Werden und Vergehen = De generatione et corruptione: griechisch-deutsch. Hamburg: Felix Meiner

Buchanan, Ian. 2010. A Dictionary of Critical Theory. Oxford: Oxford University Press

Foucault, Michel. 1976. Mikrophysik der Macht: über Strafjustiz, Psychiatrie und Medizin. Berlin: Merve-Verlag

Foucault, Michel. 1992. Was ist Kritik? Herausgegeben von Walter Seitter. Berlin: Merve-Verlag

Foucault, Michel. 1993. Von der Subversion des Wissens: mit einer Bibliographie der Schriften Foucaults. Herausgegeben von Walter Seitter. Frankfurt am Main: Fischer-Taschenbuch-Verlag

Foucault, Michel. 1995. Überwachen und Strafen: die Geburt des Gefängnisses. Herausgegeben von Walter Seitter. Frankfurt am Main: Suhrkamp

Foucault, Michel. 1996. Der Mensch ist ein Erfahrungstier: Gespräch mit Ducio Trombadori. Herausgegeben von Ducio Trombadori. Frankfurt am Main: Suhrkamp

Foucault, Michel. 2002. «Nietzsche, die Genealogie, die Historie». In: Schriften in vier Bänden. Dits et Ecrits, Bd. 2. Frankfurt am Main: Suhrkamp, S. 166–191

Foucault, Michel. 2003. Die Wahrheit und die juristischen Formen. Herausgegeben von Michael Bischoff. Frankfurt am Main: Suhrkamp.

Marx, Karl, und Friedrich Engels. 1978. Marx-Engels-Werke (MEW), Bd. 3., Berlin: Dietz Verlag

Nietzsche, Friedrich. 2013a. «Genealogie der Moral». In: Philosophische Werke in sechs Bänden, Bd. 6, Hamburg: Felix Meiner, S. 3–170

Nietzsche, Friedrich. 2013b. «Menschliches, Allzumenschliches». In: Philosophische Werke in sechs Bänden, Bd. 2, Hamburg: Felix Meiner

Proki, Tanja. 2009. Einführung in Michel Foucaults Methodologie: Archäologie – Genealogie – Kritik. Hamburg: Diplomica Verlag

Saar, Martin. 2009. «Genealogische Kritik». In: Was ist Kritik?, herausgegeben von Rahel Jaeggi und Tilo Wesche, Frankfurt am Main: Suhrkamp, S. 247–265

Vasilache, Andreas. 2007. Der Staat und seine Grenzen. Zur Logik politischer Ordnung. Frankfurt am Main: Campus

Das konservative Prinzip der Gefängnisstrafe und die Erhaltung der Ordnung

von Bernhard Stoevesandt

Wer schon immer mal kontroverse Diskussionen führen wollte, bei denen die anderen Menschen mit extremen Unverständnis auf die eigene Position reagieren, sollte mit einem T-Shirt mit der Aufschrift «Für eine Gesellschaft ohne Knäste» herumlaufen. Auch weit in linke Kreise hinein stößt diese Idee, wenn sie ernsthaft gefordert wird, auf Unverständnis bis Ablehnung. Das Gefängnis scheint bis heute alternativlos zu sein. Eine grundlegende Analyse dieses Phänomens hat Michel Foucault in «Überwachen und Strafen» geleistet, die im vorliegenden Band von Liza Mattutat treffend beschrieben wird.

Foucault stellt dar, wieso es wie zur Entstehung und Durchsetzung des Kerkersystems kam. Es lohnt sich zu schauen, wie die Existenz dieses Systems auch heute Handeln, Sicht und Denkweisen beeinflusst, um daraus zu ergründen, warum es auch heute kaum möglich ist, sich eine Gesellschaft ohne Gefängnisse vorzustellen, und warum das Gefängnissystem so zentral für die Erhaltung der bestehenden Verhältnisse ist.

Das Gefängnissystem als Strafsystem setzt in der Form, wie es gedacht wird, eine Vielzahl von Denkrichtungen voraus, die sich in der heutigen Gesellschaft fest etabliert haben. Zentral sind dabei die Jurisprudenz, welche von staatlicher Seite Strafen verhängt, die Kriminologie, welche die Ursache von Gesetzesübertretungen zu ergründen versucht, sowie die daraus folgenden Diskurse zu verschiedenen Formen von Delinquenz, zu deren Eindämmung ein großer Sicherheitsapparat in Stellung gebracht wird.

Die juristische Begründung von Strafen

Das Einsperren in Gefängnisse wird gemeinhin als Strafe verstanden, was nicht besonders überraschend ist. Der Aufenthalt hinter Gittern ist weder angenehm, noch stellen sich ihn diejenigen, die ihn nicht kennen, als etwas Angenehmes vor. Gefängnisse sollen strafen, sie entziehen den einsitzenden Menschen jegliche Form von Freiheit und ordnen ihn einer Institution unter, die sein ganzes Leben kontrolliert. Der Gedanke dahinter ist, dass Menschen so wieder zu einem gesetzestreuen Verhalten gebracht werden (Foucault, 2016 S. 301 ff.). Dies setzt voraus, dass es überhaupt einen Begründungszusammenhang für Strafen gibt. Denn Strafen ist das Zufügen von Leid mit einer Begründung (Christie, 2007). Wenn der Staat also Menschen Leid zufügen will und möchte, dass dies gesellschaftlich akzeptiert wird, braucht er eine starke Legitimation.

Laut Michel Foucault hat sich das System von Strafen im 18. und 19. Jahrhundert in Frankreich stark gewandelt. Diente die Marter im Absolutismus noch primär der Machtdemonstration der Herrschaft, um die Ordnung aufrechtzuerhalten, so wurde dieses Prinzip mit der aufkommenden Industrialisierung ineffektiv (Foucault, 2016, 96). Insbesondere Eigentumsdelikte, welche viel häufiger vorkommen und viel größeren Schaden verursachen als in vorindustriellen Zeiten, aber von der Bevölkerung sehr unterschiedlich betrachtet werden, erlaubten keine öffentliche Marter mehr. Die Einführung von allgemeingültigen Gesetzen, die für alle festgeschrieben und transparent sind, entsprach jetzt dem Bedürfnis, eine größere Bevölkerung unter dem Druck des aufkommenden Kapitalismus zu kontrollieren und Handlungen auch dem Gesetz gegenüber berechenbar zu machen. So wurde das Prinzip der allgemeinen gleichen Gesetze in den bürgerlichen Revolutionen der Neuzeit durchgesetzt. Das Gefängnis wurde zum Mittel, um diese Gesetze effektiver durchzusetzen. Aus der Idee heraus, dass die Gesellschaft in einer Demokratie von allen Menschen gleichermaßen mitgestaltet werden kann, begründet sich die Annahme, dass Gesetzesverstöße und damit ein Abweichen von den Regeln allein in der Verantwortung der abweichenden Person liegt: Sie ist selbst schuld[1]. Diese Schuld einer Person macht es möglich, dass es für die Abweichung von der durch Gesetze definierten Norm eine Strafe geben kann. Um die Strafen und das damit zugefügte Leid aber zu begründen, wurden verschieden Ansätze verfolgt.

Es haben sich seit den bürgerlichen Revolutionen juristisch drei verschiedene Ansätze zur Begründung von Strafe etabliert, welche der Jura-Professor Claus Roxin 1966 folgendermaßen

1 Dies geht von einem eigenständigen Subjekt aus, welches willentlich Handeln kann. Erst daraus wird eine Schuld ableitbar.

zusammenfasste (mehr zu Straftheorien siehe auch im Beitrag von Christoph Willms in diesem Band):

1. Die Vergeltungstheorie geht davon aus, dass durch die Abweichung einem anderen Menschen oder der Gesellschaft Unrecht zugefügt worden ist. Dieses Unrecht soll durch ein «Strafübel» ausgeglichen werden. Dieses Vorgehen würde dann zu Gerechtigkeit führen. Auch heute noch wird dieses auf Kant zurückgehende Prinzip von vielen Menschen vertreten.
2. Die sogenannte Spezialprävention setzt dagegen bei dem Abweichenden an. Sie verfolgt das generelle Ziel, dass die Abweichung durch diesen Menschen nicht wieder geschehen solle. Dabei werden drei spezielle Ziele angegeben: Zum ersten sollen die Abgewichenen wieder zu einem Leben geführt werden, welches innerhalb des gesetzlichen Rahmens verläuft. Zum zweiten sollen diejenigen abgeschreckt werden, die nicht zu bessern sind, und zuletzt sollen diejenigen, die weder zu bessern noch abzuschrecken sind, durch den Entzug der Freiheit unschädlich gemacht werden.
3. Die Generalprävention zielt gar nicht auf die abweichende Person, sondern hat den Zweck, die Allgemeinheit von einem abweichenden Verhalten abzuschrecken.[2]

Alle drei Begründungen sind schon bei Roxin sehr kritisch diskutiert worden. Ein zentraler Kritikpunkt an der Generalprävention ist, dass einem Menschen eine Strafe auferlegt wird, um eine Wirkung gar nicht bei diesem Menschen, sondern bei anderen zu erzielen, mit denen diese Person noch nicht einmal etwas zu tun hat. In Bezug auf die Vergeltung lässt sich durchaus fundiert fragen, was dadurch gewonnen ist, wenn dem durch die Tat entstandenen Leid das Leid des Täters hinzugefügt wird. Rein rational ist diese Frage nicht beantwortbar. Vielmehr zielt die Vergeltung auf eine emotionale Anerkennung des ersten Übels durch den Staat. Schließlich sind in beiden Fällen – Vergeltung und Generalprävention – die Begründungen schwer aufrecht-

2 Diese Strafziele beziehen sich ausschließlich auf die bürgerliche Gesellschaft mit dem Anspruch auf «rechtsstaatliche Normen». Andere Strafformen, wie die Korps-Strafe (eine Gruppe wird bestraft für das Fehlverhalten einzelner), Sippenhaft etc. sind in autoritären Regimen noch immer verbreitet. Aber auch hier gilt: Die Strafe dient dazu, die Situation und Machtverhältnisse zu erhalten.

zuerhalten, wenn davon ausgegangen wird, dass die «Würde» eines jeden Menschen nicht angetastet werden darf.

Komplizierter ist dagegen die Kritik an der Spezialprävention. Was soll getan werden, wenn es nicht gelingt, jemanden an der Wiederholung einer Handlung zu hindern, sondern diese Person – aus welchen Gründen auch immer – die zu verhindernde Handlung wieder begehen wird? Wenn etwa jemand auf öffentliche Verkehrsmittel angewiesen ist, aber nicht ausreichend Geld für ein Busticket hat, dann wird die Handlung des «Busfahrens ohne Ticket» immer wieder vorkommen. Dies führte schon in der NS-Zeit zu einer Umdrehung der Problemlage: Statt den Geldmangel als Ursache anzuerkennen, wurde1934 das «Gesetz gegen Gewohnheitsverbrecher» eingeführt, welches bis 1969 Bestand hatte. Darin heißt es: «(1) Hat jemand, der schon zweimal rechtskräftig verurteilt worden ist, durch eine neue vorsätzliche Tat eine Freiheitsstrafe verwirkt und ergibt die Gesamtwürdigung der Taten, daß er ein gefährlicher Gewohnheitsverbrecher ist, so ist, soweit die neue Tat nicht mit schwererer Strafe bedroht ist, auf Zuchthaus bis zu fünf Jahren und, wenn die neue Tat auch ohne diese Strafschärfung ein Verbrechen wäre, auf Zuchthaus bis zu fünfzehn Jahren zu erkennen.» (StGB, 1934). Spezialpräventiv wird, wer wiederholt gegen Gesetze verstößt, aus dem Verkehr gezogen. In den USA ist diese Regelung in vielen Bundesstaaten bis heute in unterschiedlichen Formen Praxis. Dort können Menschen nach drei Verurteilungen zum Teil schon bei leichten Vergehen zu lebenslänglichem Freiheitsentzug verurteilt werden. Diese Gesetze werden dort beschönigend auch «three strikes and you're out»- Regel genannt und haben zur Überfüllung der US-Gefängnisse beigetragen (BBC, 2015).

Aber auch der Ansatz der «Sicherungsverwahrung» in Deutschland (StGB, §66, §66a-c, 2017), welcher de facto einen lebenslänglichen Freiheitsentzug bedeuten kann, zeigt auf, zu welchen Auswüchsen die Begründung führen kann, dass durch das präventive Wegsperren bestimmter Personen eine Tat verhindert werden kann. Genau dies legt das Gefängnissystem, wenn es spezialpräventiv begründet wird, nahe. Auch Roxin sieht das kritisch. Zudem stellt sich das philosophische Problem, dass es nach der spezialpräventiven Begründung keine Strafe geben dürfte, wenn keine Wiederholungsgefahr besteht, wenn eine Tat also aus einer bestimmten, nicht wiederholbaren Konstellation heraus geschieht. Schließlich diskutiert Roxin noch ein grundsätzliches Problem: Was erlaubt eigentlich einem Teil der Gesellschaft, selbst wenn er in der Mehrheit ist, anderen Menschen Gewalt anzutun, um sie in einen bestimmten Lebensstil zu zwingen? Schließlich ist es immer Gewalt, Menschen ihrer Freiheit zu berauben, und das gilt sogar in den allermeisten Fällen für Geldstrafen, bei denen sich der Entzug der Freiheit im Entzug von Möglichkeiten am gesellschaftlichen Leben teilzunehmen ausdrückt.

Roxin war Jura-Professor, als solcher hat er eine eigene Begründung für die Existenz staatlichen Strafens geliefert. Das Strafrecht legitimiert sich nach Roxin nur dadurch, dass sein Zweck «darin liegen kann, ein ungefährdetes Zusammenleben aller Bürger zu gewährleisten» (Roxin, 1966, 386). Es geht also um den Schutz der «elementaren Rechtsgüter», die er in «Leben, Körperintegrität, Freiheit der Willensbetätigung, dem Eigentum» der «Bürger*innen» sieht. Strafen sollen den Schutz vor allem durch Abschreckung erzielen. Der Hauptgrund für Strafen liegt also in der Strafandrohung. Gelingt dies nicht, so muss auf eine Drohung auch eine Strafe folgen, da die Drohung sonst wirkungslos bleibt. Bei der Strafe selbst geht es daher weniger um die bestrafte Person, sondern um die Abschreckung anderer. Deshalb ist es nach Roxin die Aufgabe des Staats, den Vollzug der Strafe so zu gestalten, dass die bestrafte Person am Ende wieder voll in die Gesellschaft eingegliedert werden kann (Roxin, 1966, 386). Diese Bedingung erfüllt aber das Gefängnis bis heute nicht. Die «Rückfallquote» war bei der Einführung der Gefängnisse hoch und ist es bis heute (Foucault, 2016 340) geblieben. Nach einer Studie des Bundesministeriums für Justiz und Verbraucherschutz werden annähernd fünfzig Prozent der ehemaligen Gefängnisinsassen in den ersten drei Jahren nach Entlassung wieder rückfällig. Im Jugendgefängnis liegt die Quote bei annähernd siebzig Prozent (Jehle et al, 2016, S. 201). Damit steckt die Argumentation von Roxin in einem Dilemma, welches sich nur durch eine von Foucault schon beschriebene Bemühung der Verbesserung des Gefängnisses auflösen könnte. Doch Foucault beschreibt auch, dass genau diese Bemühung nicht funktionieren kann und vielleicht auch nicht funktionieren soll (Foucault, 2016, 342ff).

Kriminologische Diskurse

Gerade um den spezialpräventiven, aber auch generalpräventiven Charakter der Gefängnisstrafe herauszuarbeiten, wurde es notwendig, die Ursachen der Gesetzesübertretung zu ergründen (Foucault, 2016, S. 340). Daraus entstand eine ganze wissenschaftliche Familie aus Disziplinen der Kriminologie.

Die Kriminologie verstand und versteht sich primär als «Lehre vom Verbrechen» (Kunz, 2012). Sie entstand quasi mit der Einführung des Gefängnisses als Strafform, da abgeschätzt werden musste, welches Strafmaß dazu führen könnte, die Verurteilten von zukünftigen Taten abzuhalten (Foucault, 2016, 322 ff.). Zu diesem Zwecke mussten die Ursachen der Gesetzesübertretung untersucht werden. In der Kriminologie haben sich über die vergangenen zwei Jahrhunderte unterschiedliche Begründungen von Kriminalität entwickelt, welche auf drei Grundansätzen basieren (siehe auch den Aufsatz von Christoph Willms zu diesem Thema):

1. Der biologische Ansatz geht davon aus, dass Menschen aufgrund ihrer medizinischen und biologischen Eigenschaften zu Kriminalität neigen. Dieser Ansatz wurde zuerst vom italienischen Arzt Cesare Lombroso in seinem Buch «Der geborene Verbrecher» aufgestellt. In verschiedenen Formen der «Rassen-», Zwillings-, Gen- oder Hirnforschung hat sich dieser Ansatz seit seiner ursprünglichen Postulierung 1876 über die NS-Zeit bis heute in der Kriminologie behaupten können (Kunz, 2012).
2. Der psychologische Ansatz geht von einer psychischen Konstellation der Täter*innen aus. Es gibt einen weiten Teil an forensischer Psychologie und Psychiatrie, welcher sich damit befasst, was Täter*innen zu ihren Taten bewegt hat, wie hoch die Wahrscheinlichkeit der Rückfälligkeit ist, was getan werden kann, um sie von zukünftigen Taten abzuhalten.
3. Soziologische Ansätze sehen dagegen das Handeln der Menschen in die Gesellschaft eingebettet. Diese Ansätze sind recht vielfältig. So geht der «Labeling Approach» davon aus, dass Menschen sich so verhalten, wie sie von der Gesellschaft gesehen werden. Sind sie einmal als «kriminell» (bzw. delinquent) eingeordnet, werden sie sich damit irgendwann identifizieren und auch genau so verhalten. Aber es gibt auch Ansätze, die grundsätzlich nach dem Verhältnis von

Gesetzen, gesellschaftlichen Bedingungen und dem Nichtbeachten von Gesetzen fragen. So hat sich in den 1960er-Jahren eine «kritische Kriminologie» herausgebildet, welche den Gesetzesbruch als Ausdruck gesellschaftlicher Verhältnisse versteht (Kunz, 2012).

Bemerkenswert bei allen Ansätzen ist, dass sich keiner davon vollständig durchsetzen konnte. Dies liegt u.a. daran, dass für jeden Ansatz jeweils passende Beispiele herangezogen werden. Der unbelehrbare Sexualstraftäter, der verarmte kleinkriminelle Dieb, der in schlechten sozialen Bedingungen aufgewachsen ist, usw. Dadurch werden Bilder konstruiert von «den Kriminellen», welche die Gesetze brechen. Dies ist das zentrale Merkmal der «Delinquenten», wie sie von Foucault beschrieben werden: «Der Delinquent unterscheidet sich vom Rechtsbrecher dadurch, dass weniger seine Tat als vielmehr sein Leben für seine Charakterisierung entscheidend ist» (Foucault, 2016, 323). Delinquenten sind also Menschen, die durch ihre Charaktereigenschaften, ihre Lebensart, Angewohnheiten oder Lebensumstände die Eigenart zugeschrieben wird, «kriminell» zu werden. Fast allen der kriminologischen Theorien ist daher gemein, dass sie die Ursache von Gesetzesbrüchen primär bei den Gesetzesbrecher*innen suchen und diese kategorisieren. Dass das Problem auch von den Gesetzen herrühren kann und dass fast alle Menschen Gesetze brechen, kommt in dieser Betrachtung nicht vor. Das Resultat ist, dass primär Menschen verfolgt werden, denen Delinquenz zugetraut oder zugeschrieben wird. Das ist auch der Grund, warum Polizeibeamt*innen, Richter*innen oder Manager*innen bzw. Anteilseigner*innen großer Konzerne so selten in den Gefängnissen landen. Sie werden nicht so stark polizeilich überwacht, was allein schon bei sogenannten «Kontrolldelikten», die nur auffallen, wenn sie auch kontrolliert werden, zu viel weniger festgestellten Gesetzüberschreitungen führt. Polizeibeamt*innen und Richter*innen wird per se eher Gesetzestreue zugetraut, weil sie doch für die Aufrechterhaltung der Gesetze stehen. Das Gefängnis steht aber für den Bruch der Gesetze und legt damit Menschen auf Delinquenz fest – wer dort ist oder war, ist gesellschaftlich an einen Ort der Delinquenten versetzt worden.

Kriminalität als Konflikt

Eine zentrale Frage der Kriminologie ist: Wenn es tatsächlich darum geht, ein ungefährdetes Zusammenleben aller Menschen zu fördern, dann müsste dies ein von allen Menschen geteiltes Interesse sein. Warum kommt es dann noch immer zu einer derart großen Anzahl von Verstößen gegen Gesetze? Der biologische Ansatz geht an dieser Stelle davon aus, dass der Mensch oder zumindest viele Menschen in sich «böse» Elemente tragen, die es zu kontrollieren gilt. Es wird also mit der «Natur» des Menschen argumentiert (Müller, 1994). Dies würde voraussetzen, dass Menschen gegen von Menschen gemachte Regeln verstoßen, weil sie nicht in der Lage sind, diesen zu folgen. Was aber nützen Regeln, wenn Menschen ihnen nicht folgen können? Was soll mit Menschen geschehen, die nicht folgen können? Wer erlaubt dann wem noch zu leben bzw. in Freiheit zu leben? Und wo befindet sich das Verbrecher-Gen, welches den Menschen zum Gesetzesverstoß verleitet?

In der kritischen Kriminologie gibt es dagegen den Ansatz, dass ein Großteil der begangenen Straftaten sich aus einer begründbaren Geschichte herleiten. So beschreibt Nils Christie in «Conflicts as property» einen Großteil der Straftaten als Ausdruck eines Konflikts (Christie, 1977). Dieser Konflikt wird den Menschen vom Staat genommen und sie dürfen ihn selbst nicht mehr austragen[3]. Gesellschaftliche Probleme, welche sich im Konflikt äußern, werden damit zum Verschwinden gebracht. Die Nichtakzeptanz von rechtlich festgelegten Normen wird in dem Rahmen nur noch als «Unbelehrbarkeit» interpretiert. Wer im Recht ist, wird durch das Strafrecht festgelegt, welches seinerseits ein Ausdruck von gesellschaftlichen Machtverhältnissen ist.

An dieser Stelle wird die Schwäche des Konzepts des staatlichen Strafens deutlich: Erstens wird in demokratischen Staaten damit argumentiert, dass die «Staatsgewalt vom Volke», also von allen gleichermaßen ausgehe. Selbst wenn wir annehmen, dass es in Ordnung wäre, wenn der Staat – im Auftrag aller

---

3 Als Gegenbeispiel führt Christie eine Art Dorfversammlung in Tansania an, bei der alle am Konflikt beteiligten Parteien und weite Teile des Dorfes und sogar Teile der Nachbardörfer an der Verhandlung zur Konfliktlösung beteiligt waren. Die Menschen tragen also selbst ihre Probleme als Gemeinschaft aus (Christie, 1977).

handelnd – abweichenden Menschen für ihre Abweichung Leid zufügen darf, wird damit doch ausgeblendet, dass Macht auch bei formaler rechtlicher Gleichheit sehr unterschiedlich verteilt sein kann. Der politische Einfluss eines Siemens-Konzerchefs ist unbestreitbar größer als der von der Langzeitarbeitslosen Liselotte Meyer. Macht und die Möglichkeiten, Einfluss zu nehmen, sind in dieser Gesellschaft von Bildung, Geld, Zeit, Geschlecht, Herkunft, Hautfarbe, Beruf und vielen anderen Dingen abhängig.

Zweitens sucht das Konzept, Probleme und Konflikte schuldigen Personen zuzuschieben. Damit werden die Probleme einzelnen Menschen zugeordnet. Der gesellschaftliche Hintergrund wird damit ausgeblendet. Statt die Bedingungen zu verändern, damit die Konflikte vermieden werden, werden Schuldige gesucht, bestraft und weggesperrt. Das Schuldkonzept ist darin konservativ, da es den Diskurs über notwendige Veränderungen unterbindet. Gleichzeitig spielten sich der Staat und seine ausführenden Gewaltorgane als Beschützer der sonst schutzlosen Bevölkerung auf, denn nicht nur Täter*innen kommen aus sozial unterprivilegierten Schichten, sondern auch Opfer (Kunz, 2012). All solche Zusammenhänge gehen im System des staatlichen Strafens verloren. Das Gefängnis ist das zentrale Strafsystem, da es die Schuldigen aus dem Rest der Gesellschaft entfernt und damit das Problem kurzzeitig unsichtbar macht.

Das Gefängnis als ideales Strafkonzept

An dieser Stelle wird auch deutlich, warum das Gefängnis als Mittel zum Strafen so attraktiv ist:

1. Es reduziert das zu Grunde liegende gesellschaftliche Problem auf die Schuld der Verurteilten. Dies enthebt einen Großteil der Gesellschaft – zumindest auf den ersten Blick – der Verantwortung, sich um eine Veränderung zu bemühen. Der juristische Diskurs, welcher sich zentral um die Frage der Schuld dreht, befördert diese Einengung des Blicks, welcher gesellschaftliche Hintergründe ausblendet.
2. Das Problem verschwindet in Form der Verurteilten hinter einer Mauer und wird somit dem Blickfeld der restlichen Gesellschaft entzogen. Eine Auseinandersetzung über die Handlungen und ihre Ursachen mit allen Beteiligten wird damit sogar physisch unmöglich gemacht.

Dieser Vorgang ist mit dem von Foucault beschriebenen Phänomen der Delinquenz verschränkt und verstärkt es. Denn durch das Aburteilen von Schuldigen, welche sich vom Rest der Gesellschaft unterscheiden, werden die Verhältnisse aufrechterhalten und die übrige Gesellschaft kann sich auf der Seite von Recht und Gesetz fühlen. Die Delinquent*innen bzw. diejenigen, welche dieser Gruppe potenziell zugeordnet werden, werden dann mit Bespitzelung und Überwachung überzogen, ohne dass sich ein wirkungsvoller Widerstand dagegen formieren kann, weil es sich um eine klar abgegrenzte Gruppe handelt. Wie die Gruppe der Delinquent*innen benannt wird, ist prinzipiell austauschbar: Drogenabhängige, Terrorist*innen, organisierte Kriminelle oder autonome Randalierer*innen. Die klare Abgrenzung der Gruppen vom Rest der Gesellschaft ermöglicht es, dass der Rest der Gesellschaft einer massiv repressiven Überwachung wohlwollend gegenübersteht und wenig empathisch auf massive Grundrechtseinschränkungen reagiert.

Das ist umso bemerkenswerter, als es in unserer von Regelungen und Gesetzen durchzogenen Gesellschaft kaum ein Mensch schafft, ohne Konflikte mit dem Gesetz durch das Leben zu gehen. Eine bemerkenswerte Eigenschaft gesellschaftlicher Konflikte ist, dass, wer selbst im Konflikt steht, sich trotz des Gesetzverstoßes gerne auf der richtigen Seite sieht. Der Verstoß wird daher schnell verdrängt. Dieses Prinzip lässt sich wunderbar am Straßenverkehr aufzeigen: Jede*r bricht Verkehrsregeln, oft mehrmals täglich – als Verkehrsrowdies gelten aber immer die anderen: Die mit den dicken Autos, «Raser*innen», Frauen, «Kampfradler*innen» etc. Das Wegsperren in Gefängnissen definiert gesellschaftlich die Gruppe der «wirklich Schuldigen», die Delinquent*innen, welche sich scheinbar vom Rest der Gesellschaft unterscheiden und entsprechend verfolgt werden (siehe auch Foucault, 2016 S. 356). Alle anderen dürfen sich weiter dem Gefühl hingeben «im Recht» zu sein.

Aktuelle Beispiele von Delinquenz

Foucault beschreibt den Prozess der Schaffung von Delinquenz wie folgt: «Durch den Druck der Kontrollen an den Rand der Gesellschaft geschoben, auf dürftige und unsichere Existenzbedingungen reduziert, ohne Verbindung mit der Bevölkerung (...), werden die Delinquenten unweigerlich auf eine lokalisierte, unattraktive, politisch ungefährliche und wirtschaftliche folgenlose Kriminalität zurückgeworfen.» (Foucault, 2016 S. 358). Während in «Überwachen und Strafen» noch historisch betrachtet wird, wie die Gruppe der Landstreicher zu einer zentralen delinquenten Zielgruppe gemacht wurde, hat sich das Bild der Delinquent*innen inzwischen massiv gewandelt. Eine wichtige Gruppe der heute in den Gefängnissen Sitzenden bilden Menschen mit Drogenhintergrund. Geschätzt wird, dass ca. 1/3 aller Menschen in den Gefängnissen eine Abhängigkeit von illegalisierten Drogen aufweisen (Stiehler, 2001, Pfeiffer-Gerschel, 2011 S. 245).

In den seltensten Fällen sind diese Menschen allein wegen des Besitzes von illegalen Betäubungsmitteln verurteilt worden. Vielmehr wird durch die Illegalisierung bestimmter Stoffe eine bestimmte Gruppe von Menschen in einen Kreislauf von Geldnot, Kriminalität und Knast gedrückt, mit nur sehr geringer Aussicht auf einen Ausweg. Dabei führen die – durch die Illegalisierung künstlich verteuerten – Drogen bei Abhängigen zu einem erheblichen Finanzbedarf, welcher das Risiko der Kriminalisierung noch durch illegale Beschaffung der finanziellen Mittel für den Konsum erhöht. In einer 1993 publizierten Befragung von einhundert Heroinkonsument*innen wurden von den Befragten über ein Jahr lang 173.749 selbst begangene kriminelle Delikte angegeben (Erhardt, 1993, S.46). Gleichzeitig entsteht durch das verdeckte Handeln mit illegalen Drogen eine Kultur von sich untereinander verständigenden Menschen, welche sich beständig nach außen gegen polizeiliche Repression abschotten müssen. Der Bekanntenkreis schränkt sich so schnell auf Menschen mit einem ähnlichen Problem – oder ähnlichen Interessen – ein. Bei einer Verurteilung zu einer Gefängnisstrafe befindet sich die verurteilte Person dann zwar in einem staatlich abgeschotteten Raum – diesen bewohnt sie aber wiederum mit einer ähnlichen Gruppe. Ein Wissen darüber, wie der Finanzbedarf durch illegale Tätigkeiten gedeckt werden kann, wird in solchen Kreisen leichter vermittelt. Dies beinhaltet eine Verbesserung der Verhaltenstechniken in der Illegalität, da das Problem der Sucht und das soziale Umfeld im Gefängnis geblieben sind, das Gefängnis sich aber als überstehbarer Rahmen herausgestellt hat und somit seinen Schrecken verliert. Deshalb «steigt mit der strafrechtlichen Intervention eher das Risiko einer Stabilisierung der Drogenkarriere, besonders bei denen, die über den regelmäßigen Konsum bereits abhängig geworden sind» (Groenemeyer, 2012, S. 479).

Insofern erfüllt die Gruppe der Abhängigen von illegalen Drogen alle Kriterien der von Foucault beschriebenen Delinquenz (Foucault, 2016, 356): Sie ist eine deutlich vom Rest der Gesellschaft abgetrennte Gruppe, auf die sich je nach Bedarf ein erheblicher Repressionsdruck aufbauen lässt. Da das Problem der Abhängigkeit dadurch nicht aufgehoben wird, kann diese Gruppe nur verstärkt verdeckt agieren, bezieht sich immer mehr auf sich selbst – «die eigene Szene» – und isoliert sich. In einer Zeit, in der die klassische Landstreicherei ein eher aussterbendes Phänomen ist, haben Drogenabhängige die entstandene Lücke in den Gefängnissen gefüllt.

Auswirkungen von Gefängnis und Delinquenz

Abhängige von illegalisierten Drogen stellen zwar die zur Zeit dominierende Gruppe von Delinquent*innen dar, doch wäre es zu kurz gegriffen, sie als die einzige Gruppe von potenziellen Delinquent*innen zu beschreiben. Wenn wir davon ausgehen, dass fast alle Menschen immer wieder in Konflikt mit Gesetzen kommen, dann ist es nur eine Frage der politischen Ausrichtung, wer zu Delinquent*innen gemacht wird. Dies gibt politischen Akteur*innen erhebliche Machtmittel an die Hand und hat erhebliche Konsequenzen auch für politisch aktive Milieus. Wer unter verstärkten Repressionsdruck kommt, wird versuchen, sich durch eine Verbesserung der eigenen Technik zu entziehen, oder sich aus Angst zurückziehen – was beides gewünschte Effekte sind. Ersteres geschieht meist durch eine möglichst geheim gehaltene Beziehung mit anderen Personen mit gleichen Interessen. Ein damit einhergehendes Spezialist*innentum und die Isolation vom Rest der Bevölkerung verhindert so eine Verbreitung der verbotenen Praxis. Damit wirkt dieses Prinzip stabilisierend auf alle politischen Systeme: Denn wer die bestehende Ordnung in Frage stellt, kann schnell in kriminelle Ecken gestellt werden, was zu einer Isolation vom Rest der Gesellschaft führt. Das gilt für den Drogengebrauch genauso wie für widerständige Handlungen.

Aufzubrechen ist dies nur, wenn das Gefängnis und die auf dem Schuldprinzip basierende, individualisierende Praxis des Strafens selbst in Frage gestellt werden. Nur wenn es gelingt, die gesellschaftlichen Ursachen der Konflikte wieder in den Vordergrund zu stellen, statt dem Diskurs von Schuld zu folgen, wird es möglich sein, den zur Zeit wieder zunehmend gewaltvollen Verhältnissen etwas entgegenzusetzen.

Bibliographie

BBC, «Bill Clinton regrets ‹three strikes› bill», July 16th, 2015.

Christie, Nils. Conflicts as Property, British Journal of Criminology, Delinquency and Deviant Social Behaviour, 17:1 (1977:Jan.) p.1

Christie, Nils. Limits to pain: The role of punishment in penal policy. Wipf and Stock Publishers, 2007

Erhardt, Elmar, «Zur Beschaffungskriminalität von Drogenkonsumenten – Ein Forschungsbericht», in: Erhardt, Leineweiber (Hrsg.) «Drogen und Kriminalität», Sonderband der BKA Foschungsreihe, Bundeskriminalamt, Wiesbaden ,1993

Foucault, Michel. Überwachen und Strafen – die Geburt des Gefängnisses. Suhrkamp, 16. Auflage, 2016

Groenemeyer, Axel, «Drogen, Drogenkonsum und Drogenabhängigkeit», in: Albrecht, Groenemeyer, (Hrsg.), «Handbuch soziale Probleme», Band 1, Band 2, 2. Auflage, Springer, 2012

Jehle, Jörg-Martin, Albrecht, Hans-Jörg, Hohmann-Fricke, Sabine und Tetal, Carina, «Legalbewährung nach strafrechtlichen Sanktionen», Studie, Herausgegeben vom Bundesministerium der Justiz und für Verbraucherschutz Berlin 2016

Kunz, K. L. (2010). Zur Symbolik des Strafrechts. Verbrechen–Strafe–Resozialisierung. Festschrift fur Heinz Schoch. Berlin: de Gruyter, 353–368

Müller, Jens Christian, et al. «Der Staat in den Köpfen.» Anschlüsse an Louis Althusser und Nicos Poulantzas, Mainz (1994)

Pfeiffer-Gerschel, Tim, Kipke, Ingo, Flöter, Stephanie, Jakob, Lisa, Hammes, Diana, Raiser Peter, Casati, Alicia, Wenig, Johanna «Bericht 2011 des nationalen REITOX-Knotenpunkts an die EBDD, Deutschland», 2011

Roxin, Claus. Sinn und Grenzen staatlicher Strafe. Juristische Schulung, vol. 6, Nummer 10, pp. 377–387, 1966

Stiehler, Matthias. Gefängnis und Drogen (einschließlich der AIDS- und Hepatitisproblematik). Modul im innerhalb des Projektes Aus-, Fort- und Weiterbildung von Beschäftigten in der Drogenarbeit des Instituts für regionale Innovation und Sozialforschung e.V., 2001

Strafgesetzbuch (StGB), §20a, Fassung vom 1.1.1934

Strafgesetzbuch (StGB), §66, §66a-c, Fassung aufgrund des Dreiundfünfzigsten Gesetzes zur Änderung des Strafgesetzbuches -Ausweitung des Maßregelrechts bei extremistischen Straftätern vom 11.6.2017 (BGBl. I S. 1612), in Kraft getreten am 1.7.2017

Gedanken zur «Beraubung der Zeit»

von Daniel Poštrak

Der Vollzug der Freiheitsstrafe dient dem Ziel, Gefangene zu befähigen, künftig in sozialer Verantwortung ein Leben ohne Straftaten zu führen.[1]
StVollzG NRW, § 1, «Ziel des Vollzuges»

Es klingt gut, vernünftig und human. Ganz im Dienste des Inhaftierten selbst. So erweckt der erste Wortteil des «Strafvollzugsgesetzes» den Anschein, lediglich ein rein sprachlicher Atavismus zu sein. Doch wenn nicht mehr die Bestrafung des Gefangenen den Bezugsrahmen darstellt, sondern sein Leben selbst zum Gegenstand des Vollzugs wird, stellt sich die Frage, wo das Gefängnis seinen Ansatzpunkt findet. Dieser Fragestellung sind wir in dem Dokumentarfilm «Von der Beraubung der Zeit»[2] nachgegangen.

Das Gefängnis, also die Institution, die die oben genannten Vollzugsziele erreichen soll, ist eine «totale Institution». 1961 veröffentlichte der kanadische Soziologe Erving Goffman seine Studie «Asyle. Über die soziale Situation psychiatrischer Patienten und anderer Insassen»[3]. Resultat der Feldstudie sollte eine «Untersuchung des sozialen Milleus» von Psychiatrieinsassen sein, «und zwar so, wie dieses Millieu von ihm subjektiv erlebt wird».[4] Hierfür war ein Perspektivwechsel nötig: Vom äußeren Blick der Institution zur Innenperspektive der Patienten.

Goffman hat im Laufe seiner Studie versucht, seine Lebensrealität weitestgehend an die der Patienten anzugleichen, und sich im Zusammenleben «den täglichen Zufällen» auszusetzen,

1 recht.nrw.de/lmi/owa/br_bes_detail?sg=0&menu=1&bes_id=29324&anw_nr=2&aufgehoben=N&det_id=392314 Stand: 29.12.2017

2 «Von der Beraubung der Zeit – Ein Film über das Gefängnis», Buch und Regie: Daniel Poštrak und Jörn Neumann, Produktion: field recordings Filmproduktion, D 2014, 79 min.

3 Titel der Originalausgabe: Asylums. Essays on the Social Situation of Mental Patients and Other Inmates.

4 Goffman, Erving : Asyle. Über die soziale Situation psychiatrischer Patienten und anderer Insassen. Frankfurt am Main: Suhrkamp 1973, S. 7.

«die ihr Leben bestimmen». Was dabei rauskam, hat nicht den Charakter einer Befindlichkeitsstudie. Vielmehr gibt die Arbeit Aufschluss über die allgemeinen Merkmale und der Funktionsweise totaler Institutionen.

Die Merkmale totaler Institutionen – die sich in kaum einer anderen Institution klarer verwirklicht finden als dem Gefängnis – lassen sich demnach wie folgt beschreiben: 1. Alle Tätigkeiten «einer Vielzahl ähnlich gestellter Individuen» finden am selben Ort statt; 2. Alle Tätigkeiten finden in Gesellschaft von Schicksalsgenossen statt; 3. Alle Phasen des Tages sind zeitlich exakt geplant; 4. Alle – erzwungenen – Tätigkeiten folgen einem rationalem Plan, dessen Inhalt die Verwirklichung der Ziele der Institution darstellt.[5]

Es ist augenscheinlich, dass das Resultat der Innenperspektive keine Aufschlüsse auf die Intention der Anwendung der totalen Institution zulässt. Umso mehr zeigt sich aber, wie sie funktioniert und wie das Leben der von ihr betroffenen Menschen organisiert wird.

Bei der Arbeit zu «Von der Beraubung der Zeit» haben wir ein ähnliches Anliegen verfolgt und während unserer filmischen Annäherung an das Phänomen Gefängnis einen Perspektivwechsel vollzogen. Zwar haben wir nicht wie Goffmann unseren Lebensmittelpunkt (für einen begrenzten Zeitraum) in die totale Institution verlegt, um so als Teil des betroffenen Kollektivs zu einer Innenperspektive zu gelangen. Aber wir haben zahlreiche Interviews mit Inhaftierten geführt und in der Fokussierung auf diese Postionen im Gefängnisgefüge filmisch die Innenperspektive eingenommen.

Somit haben sich die Gespräche mit den Betroffenen oder den Objekten des Gefängnisses, sprich den Inhaftierten, als zentrales Element des Films ergeben.

Wichtig war uns dabei, nicht bloß eine zufällige Momentaufnahme der Realität des jeweilgen Gesprächspartners einzufangen. Das Gefängnis sollte den festen Bezugsrahmen darstellen, sozusagen als alleinigen Realitätsbezug und nicht wie eine Art Transitbereich funktionieren. Unsere Interviewpartner waren zum Zeitpunkt der über 4 Jahre hinweg geführten Gespräche bereits zwischen 12 und 39 Jahre in Haft.

---

5 Vgl. Goffman, Erving: Asyle. Über die soziale Situation psychiatrischer Patienten und anderer Insassen. Frankfurt am Main: Suhrkamp 1973, S. 17.

Ihre Berichte über Hafterfahrungen kreisen permanent um Schilderungen von Monotonie und sich ständig wiederholenden Abläufen. Der Wahrnehmung der Zeit fällt darin eine herausragende Bedeutung zu. Sie wird beschrieben als etwas, das nicht zu vergehen scheint und fremdverwaltet wird. Es ist die Zeit des Menschen in Haft. Hier findet das Gefängnis seinen Ansatzpunkt.

Gegenüber Bildern von Kerkerlöchern und peinlichen Körperstrafen hat das Gefängnis durch den Bezug auf die Größe Zeit eine rationale und humane Aura erhalten. In seinem Standardwerk «Überwachen und Strafen. Die Geburt des Gefängnisses»[6] geht der französische Philosoph Michel Foucault diesem Phänomen nach: «Das Gefängnis (...) erlaubt (...) die exakte Quantifizierung der Strafe nach der Variable der Zeit. Die Lohn-Form verleiht ihm in den Industriegesellschaften seine ökonomische ‹Evidenz› und lässt es als Wiedergutmachung erscheinen. Indem es dem Verurteilten seine Zeit nimmt, scheint das Gefängnis die Idee zu realisieren, dass der Verstoß nicht nur das Opfer, sondern die gesamte Gesellschaft getroffen hat. Das ist die ökonomisch-moralische Evidenz eines Strafsystems, welches die Bestrafung in Tagen, Monaten, Jahren zählt und zwischen Vergehen und Dauer quantitative Equivalenzen etabliert. Und darum sagt man so gern und in solcher Übereinstimmung mit der Funktionsweise der Bestrafungen (…), dass man im Gefängnis ist, um ‹seine Schuld zu zahlen›. Das Gefängnis ist so ‹natürlich›, wie die Verwendung der Zeit zum Messen von Leistung und Gegenleistung ‹natürlich› ist.»[7]

Foucault gibt hier einen Hinweis auf die historische Situation, in der das Gefängnis erscheint. So liegt es nahe, im Gefängnis einen Ausdruck kapitalistischer Vergesellschaftung zu sehen. Der Politologe Wolf-Dieter Narr führt den Gedanken der «ökonomisch-moralischen Evidenz» fort und sieht eine Art «Strafzeittaylorismus» am Werk: «Die substanzielle Rationalität, die man nicht begründen kann, wird damit gerechtfertigt, dass man sie mit einem Zeitquantum versieht und damit den Anschein erweckt, als ob da etwas ganz exakt ausgerechnet wird. Als ob da einer am Rechenschieber mit der Schuldgravierung arbeitet und das alles sein Recht hat. In dem die Strafe quantifiziert wird, hat

6 Titel der Originalausgabe: Surveiller et punir. La naissance de la prison.

7 Foucault, Michel: Überwachen und Strafen. Die Geburt des Gefängnisses. Frankfurt am Main: Suhrkamp 1977, S. 297.

sie den Anschein szientifisch zu werden. Und wissenschaftlich wird sie wiederum quantitativ ausgedrückt und nicht argumentativ. Das substantiell Irrationale wird formell rationalisiert durch Zeitquanten. (...) So werden die unterschiedlichen Bestraften aufs Band gelegt und nach unterschiedlichen Strafzeiten – Zeitquanten – herunter genommen. Und einer der nach vier Jahren herunter genommen wird, hat ganz offensichtlich, quantitativ exakt berechenbar, seine Schuld abgesessen, und der andere bleibt halt sein Leben lang dort.»[8]

Es ist die augenscheinliche Irrationalität der behaupteten Korrelation von Schuld und Zeit, die bei unseren inhaftierten Gesprächspartnern – ebenso wie bei uns – eine tiefe Ratlosigkeit hinterlassen hat. Diese nahm nicht zuletzt in Anbetracht der langen Haftzeit, mit der sie sich konfrontiert sahen, kafkaeske Ausmaße an.

Die folgenden, auf Wunsch anonymisierten Gesprächspassagen thematisieren diesen Umstand. Sie entstammen Interviews, die im Rahmen der Realisierung des Dokumentarfilms «Von der Beraubung der Zeit» geführt und nachträglich transkribiert wurden. Dabei haben wir versucht, den Charakter des gesprochenen Worts beizubehalten. So sind lediglich Kürzungen und, sofern dies zum Verständnis nötig war, kleine Umstellungen im Satzbau zum Tragen gekommen, ohne die inhaltliche Aussage zu verändern. Die Passagen finden sich hier in einer dialogischen Anordnung wieder, die nicht dem Gesprächsverlauf entspricht. Zum Zeitpunkt der Gespräche befanden sich die drei Interviewpartner in unterschiedlichen Vollzugsanstalten. Sie sind sich im Laufe der Dreharbeiten nicht begegnet.

Die hier gewählte Anordnung ergab sich aus den wiederkehrenden Motiven der Gespräche, die sich unabhängig voneinander als dominante Elemente der Auseinandersetzung um die Situation in Haft herauskristallisiert haben und einen Verweis auf eine allgemeine Struktur geben. So wird durch den Perspektivwechsel ein unterdrückter Wissensbestand sichtbar. Dieses «situierte» Wissen um die Funktionsweise des Gefängnisses entspringt einem spezifischen sozialen Ort: dem des Menschen in Haft.

---

8 «Gefängnismodelle». Interview mit Wolf-Dieter Narr. Auszug aus dem Extra-Material der DVD-Veröffentlichung des Dokumetarfilms «Von der Beraubung der Zeit»

Gespräche in Haft

S.

Ein Gefängnis ist ein Gebäude, das viele Menschen festhält. Ein Gefängnis ist aber auch ein Zustand, in dem du dich befindest, aus dem du nicht raus kannst, in dem du dich selber gefangen fühlst. Gefängnis ist auch eine Situation, die du ändern möchtest, es aber nicht kannst.

Der Sinn eines Gefängnisses ist es, Leute festzuhalten, damit sie nicht woanders hinkönnen, um nicht die Tätigkeiten weiterzuführen, die sie ins Gefängnis gebracht haben. Und wenn man noch vom Sinn sprechen darf – da greif ich aber jetzt ziemlich hoch, weil ich's selber das letzte Jahrzehnt über kaum erlebt habe, – ist das: Hilfen für Gefangene. Denn wenn Gefängnis einen Sinn haben sollte, dann müsste den Leuten, die da drin sind, geholfen werden, dass, wenn sie es denn wollen, sie nicht mehr so handeln, wie sie es vorher getan haben.

Also das Gefängnis setzt da an, dass man sagt: «Da sind die Täter, die was getan haben, die Schuld auf sich geladen haben. Die muss man separieren von den anderen Teilen oder von einem gewissen anderen Teil der Bevölkerung.» Erstmal, damit es der Restbevölkerung besser geht oder sie nicht mehr durch die Täter beeinflusst wird. Aber es dient auch als Strafe für die Täter. Dieses Gefängnis ist ein wirkliches Zweckgebäude.

K.

Die Architektur ist dadurch gekennzeichnet, dass es stahlverstärkte Türen gibt, dass es Gitter gibt, dass es ausbruchssicheres Glas gibt, dass zugeschlossen wird, dass man den Raum nicht öffnen und nicht verlassen kann, dass man nur einen zugewiesenen Bereich erleben darf. Die Architektur und die Bediensteten mit ihren Forderungen ergänzen sich und werden dann irgendwann zur Bedrohung für das normale Leben. Das ist ein rigoroser Einschnitt: Vom Draußen zum Gefängnis.

Die Haft spiegelt sich ganz einfach durch die ständigen Einschränkungen wider, durch diesen täglichen Trott, durch dieses immer wiederkehrende Einschließen und Wegsperren und um gewisse Dinge nicht machen zu können, jedes Mal fragen zu müssen: «Darf ich Telefonieren? Darf ich zum Sport? Darf ich in den Gruppenraum? Darf ich in die Küche?»

Draußen lebst du ja mit Entscheidungen. Man wird auch an Entscheidungen gemessen. Das kommt hier drinnen absolut nicht vor. Hier wird für einen entschieden.

H.

Diese Fremdbestimmtheit. Dass man über sein eigenes Leben keinerlei Kontrolle mehr hat. Dass man alles genehmigt bekommen muss. Dass man gefangen ist in seinem Handeln. Und dass man keinen eigenen Willen mehr hat. Man wird fremdbestimmt. Man lebt nur noch auf Anordnung. Ich kann nicht frei entscheiden. Ich habe einen normierten, regulierten Tag. Und das fängt mit der Zelle an. Da ist alles standardisiert. Dieses «Fremdbestimmtsein», dass zu bestimmten Zeiten alles vorgegeben ist. Das macht für mich Gefangenschaft aus.

S.

Ich versuche hier für mich etwas rauszuziehen, etwas zu lernen. Aber im Endeffekt ist die Passivität ja systemimmanent.

K.

Man ist natürlich im Gefängnis auffällig, wenn man nicht mit der Masse schwimmt und wenn man sich etwas Eigenständigkeit bewahrt. Aber hier drinnen gibt es eben relativ wenig Möglichkeiten sich auszudrücken. Weil man beispielsweise nur einfarbige T-Shirts bekommt, ohne Aufdruck oder so was. Das spiegelt natürlich die Persönlichkeit nicht unbedingt wider. Aber ich versuche, zu machen und auszunutzen, was möglich ist, und sei es nur, dass ich in sauberen Sachen rumlaufe. Das alleine ist eben auch etwas, was mich von den anderen Gefangenen abgrenzt.

S.

Man ist da reingepresst in diese Zwangsgemeinschaft. Wenn ich ein bisschen frische Luft schnappen will, Freistunde, eine Stunde am Tag, bin ich auf diesen Hof gepresst, mit bis zu 150 Leuten. Wenn man Glück hat auch mal nur zwanzig, aber so viel Glück hat man eher selten, vielleicht bei Eisregen oder so. Wenn ich also an etwas teilnehmen will, an irgendwelchen Aktivitäten, muss ich alle anderen in Kauf nehmen. Ich kann's nicht wie draußen machen, ich geh' mal alleine irgendwo hin, ich mach' etwas alleine. Geht nicht.

H.
Ich empfinde, dass ich an einem Ort leben muss, der unangenehm ist, weil ich mit Menschen zusammenleben muss, mit denen ich nicht leben möchte, von denen ich mich draußen trennen könnte oder die in meinem Leben keine Rolle spielen würden. Und trotzdem gibt es eben letztendlich eine Gemeinsamkeit. Das ist das, was man unter dem Oberbegriff «Gefangenschaft» versteht und allem, was das dann beinhaltet. Das ist für den Einzelnen immer ein bisschen anders. Aber ich glaube, das ist es letztendlich, was uns alle eint. Gegen die Institution. Also auf der einen Seite das, wofür die Beamten stehen und auf der anderen Seite die Gefangenen als Block. Natürlich ist dieser Block nicht homogen. Er ist brüchig. Wir halten nicht wirklich zusammen. Und deswegen kann man letztendlich sagen, dass das, was eint, eigentlich nur die Gefangenschaft, das Eingesperrtsein, ist. Und ansonsten gibt es nichts.

K.
Ich glaube, ich bin vor allem in der Einsamkeit der Zelle bei mir. Wobei das Wort Einsamkeit vielleicht auch nicht das richtige ist, weil diese Zelle ja für mich ein Begleiter ist, über eine sehr, sehr lange Zeit, praktisch auch ein Verbündeter. Ich kann mir gewisse Sachen innerhalb der Möglichkeiten hier einrichten und mich auch ein bisschen wie zu Hause fühlen. Diese Situation auf dem Haftraum eben genießen. Das ist mein Fluchtpunkt, mein Rückzugsort, mein Arbeitsplatz, eigentlich alles für mich. Und wenn ich dann auch noch die Möglichkeit habe, aus dem Fenster zu schauen und etwas zu sehen, etwa Landschaften – ganz einfach ein Stückchen Freiheit –, dann ist das sehr, sehr wichtig für mich.

S.
Mein Haftraum ist insofern Ausdruck von Individualität, wie das eben gestattet ist. Gleichzeitig ist das auch das Maximum an Individualität. Im Freistundenhof, auf der Arbeit haben alle die gleichen Knastschuhe an, die gleichen Hosen, die gleichen Shirts, die gleichen Pullover. Arbeitskleidung ist ja vorgeschrieben. Wenn ich von Individualität sprechen kann, dann bezieht sich das auf mich persönlich, auf mein Denken und so weiter. Aber das Sichtbare ist der Haftraum, so weit wie es erlaubt ist.

Also für mich ist diese Zelle – und wie ich sie eingerichtet habe – schon ein sehr wichtiger Teil von mir. Mit den Fotos von den Leuten, die ich kenne, mit einer Zeichnung von einem Kollegen, der entlassen wurde, mit meiner Teetasse, die ich vom Kollegen XY bekommen habe.

Meine Zelle ist, ich würde mal tippen, irgendwas knapp unter zehn Quadratmetern groß. Toilette, Waschbecken, Heizung. Auf die Heizung hab ich ein behelfsmässiges Regal montiert, mit ein paar Blumen drauf. Dann ist hier drinnen das, was man so in jeder Zelle, wahrscheinlich in jedem Knast findet: ein Tisch, ein Stuhl, ein Schrank, ein Bett und hier jetzt tatsächlich noch eine Kommode, die man nicht immer hat.

Also diese Zelle gleicht all den Zellen, die hier in den verschiedenen Häusern A, B, C, D sind. Bett gleich, Ausstattung gleich, Heizung gleich, Schrank nahezu gleich, Tisch, Stuhl, Besen, Schrubber, Handfeger, Kehrblech, Schuhputzkasten.

Wenn man sich meinen Stuhl anguckt: Den gleichen Stuhl hatte ich auch in Dortmund, den hatte ich auch in Hagen, in Münster hatte ich einen, der sah ein bisschen besser aus. In Remscheid hatte ich auch genauso einen. Das ist also knasttypisch. Wenn ich jemals draußen so einen Stuhl sehen sollte, werde ich bestimmt an Knast denken.

Ich fühle mich selbst wie Inventar, weil es auch nun mal wichtig ist, das ich als körperlich gesunder Mensch hier bin, weil das Urteil gesagt hat, dass ich hier zu sein habe. Und dann müssen Beamte schauen, dass ich immer da bin. Auf welche Art ich da bin, wie meine geistige oder mentale Verfassung ist, inwieweit die Gesundheit angegriffen ist, das kümmert nicht so.

Genauso wie andere Gegenstände in diese Zelle gehören, fühle ich mich dieser Zelle schon praktisch zugehörig. Ich werde hier reingesetzt. Das ist jetzt meine Zelle. Und ich habe hier zu sein. Morgens habe ich auf der Arbeit da zu sein, wie auch mein Werkzeug da zu sein hat. Und wenn ich in eine Sportgruppe gehen will, dann habe ich auch da zu sein. Das ist, worauf geguckt wird. Wie bei Gegenständen, die da sein müssen. «Wo ist denn jetzt meine Nagelschere? Wo ist denn jetzt das?» «Wo ist der Gefangene soundso?» Das ist der primäre und fast auch schon allein wichtige Ausdruck hier im Knast, den man dann auch für sich selber über zehn Jahre aufnimmt. Dann sieht man sich vielleicht irgendwann selber auch nur noch so: «Er hat da zu sein.»

Ich bin jetzt ein Jahrzehnt im Knast. Irgendwie bin ich schon Inventar. Meine Lebensrealität steckt hinter hohen Mauern. Ich bin hier, ich arbeite hier, ich esse hier aus der blauen Menage und packe hier jeden Sonntag mein Wäschebündel.

H.

Wem gehört diese Zeit? Da würde ich im ersten Moment sagen, dass ich versuche, dass die Zeit mir gehört. Das ist ja meine Lebenszeit. Aber tatsächlich habe ich so ein diffuses Gefühl, dass das nicht meine Zeit ist. Das ist die Zeit von irgendjemand anderem. Nicht unbedingt von Beamten oder so, sondern von einer Institution, einem ganzen Apparat. Ich empfinde das so, als würde mir mein Leben weggenommen. Es ist nicht mein Leben, obwohl ich versuche, dass es das bleibt, indem ich Dinge für mich tue, indem ich versuche, diese Zeit so sinnvoll wie möglich zu nutzen: Lesen, Schreiben, Sport, Radio hören. Aber tief in mir habe ich eher das Gefühl, dass diese Zeit nicht mir gehört. Das merke ich auch körperlich, durch eine Spannung.

K.

Es ist für mich natürlich erstmal eine Frage, wie ich damit umgehe. Es ist mir nach der Inhaftierung sehr schwergefallen – so ziellos und auch völlig aus der Zeit gefallen – darauf zu reagieren, weil ich mir das schwer vorstellen konnte, was das überhaupt bedeutet, in Haft zu bleiben. Ich habe letztendlich bloß einen Ausweg gefunden, indem ich mich entsprechend arrangiert habe, indem ich sage: «Ich lebe jetzt hier, ich muss das Beste draus machen und muss sehen, wie ich diese Zeit entsprechend nutze und verarbeite.»

H.

Und so versuche ich ständig meine Autonomie beizubehalten. Manchmal auch, indem ich ein bisschen rebellisch bin, indem ich irgendwas mache, was eigentlich verboten ist. Denn sonst fühle ich mich ausgeliefert. Als ob mir mein Leben weggenommen werden würde. Wie eine Marionette.

Es ist natürlich nur eine scheinbare Autonomie. Das heißt, ich versuche die Situation in den Griff zu bekommen, zu steuern, indem ich die Deutungshohheit habe. Indem ich dann beispielsweise sage, ich gehe nicht arbeiten. Ich entziehe mich dann gewissen Zwängen, Regeln oder Normen und nehme in

Kauf, sanktioniert zu werden, in Arrest zu gehen. Und das ist eine scheinbare Autonomie, das ist mir schon klar. Das ist ein Trugbild. Aber es gibt mir das Gefühl, dass ich mich diesem totalitären System entziehe. Natürlich verliere ich immer. Ich komme nicht dagegen an. Ich gehe dann in Einzelhaft oder in die sogenannte Beruhigungszelle oder werde halt sonstwie sanktioniert. Das Außen ist bestimmend und wenn das Außen sehr rigide, sehr streng ist, dann neige ich eher dazu, mich da dagegen zu wehren, als wenn es ein bisschen lockerer zugeht.

Es ist aber nicht so, dass mich einer 24 Stunden am Tag an den Fäden hat. Es gibt ja Möglichkeiten teilweise auch selber zu bestimmen, zum Beispiel, ob ich arbeite, ob ich an Gruppen oder an Gesprächen teilnehme, was ich in der Zelle mache. Obwohl es strukturiert oder von außen vorgegeben ist, entstehen dadurch trotzdem noch Freiräume. Und diese Freiräume versuche ich für mich zu nutzen. Ich kann mich auch für das Gegenteil entscheiden. Ich kann mich auch ins Bett legen, beispielsweise den Fernseher anmachen und gar nichts tun. Ich kann einfach nur die Zeit vorbeilaufen lassen und hoffen, dass sie möglichst schnell vergeht.

In solchen Leerzeiten, wenn man alleine in der Zelle ist und quasi nichts macht und nur mit sich selber beschäftigt ist, über die Situation, über sein Leben nachdenkt, wird es manchmal bedrückend. Dann entsteht so eine Spannung in mir, ich muss mich selber aushalten. Das ist manchmal sehr schwer.

Ich glaube, das ist ein Grund, wieso das Fernsehen hier so eine große Bedeutung hat: Es lenkt eben ab. Aber ich will diese Spannung ganz bewusst haben und mich selber aushalten. Für mich ist das auch deswegen wichtig, weil ich das als Leben empfinde. Dadurch bin ich nicht tot. Diese Spannung möchte ich nicht wegdrücken, indem ich den Fernseher anmache und mich wegdusel. Dieses Gefühl habe ich auch manchmal. Die Decke hochziehen, Fernseher an und die Welt abschalten. Aber das möchte ich auf Dauer gar nicht. Das wäre für mich Tod, Stillstand, Stagnation.

S.

Ja, man straft mit dem Zeitentzug. Das strafende Moment sind die entzogenen Möglichkeiten, die du vielleicht in der Zeit hättest anpacken können.

K.
Ich muss ja für das, was ich getan habe, bestraft werden. Das ist zweifelsfrei. Und das geht eben nur, indem mir diese Lebenszeit entzogen wird. Das geht nur, indem ich an dem Leben draußen nicht teilhaben darf. Mich selber bringt das hier drinnen nicht weiter. Ich kann beispielsweise, wenn ich das draußen versäumt hätte, die 10. Klasse oder das Abitur nachholen. Das dauert zwei oder vier Jahre. Wer aber soll hier festlegen, was ich für die eine oder andere Tat an Zeit brauche? Was ist praktisch der Gegenpol zu der Strafe bezüglich der Zeit? Das ist nicht richtig erklärbar für mich.

H.
Das Vermitteln von Werten oder bestimmten Normen hat ja nichts mit Zeit zu tun. Das würde dann ja heißen: hohe Dosis, hoher Erfolg. Also wer lebenslänglich hat, wird am Ende Mahatma Gandhi? Also hat das mit der Zeit überhaupt nichts zu tun.

K.
Es braucht ja Zeit. Es braucht Zeit, um das, was ich draußen gemacht habe, aufzuarbeiten. Es braucht Zeit, daraus zu lernen. Aber trotzdem ist die Zeit, die ich hier drinnen verbringe, sinnlos, weil ich sie effektiver nutzen könnte. Es gibt ja auch andere Strafformen als dieses reine Wegsperren. Wenn ich etwas ändern soll, dann muss ich das auch mit einer gewissen Hilfe machen können, es muss ja realisierbar sein. Realisierbar ist es nicht, wenn ich nur in einer Zelle hocke und nichts passiert. Das ist sinnlose Zeit. Also ich brauche Zeit, um etwas zu erreichen, aber ich brauche keine Zeit, die sinnlos vergeudet wird.

Ich weiß, was ich getan habe, und ich weiß, dass das furchtbar war, und ich weiß auch, dass ich das nicht wieder gutmachen kann. Ich kann an der Situation nichts mehr ändern und auch nichts verbessern. Das kann ich nicht nach einem Tag und das kann ich auch nicht nach hundert Jahren. Die Zeit nimmt mir meine Schuld nicht.

Es kommt wahrscheinlich auch auf die Sichtweise an, was einerseits die Gesellschaft von mir als Schuldner verlangt und welche Ansprüche ich an mich habe. Ich möchte konstruktiv an mir arbeiten, damit es beispielsweise nicht zu Wiederholungstaten kommt. Ich möchte aus den Fehlern, die ich gemacht habe, lernen. Dafür brauche ich etwas Zeit, das ist klar. Aber meine Schuld kann ich mit Zeit nicht zahlen.

H.

Also man könnte sagen, ich habe den Preis, den die Gesellschaft von mir verlangt hat, bezahlt. Ich habe diese 14,5 Jahre abgesessen. Das war das, was das Gericht im Namen des Volkes ausgesprochen hat, das war diese Zeitstrafe. Und damit hätte ich normalerweise meine Schuld getilgt. Aber natürlich habe ich sie nicht getilgt. Wie soll ich das jemals tilgen? Ich habe das Leben eines anderen genommen, und bin jetzt quasi weiß wie ein Bettlaken? Das geht natürlich nicht. Das wird mich ein ganzes Leben lang begleiten. Ich werde ja auch von anderen so wahrgenommen: Ich bin ein Mörder. Das geht ins ganze Wesen über. Auch wenn ich das gar nicht nach außen sagen würde, bleibt es ein Teil von mir, der auf mir lastet. Wie soll man das wiedergutmachen? Das kann man gar nicht. Selbst wenn man lebenslänglich sitzt oder den Mörder umbringt. Dadurch würde das andere Leben auch nicht wieder neu. Das Leid der Angehörigen würde ich dadurch nicht ungeschehen machen. Sachlich könnte man sagen, ich habe jetzt meine Schuld getilgt, das ist das, was mir auferlegt worden ist. Fertig. Aber moralisch, das eigene Schuldgefühl, das löst sich nicht auf.

K.

Die konstruktive Arbeit ist zunächst erstmal, die Tat selber zu verstehen, sie aufzuarbeiten. Was hat man getan, aus welcher Situation heraus hat man das getan? Wie hat sich das im Vorfeld entwickelt? Und wie sehr war man in der Lage, unmittelbar vor der Begehung der Straftat noch etwas anderes zu tun, um sich selber zu bremsen, um eine andere Lösung zu finden. Es ist für mich grundsätzlich die Auseinandersetzung mit meiner Tat. Ich mache das ja nicht für irgendjemanden, der draußen ist. Ich mache das ganz allein für mich. Ich möchte für mich Klarheit erfahren und ich möchte wissen, warum das damals so passiert ist. Dafür ist das Gefängnis meines Erachtens nach gut genug.

S.

Mit der Inhaftierung endete mein nicht normales Leben draußen. Blöd gesagt, wurden zwei Leben beendet, aber so, dass ich tatsächlich noch die Chance bekommen habe – auch in der

Haft – weiterzuleben und hoffentlich mal ein richtiges Leben zu beginnen. Ich bin in der Haft nicht resozialisiert worden und ich werde nicht resozialisiert, sondern ich werde sozialisiert, denn das «re» müsste sich auf etwas beziehen, das schon mal da war. Und das war so noch nicht der Fall. Ich kann also guten Gewissens behaupten, dass ich nicht resozialisiert worden bin, aber sozialisiert. Und das schafft nicht die Institution Knast, *weil* sie Knast ist, sondern *obwohl* sie Knast ist. Die Inhaftierung? Für mich war es ein Schritt nach oben. Vom inneren Empfinden her mindestens.

H.

Mein Leben unterscheidet sich schon erheblich von einer «normalen Biografie». Die extrem lange Inhaftierung, die Kindheit, die Straftaten bis hin zu diesem Mord. Diese ganzen außergewöhnlichen Erlebnisse. Ich habe beispielsweise mit 12, 13 Jahren schlimme Sachen erlebt, die ein anderer mit 30 noch nicht erlebt hat. Das waren ja nicht immer nur schöne Erlebnisse, sondern traumatische. Die habe ich halt weggesteckt. Aber wenn ich heute darüber nachdenke, dann bin ich erstaunt, was dieses Kind alles erlebt hat und was ihm passiert ist. Und dann diese Sehnsucht nach Normalität, dass ich gerne in einem normalen Umfeld aufgewachsen wäre. Mit einer Mutter, mit einem Vater. Die hatte ich natürlich schon, aber nicht so, wie ich es mir gewünscht habe. Und diese ganzen Heime und das Gefängnis...

Wenn ich daran denke, ich hätte einen Menschen getötet und es hätte keine Folgen gehabt, dann hätte ich möglicherweise nicht so intensiv darüber nachgedacht. Insofern trägt das Gefängnis dazu bei, sich damit auseinanderzusetzen, sich damit zu konfrontieren. Hier drinnen tue ich das zwangsläufig, weil die Mauern – bildlich gesprochen – auf mich eindrücken. Insofern hat das Gefängnis dann indirekt dazu beigetragen, dass ich mich damit mehr auseinandersetze, als ich das möglicherweise in einem anderen Umfeld getan hätte. Ich kann nicht sagen, wie das dann verlaufen wäre.

K.

Meiner Ansicht nach ist das Gefängnis kein Ort, an dem man sich verbessert oder an dem man sich verbessern kann, an dem man ein sogenannter geläuterter Mensch wird. Wenn ich mich nicht selber ändern will, kann das auch das Gefängnis nicht erreichen. Das Gefängnis erinnert lediglich daran, das man dieses Ziel hat, dass man was machen muss. Man sieht die Mauer und atmet auch dabei. Dabei kommt dann dieses Gefühl hoch: Moder, Schmutz, Dreck und es ist von gestern. Das möchte ich nicht mehr haben.

S.

Nach dem Gefängnis kann nicht wirklich ein neues Leben anfangen, wenn es nicht im Gefängnis schon entsprechend vorbereitet wurde. Es ist immer ein Übergang. Ich kann nicht sagen: «Schnipp und ab und jetzt ein neues Leben». Ich muss also Teile von dem, was ich im Gefängnis gemacht habe, was ich gelernt habe, auch das Geld, was ich verdient habe, mitnehmen in dieses andere Leben. Es ist aber ein anderes Leben, das von der Struktur her ganz anders ist.

H.

Ich muss ja eine Reflektionsmöglichkeit haben, eine Geschichte oder eine Vergangenheit, irgendeine Basis, aus der ich schöpfen kann. Und das ist eigentlich nur das «hier». Meine Gedanken und Träume finden überwiegend hier statt. Und wenn ich an draußen denke, dann entfernt sich das immer mehr, umso länger ich sitze.

K.

Ich darf das Draußen nicht vergessen, wenn ich weiterleben möchte. Das bedeutet mir sehr, sehr viel. Für mich ist das Gefängnis zunächst einmal Endstation. Aber das soll es ja nicht bleiben. Und um das nicht zu vergessen – auch mit diesem Wissen, dass es ein Draußen gibt, das wesentlich schöner ist –, brauche ich das Fenster.

Das Leben hier drin erinnert mich daran, was ich einerseits gemacht habe, dass es etwas gibt, das ich vergessen muss. Deshalb bin ich für diese Zeit hier drinnen. Ich habe aber auch die Möglichkeit, irgendwann entlassen zu werden, danach sehne ich mich und deshalb sehe ich viel aus dem Fenster.

Ich sehe Bäume, die wachsen, die immer mehr über die Mauer gucken. Ich sehe das Feld und sehe, wie der Bauer sich verbessert mit seinen Traktoren, ich sehe, dass ein Haus brennt und wieder aufgebaut wird und dann wieder abgerissen wird. Und dazwischen liegt natürlich sehr viel Zeit, in der draußen das

Leben stattfindet, während hier alles das Gleiche geblieben ist. Es ist immer der gleiche Ausblick gewesen, immer das gleiche Fenster, das gleiche Gitter, die gleiche Mauer, über die ich gesehen habe.

H.

Von Jahr zu Jahr wird es immer schwieriger, so zu leben. Weil sich die Freiheit immer weiter entfernt. Ich schaue aus dem Fenster heraus, sehe über die Mauer und die Freiheit geht immer weiter weg. Zum Teil macht einem das auch einfach Angst, was da kommt. Der Bezug zur Freiheit geht immer weiter weg. Ich habe natürlich noch immer dieses Bedürfnis, aber auch Ängste. Zwanzig Jahre lang war ich nicht mehr da draußen. Das ist was ganz anderes, fast wie ein anderer Planet. Die reden da anders, denken anders. Auch technologisch gerate ich ja immer mehr ins Hintertreffen. Was ist ein Handy? Was ist ein iPhone? Das sind alles Begriffe, die für mich kein Leben haben. Da kenne ich Bilder aus der Zeitung, aber wie sich das wirklich so anfühlt, wie man das macht, das weiß ich nicht. Das beängstigt mich schon. Was dazu führt, dass ich mir bereits die Frage gestellt habe: Will ich noch mal raus oder will ich nicht mehr raus?

Soziale Gefangene und politische Gefangene: die Spaltung überwinden.

Von Thomas Meyer-Falk, JVA Freiburg

Das Bedürfnis politischer Gefangener und ihrer Unterstützungsstrukturen, sich von jenen Inhaftierten abzugrenzen, die aus unterstellten oder tatsächlichen egoistischen Motiven hinter Gefängnismauern gelangt sind, ist so alt wie, wenn nicht sogar älter als die Geschichte der Gefängnisse selbst. Nehmen wir Jesus Christus als Beispiel. Mit ihm zusammen sollen zwei «Verbrecher» hingerichtet worden sein, die wegen Raubes verurteilt waren. Mit dieser Maßnahme sollte er persönlich, aber auch seine Lehre und die sich auf ihn berufende Bewegung diskreditiert werden. Aus Sicht der Anhänger*innen Jesu war dieser jedoch alles andere als ein Verbrecher, der auf persönlichen Vorteil aus war, im Gegenteil. Hier zeigt sich schon der Mechanismus der Spaltung in politische und soziale Verurteilte, da einerseits mit Hilfe der Gleichsetzung mit Verbrechern die politische Bewegung delegitimiert, ihr Anliegen diskreditiert werden sollte und andererseits die Bewegung selbst auf der Abgrenzung von solchen gewöhnlichen Kriminellen bestand.

Politische Bewegungen und ihre Protagonist*innen, welche sich gegen die herrschenden Verhältnisse, also in der Regel gegen den Staat und dessen Organe, aber auch gegen Wirtschaftsunternehmen o.ä. auflehnen, sprechen von «politischen Gefangenen», wenn Menschen im Zusammenhang mit ihrem Kampf durch die (politische) Strafjustiz verfolgt, abgeurteilt und schließlich in Gefängnisse gesperrt werden. Die Motive der Akteur*innen lassen sich auf spezifische, oft ausführlich dargelegte politische Programmatiken zurückführen – was im Übrigen auch auf religiös motivierte Straftäter*innen zutrifft, die somit hier einzuordnen sind. Auch die staatlichen Behörden stufen die von ihnen verfolgten mittels entsprechender Gesetze entsprechend ein, die bekanntesten «politischen» Paragraphen in der Bundesrepublik Deutschland sind 129a und b StGB.[1]

1 Sogenannter Terrorismus-Paragraph.

Hingegen wird von «sozialen Gefangenen» in nahezu allen anderen Zusammenhängen gesprochen. Der Begriff bezieht sich auf die Klassenzugehörigkeit sowie die Idee, soziale Verhältnisse seien wesentlich ursächlich für die Verletzung strafrechtlicher Normen und die darauf folgende Inhaftierung der betreffenden Menschen. Das originäre individuelle Motiv für die Tat sei somit die soziale (Klassen-)Lage, die soziale und materielle Armut.

Wie jene zahlenmäßig verhältnismäßig kleine Gruppe der Inhaftierten aus dem Bereich der sogenannten «Wirtschaftskriminalität» einzuordnen ist, wie auch die Gruppe derjenigen, welche Sexualstraftaten oder Tötungsdelikte begangen haben, wird selten thematisiert. Bei manchen spielt die soziale Lage sicherlich eine Rolle – etwa, wenn Frauen ihren gewalttätigen Ehemann vergiften oder wenn Menschen in einem Umfeld aufgewachsen sind, das ihnen nur ein geringes Handlungsrepertoire mitgegeben hat. Auf alle trifft dies aber nicht zu, selbst wenn man mit einbezieht, dass sozial besser gestellte «Täter*innen» seltener Haftstrafen bekommen.

Es ist ebenso unklar, wie jene Menschen zu kategorisieren sind, die zwar vordergründig aus sogenannten egoistischen Gründen agiert haben, deren Handlungen jedoch politische Inhalte nicht abzusprechen sind. Diese Fragen verweisen auf die Komplexität der Problematik.

Die Begriffe «politische» und «soziale» Gefangene sind zwei Seiten einer Medaille, sie verweisen aufeinander und leiten ihre Bedeutung aus der jeweils anderen ab. Der Deutungsrahmen «politische» vs. «soziale» Gefangene führt zwangsläufig zur Fortschreibung bestehender Über- und Unterordnungsverhältnisse. Es gibt jedoch immer wieder Versuche, diese Spaltung zu überwinden: «Wir verlangen: Gleichstellung der politischen Gefangenen mit allen anderen Gefangenen!»[2] So lautete eine der Forderungen von «80 politischen Gefangenen»[3] in ihrer Hungerstreikserklärung vom 8. Mai 1973. Leider bleiben solche Positionen bis heute die Ausnahme.

Die meiste Zeit beschränkt sich die Hilfe für «soziale Gefangene» auf individuelle Unterstützung[4], während sich die

2 Zitiert nach: Rote Armee Fraktion – Texte und Materialen zur Geschichte der Rote Armee Fraktion. Id-Verlag, 1. Auflage S. 187.

3 a.a.O. S.190.

4 Z.B. bei einer Flucht aus der Haft, wie bei «Jack Black: Im Knast und auf der Flucht», dialog edition & trikont Duisburg (2016), Im Original 1917

politischen Strukturen, aus deren Reihen Menschen durch die jeweiligen Justizapparate verfolgt wurden, immer auch als Solidaritätsstrukturen für jene Verfolgten verstanden. Als sich in der Weimarer Republik die politische Repression gegen linke Kräfte intensivierte, war es wesentlich die Rote Hilfe, die für die eingesperrten Genoss*innen und deren Familien solidarisch kämpfte, Gelder sammelte, Flugblätter verteilte, Demonstrationen organisierte, AnwältInnen bereitstellte, Besuche vermittelte und die Verfolgungsmaßnahmen publik machte. Wo immer staatliche Apparate Menschen, die sich gegen diese Strukturen aufgelehnt haben, verfolgten und einsperrten, fanden sich größere oder kleinere Strukturen zusammen, die diese Menschen unterstützt haben. Auf eine solche Form von Begleitung konnten «soziale Gefangene» nur selten bauen. Auch das ist bis heute so.

Allerdings gab es im Zuge der Reformbestrebungen der sechziger und siebziger Jahre diverse Zusammenschlüsse, die sich den sogenannten sozialen Gefangenen und deren prekärer Lage zuwendeten. Ein Beispiel dafür sind die «Sozialistische Selbsthilfe Köln» (SSK) und die diversen Anti-Knast-Gruppen und -Werkstätten, die sich mit den Gefangenen solidarisierten, ihnen schrieben, sie besuchten und bei ihrer Entlassung unterstützten. Ihre Arbeit erfuhr jedoch selten die gleiche Aufmerksamkeit. Anti-Knast-Gruppen gibt es heute kaum noch. Die «Straffälligenhilfe» bleibt oft in der (erzieherisch aufgeladenen) Hand bürgerlicher Institutionen wie der «Bundesarbeitsgemeinschaft für Straffälligenhilfe».

Wie es aussieht, wird uns die Frage nach der Sinnhaftigkeit dieser Spaltung auch in Zukunft beschäftigen. Der Gefängnis-Industrie-Komplex streckt seine Arme in die hintersten Winkel entferntester Länder aus; die Krisen befördern politische Widerstandsbewegungen, welche dann verfolgt werden, und wer verurteilt wird, muss mit langen Haftstrafen rechnen, ob im Kampf gegen Coca-Cola, Bayer/Monsanto oder Daimler-Benz und die von ihnen betriebene Ausplünderung der Ressourcen in Lateinamerika oder im Widerstand gegen diktatorische Regimes im Nahen Osten und Nordafrika. Gleichzeitig werden auch weiterhin Menschen ihren persönlichen Vorteil suchen, ihr Überleben sichern müssen, in Konflikte geraten und unter

in den USA.

Umständen in Gefängnissen enden. Schließlich ist ein Ende der Ausbeutung nicht in Sicht, viel eher spitzen sich ökonomische Krisen zu und die Kultur des Konsumismus erreicht noch den letzten Winkel des menschlichen Daseins. Wen verwundert es da, wenn Marginalisierte, deren Zahl stetig zunimmt, eines Tages beschließen, sich ganz profan den eigenen Anteil gewaltsam zu sichern, oder aber sich gegen die bestehenden Verhältnisse aufzulehnen?

Sprich: Die ökonomischen wie die politischen Verhältnisse lassen eine Abschaffung der Gefängnisse auf absehbare Zeit nicht als wahrscheinlich erscheinen.

Spaltung überwinden.

Die obige Schilderung zeigt eigentlich bereits die Absurdität der Trennung in politische und soziale Gefangene, basieren doch die Taten, die sie in den Knast gebracht haben, auf den gleichen politisch-sozialen Verhältnissen. Es ist aus meiner Sicht aber noch aus einem anderen Grund sinnvoll und notwendig, die immer kleinteiligere Differenzierung von Gefangenenpopulationen, die man ohne Übertreibung als Hyperfragmentierung bezeichnen kann, zu überwinden.

Allen in Gefängnissen einsitzenden Menschen ist zuvörderst der Umstand gemein, dass Gerichte einen Haftvollzug angeordnet haben. Dieses vereinende Merkmal führt jedoch vor Ort in den Haftanstalten in den aller seltensten Fällen zu manifester Solidarität untereinander, geschweige denn zu der Bildung von Solidaritätsstrukturen. Im Haftalltag wird stattdessen von vielen Inhaftierten auf diejenigen herabgeschaut, die Sexualdelikte begangen haben, jene blicken ihrerseits auf die «gewöhnlichen Kriminellen» herab. Ferner bilden sich mal mehr, mal weniger diffuse Hierarchien, etwa auf Grund von besonderen Fähigkeiten – so ist der Anteil von Menschen mit Lese-/Rechtsschreibschwäche im Knast überdurchschnittlich hoch, weshalb jene, die Briefe lesen und schreiben können, vielfach um Unterstützung gebeten werden. Auch der Drogenhandel und damit entstehende Schulden produzieren ein hierarchisches System.

Auch von außen werden die Taten und damit die Gefangenen differenziert und hierarchisiert.

«Wie hältst du es mit den ganzen Vergewaltigern, die in den Knästen sitzen?», ist eine häufig gestellte Gretchenfrage.

Verdienen sie nicht weniger Unterstützung, sollte man sie nicht ausschließen? Braucht es also nicht doch eine Bezeichnung für jene Inhaftierten, die solche Taten begangen und sich durch deren Verwerflichkeit aus jedem Diskurs selbst ausgeschlossen haben? Mindestens ebenso kritisch ist die Frage nach den Nazis oder religiösen Fundamentalist*innen als Teil der «politischen» Gefangenen. Diesen Widersprüchen wird im politischen Alltag gerne ausgewichen oder die Diskussionen werden schnell hitzig, insgesamt mangelt es oftmals an der notwendigen Auseinandersetzung.

Die Konfrontation mit wegen Sexual- und Tötungsdelikten Verurteilten kann den spontanen Wunsch nach räumlichem Abstand wecken. Solche Taten, verkörpert durch den Menschen, der sie getan hat, konfrontieren jeden*n mit eigenen Phantasien (wer hat noch nie gesagt, diesem oder jenem Menschen würde man «gerne mal den Schädel einschlagen»? Viele von uns schauen sich Filme an, wo am laufenden Band Menschen ermordet werden), aber auch mit Sorgen, Befürchtungen, Ängsten, möglicherweise sogar mit der eigenen Biografie. Emotional wesentlich einfacher ist es, sich Menschen auszusetzen, die im Kaufhaus Waren haben mitgehen lassen, Drogen verkauft, bei einer Schlägerei einen anderen verletzt oder Steuern hinterzogen haben. Mit den Taten der politischen Gefangenen kann man sich in der Regel einfacher identifizieren, sie gelten mitunter geradezu als edel, richtig, notwendig und gut.

Das bedeutet, dass diejenigen, die sich lediglich für die Gefangenen «ihrer» Community einsetzen, es einfach haben und es sich einfach machen. Sie verhalten sich wie eine Spartengewerkschaft, die sich ausschließlich um ihre (wenigen) Mitglieder kümmert und dabei ignoriert, was mit dem Rest jenseits der eigenen Blase ist. Sie stabilisieren somit die Hyperfragmentierung, welche, wie man aus der Arbeitswelt weiß, die Kampfkraft eher schwächt als stärkt und der Gegenseite dient.

Es wäre wünschenswert, dass jene Organisationen, die sich bisher nur um «politische» Gefangene gekümmert haben, das Spektrum ihrer Solidarität erweitern, wie dies das *Anarchist Black Cross* und andere Gruppen tun, und alle Gefangenen als solche unterstützen, denn Gefängnisse sind Ausdruck eines Abspaltungs- und Aussonderungsprozesses. Die Überwindung bestehender gesellschaftlicher wie wirtschaftlicher Zustände wird nicht gelingen, wenn Unterordnungsverhältnisse perpetuiert werden, indem für eine bestimmte Gruppe inhaftierter Menschen eine Bezeichnung verwendet wird, die sie von den übrigen Gefangenen abheben soll.

Aus der Binnenperspektive mag die Etikettierung als politische*r Gefangene*r nachvollziehbar sein. Allerdings gilt: Gefangene sind Gefangene! Das ist das, was sie in den Gefängnissen zusammengeführt hat. Dieser scheinbare Endpunkt sollte ein Anfang dafür sein, die gesellschaftlichen Spaltungsprozesse zu überwinden, anstatt sie zu stabilisieren.

Gesellschaft als Gefängnis – Eine Analyse im Vergleich von Nietzsche, Adorno und Foucault

von David Fluhr

Ausschnitt aus: «Genealogie der Kritik» (unveröffentlichtes Material), überarbeitet für dieses Buch.

Die Gemeinsamkeiten zwischen den Perspektiven ... der kritischen Theorie Adornos und Horkheimer und Michel Foucaults sind unübersehbar: Alle drei Positionen zeichnen ein äußerst düsteres Bild der modernen Gesellschaft.
Markus Schroer

Nach Foucaults Analyse bestimmen u.a. die Diskurse, die Macht und die Selbsttechniken die Gesellschaft. Verhalten oder Seinsarten, die nicht der Norm entsprechen, werden zwangsnormalisiert. Foucault nennt die Gesellschaft ein «Kerkersystem»[1], Adorno nennt sie ein «Freiluftgefängnis»[2]. Die Gesellschaft ist dem Vorbild des Gefängnisses bzw. aller totalen Institutionen nachgeahmt. Breuers Interpretation[3] zu «Überwachen und Strafen» zieht sodann die Schlussfolgerung, dass die Gesellschaft selbst zum Gefängnis geworden ist. Der Strafvollzug ist zwar nicht der Ursprung, aber doch der bedeutendste Zweig der Disziplinierung.

Disziplinierung ist Selbstkontrolle im Zusammenhang von Zwangsnormalisierung und Pseudoindividualisierung. Beide Denker gehen davon aus, dass die Gesellschaft Zwangsmittel anwendet, von denen aber kein physischer Zwang ausgeht.[4] Um Teil der Gesellschaft zu sein, unterdrückt man seine eigene

1 Foucault (1994): «Überwachen und Strafen», S. 379ff.
2 Adorno (1995): «Kulturkritik und Gesellschaft», S. 25.
3 Vgl. und siehe bei Schroer (2001): «Das Individuum der Gesellschaft», S. 102.
4 Horkheimer/Adorno (2003): «Dialektik der Aufklärung», S. 158.

Natur und erliegt der Bio-Macht.[5] Dabei geht es nicht mehr um die körperlichen Qualen, sondern um die Kontrolle des Geistes.

Auch Adorno hat sich mit dem Strafen beschäftigt. Selbst die Trennung zwischen dem heutigen und dem feudalen Strafsystem hat er herausgearbeitet.[6]

«Der Mensch im Zuchthaus ist das virtuelle Bilde des bürgerlichen Typus, zu dem er sich in der Wirklichkeit erst machen soll.»[7]

Dementsprechend wird der Mensch im bürgerlichen Leben zu einem Insassen eines Gefängnisses, das er sich freiwillig überstülpt. Und das Gefängnis ist die Gesellschaft, und die Arbeit ist die Strafe, *«weil die gesamte Arbeitskraft der Nationen [den Machthabern] als Beute zugefallen ist. Die Freiheitsstrafe verblasst vor der gesellschaftlichen Wirklichkeit.»*[8]

So ist denn – ganz im Foucault'schen Sinne – auch bei Adorno zu erkennen, dass die Trennung zwischen Gefängnissen und Irrenhäusern nur namentlich existiert.

Wenn Foucault also sagt, dass das Panopticon[9] ein Synonym für die Gesellschaft darstellt, so würde Adorno dieser Metapher gewiss zustimmen, da er die Gesellschaft als Gefängnis bezeichnet:

«Wir leben nicht in einem neutralen, leeren Raum, wir leben, sterben, lieben nicht im Rechteck eines Blatt Papiers, sondern in einem gerasterten, zugeschnittenen Raum, […]. Die Räume, welche die Gesellschaft an ihren leeren Rändern bereit hält, sind den Individuen vorbehalten, deren Verhalten vom Durchschnitt oder von der geforderten Norm abweicht.»[10]

Diese Räume sind bei Foucault die Psychiatrie, Gefängnisse und selbst Altersheime, in welchen die Menschen «*… nicht den Anstand haben … an einem Herzinfarkt zu sterben*».[11] Analog dazu beschreibt Adorno, dass nicht der reale Tod, sondern der

5 Foucault (1999): «Botschaften der Macht», S. 185.

6 Horkheimer/Adorno (2003): «Dialektik der Aufklärung», S. 239f.

7 Ebd.

8 Ebd. S.242.

9 Das Panopticon ist eine Form eines Gefängnisses, in welcher der Überwacher alles sehen kann. Der Überwachte hingegen sieht nicht, ob er überwacht wird, muss aber davon ausgehen. Dadurch diszipliniert sich der Überwachte selbst.

10 Foucault (2003): zitiert nach dem Film «Foucault – der Philosoph».

11 Foucault (2003): ebd.

soziale Tod die Konsequenz von nicht geeichtem Verhalten ist. Während man in früheren Zeiten mit Brutalität die Herrschaft sicherte, ist es heute die geistige Kontrolle. So wurde aus der Todesstrafe im Namen des Königs die zunehmende Armut – im Namen des Volkes. Das zeigt sich nicht durch hungern, sondern durch den sozialen Ausschluss. Denn ohne Geld ist man von der Gesellschaft ausgeschlossen. Ansonsten zwingt das Geld das Individuum zum Einklang mit der gesellschaftlichen Harmonie.

«Wer sich nicht nach den ökonomischen Regeln verhält, wird heutzutage selten sogleich untergehen. Aber am Horizont zeichnet die Deklassierung sich ab. [...]: die Weigerung, mitzuspielen, macht verdächtig und setzt selbst den der gesellschaftlichen Rache aus, der noch nicht zu hungern und unter Brücken zu schlafen braucht.»[12]

Bei Foucault steht das Panopticon als das Paradebeispiel der Disziplinartechniken, die sich durch die Gesellschaft ziehen. Daher ist das Panopticon bei Foucault gleichzusetzen mit der Gesellschaft an sich. Das Individuum ist an diese Gesellschaft ganz angepasst. Adorno teilt diese Perspektive, wobei er den Ausdruck «angepasst» sozialdarwinistisch versteht.[13]

Das Panopticon vereinigt symbolisch die grundlegenden Disziplinartechniken in sich. Es beinhaltet die totale Überwachung durch permanent mögliche Sichtbarkeit. Hierbei sind die Überwacher nicht zu sehen, sie können aber jederzeit Einsicht nehmen. Eine Konsequenz dieser Technik ist die individualisierte Selbsttechnik. So schreibt Foucault: *«... der Panoptismus stellte das allgemein verbreitete technische Zwangsverfahren dar.»*[14]

Foucaults Disziplinierungstheorie und Adornos totalitäre Gesellschaft beinhalten, dass die Gesellschaft auf das Individuum zunächst als Zwang einwirkt. Bei beiden Denkern ist unumstößlich, dass sie die Gesellschaft als totalitär betrachten. Adorno schreibt, *«... [dass es] kein soziales Faktum [gibt], das nicht durch Gesellschaft determiniert wäre».*[15]

Wie bereits angesprochen, verortet Foucault den Ursprung der Disziplinierungen in totalen Institutionen wie Klöstern oder Kasernen.

---

12 Adorno (1995): «Zum Verhältnis von Soziologie und Psychologie», S. 47.

13 Adorno (1995): «Gesellschaft», S. 16.

14 Foucault (1994): «Überwachen und Strafen», S. 285.

15 Adorno (1995): «Gesellschaft», S. 10.

«Das Bürgertum hat diese Disziplinierung sehr schnell in die Erziehung transferiert. Der Weg zur gesellschaftlichen Disziplin, durch Schulen, war offen. Um diese immense Aufgabe zu gewährleisten, war eine ‹Überwachung alle Momente› notwendig.»[16]

Foucault nennt das auch die «individualisierende Technologie der Macht» und meint damit die Disziplinar- oder Selbsttechnik. Dieser kann man nicht entkommen.[17] Foucault hat, wahrscheinlich aufbauend auf Nietzsche, die Verbreitung der Macht in der Ausdehnung der «Pastoralmacht» gesehen, wobei es nicht mehr um das Seelenheil, sondern – ganz pragmatisch – um das irdische Heil geht. Dieser Wechsel von der kirchlichen Institution auf die Gesellschaft war jetzt durch gesellschaftliche Institutionen wie Arbeitgeber, Familie oder Medizin gesichert. Adorno, bezugnehmend auf Nietzsche und die christliche Askese, kommt zum selben Ergebnis:

«In der Dominanz des gesellschaftlichen Allgemeinen über den Einzelnen, in der Ohnmacht der Individuen vor den Organisationsformen ihrer Gesellschaft, in der Unterwerfung unter die Allmacht des Tauschprinzips als Maß aller Dinge spiegelt sich die Dialektik odysseischer Selbsterhaltung – als Entsagung und Selbstverleugnung, der keiner entrinnen kann.»[18]

Foucault schreibt, dass die Gesellschaft die Menschen normalisieren will, um beispielsweise die Irren von den Normalen zu trennen, und das aufgrund der durch die Vernunft gebotenen Wissenschaften: *«… im Laufe des 17. und 18. Jahrhunderts sind die Disziplinen zu allgemeinen Herrschaftsformen geworden.»*[19]

Adorno sieht im Willen der Gesellschaft, die Menschen zu «normalisieren», eben auch die Möglichkeit der Herrschaft. Eine Herrschaft von Menschen über Menschen. Die Normen richten die Menschen nach dem herrschaftlich erwünschten Bild, würde Foucault ergänzen und Adorno würde dem, mit Blick auf den Antisemitismus, zustimmen.

Ein Leben außerhalb der Gesellschaft ist laut Adorno nicht möglich. Alles im Leben und das Leben selbst ist auf die Allge-

---

16 Foucault (1999): «Botschaften der Macht», S. 183.

17 Vgl. Foucault (2004): «Geschichte der Gouvernementalität», S.74.

18 Kager (1988): «Herrschaft und Versöhnung», S. 110.

19 Foucault (1994): «Überwachen und Strafen», S. 176.

meinheit bezogen.[20] Foucault, darauf weist Judith Butler hin, betrachtet dies ähnlich, denn die Normen der Gesellschaft werden reflexiv zur Ethik der Individuen.[21]

Wie Foucault sieht Adorno ein Merkmal der totalen Gesellschaft darin, dass sich nichts der Kontrolle entziehen kann, so auch nicht der Arme, der in Würde arm leben will. Vor dem Wandel der Aufklärung, was Foucault an der «Geburt des Gefängnisses» sichtbar macht, entzog sich zu viel der Macht[22], weswegen die moderne Macht eine permanente Kontrolle braucht, um Individuen solcherart zu erziehen, dass sie perfekt in der Gesellschaft aufgehen können.[23] Adorno nennt das Subjekt aus jenem Grunde auch einen «Verkehrsknotenpunkt».[24] Die Zeiten sind vorbei, könnte man sagen, in der es ein Leben jenseits des gesellschaftlichen Ganzen gab. Denn jetzt ist der Arme nicht nur zwangsmäßig der Medizin und der Arbeit zugeteilt, sondern nun ist das mittellose Subjekt, wie Adorno schreibt, «verdächtig». Der Unterschied in der Frage der Disziplinartechniken ist, dass sich Adorno mehr mit dem Theoretischen und den daraus resultierenden Konsequenzen beschäftigt hat. Beide sind sich einig, dass diese existieren.

Die Menschen dürfen nicht auffallen, weil dies die Repression der Öffentlichkeit nach sich ziehen würde. Das Zwangssystem der Gesellschaft fordert (Pseudo-)Individualisierung, verbietet diese jedoch in Wirklichkeit. Individualisierung ist nur von gesellschaftlichem Interesse, solange sie produktiv ist und der Generierung eines Mehrwerts dient. Daher wiegt die Überwachung so schwer. Nonkonformistisches Verhalten wird auffällig, weil dadurch der Mensch beispielsweise auch straffällig werden kann. Abweichung vom «Mainstream» bleibt unerwünscht. Die Strafe gibt also nur vor, den Rechtsbrecher wieder in die Ordnung einzubinden, de facto wird der zu Bestrafende erst recht gesellschaftlich gebrandmarkt. Das Strafsystem haben Adorno und Foucault als Herrschafts-/Machtmittel entlarvt, denn die moderne Gesellschaft ist ein Gefängnis. Nonkonformität bedeutet weniger den Ausschluss aus der Gesellschaft als viel-

20 Adorno (2003): «Negative Dialektik», S. 271.

21 Vgl. Butler (2003): «Kritik der ethischen Gewalt», S. 9f.

22 Damit sind nicht nur Individuen gemeint, sondern auch Wirtschaftsströme.

23 Foucault (2005): «Analytik der Macht», S. 227.

24 Horkheimer/Adorno (2003): «Dialektik der Aufklärung», S. 164.

mehr die besondere Inklusion. Nonkonformität ist überflüssig und derart werden die Menschen behandelt.

«Die juristische Gesellschaft war die monarchische … . Wir sind hier [heute] also in einer Welt der Disziplin, in einer Welt der Regulierung. […] [Wir leben] in einer Gesellschaft …, in der das Verbrechen nicht mehr nur und vor allem eine Gesetzesübertretung darstellt, sondern in allererster Linie eine Abweichung von der Norm.»[25]

Die Macht aber ist auch in der Art ein Beziehungsgeflecht, in der jeder seiner Position zugeordnet ist. Also nimmt ein jeder in der Gesellschaft seine Position ein. Dies ist nur durch die totale Gesellschaft mit entsprechend disziplinierten Individuen möglich. Ähnlich beschreibt Adorno diesen Zustand:

«Generell muss jeder Einzelne, um sein Leben zu fristen, eine Funktion auf sich nehmen und wird gelehrt, zu danken, solange er eine hat. […] Der mit Gesellschaft gemeinste ist nicht in sich rational kontinuierlich. Er ist auch nicht das Universum seiner Elemente; bloß eine dynamische Kategorie, sondern eine funktionale.»[26]

Foucaults Ansicht nach bedarf es zur Durchsetzung der Ökonomie und des Politischen der Bio-Macht. Der Einzelne ist durch die Disziplinierung dazu bereit. Die Bevölkerung wird qua Bio-Politik darauf eingestellt, dass jeder und jede die ihnen vorbestimmten Funktionen ausführt.

«Die Multiplizität der Individuen ist nicht mehr relevant, die Bevölkerung schon. Diese Zäsur im Inneren dessen, was die Totalität der Untertanen oder Einwohner eines Königreichs ausmachte, ist keine wirkliche Zäsur. Es gibt nicht die einen oder die anderen. Doch im Inneren der Wissens-Macht selbst, im Inneren der Technologie selbst und der ökonomischen Verwaltung, gibt es diesen Einschnitt zwischen der relevanten Ebene der Bevölkerung und der nicht relevanten Ebene oder auch schlicht der instrumentalen Ebene.»[27]

Der Übergang zu den milderen Strafen – weg vom Martern – ist, so Foucault, auch durch die Zunahme der Eigentumsdelikte zu vermerken. Die Täter, schreibt Foucault, waren früher *«erschöpfte, schlecht genährte Menschen, jähzornige Männer des*

25 Foucault (2005): «Analytik der Macht», S. 237.

26 Adorno (1995): «Gesellschaft», S. 9.

27 Foucault (2004): «Geschichte der Gouvernementalität», S. 70.

Augenblicks»[28], die Täter heute sind klug und nicht auf Brutalität aus; sie wollen Geld. Damals war es möglich, außerhalb der Gesellschaft zu stehen, es konnte ein Leben außerhalb der Legitimität aufgebaut werden. Heute ist das aufgrund der übergreifenden Überwachung kaum mehr umsetzbar. Bei Foucault und Adorno laufen die Gedanken oft in Richtung Kapitalismuskritik. Beide zeigen auf, dass die Disziplinierung dazu verwandt wird, die Menschen zu produktiven Menschen zu machen.

Fazit: Die Herausarbeitung der Disziplinartechniken ist gegenüber Adornos Ansatz bei Foucault besser und eindrucksvoller beschrieben und dennoch ist die verinnerlichte, freiwillige Selbstkontrolle schon früher von Adorno erkannt worden. Selbst die Art und Weise, wie dies verinnerlicht wird – also die Wiederholung bei Adorno und die Übung bei Foucault, – gleicht sich bei beiden. Mit der Analyse der Pastoralmacht und der Frage nach den Sicherheitsdispositiven geht Foucault weit über das von Adorno Ermittelte hinaus. Doch auch hier stehen sie in der Frage nach dem Subjekt auf einer gemeinsamen Basis: Das Subjekt ist die Möglichkeit des Widerstands, aber die Identität des Subjekts ist auch durch die Macht und deren Derivate hergestellt. So räumen zwar beide die Möglichkeit der Individualisierung ein, dennoch schreiben sie den wenigsten Menschen die Fähigkeit der Entwicklung in dieser Gesellschaft zu. Foucault redet in diesem Zusammenhang von einer Zwangsnormalisierung, Adorno von der Pseudoindividualisierung, gemeint ist jedoch dasselbe. Die Gesellschaft erschwert eine wirkliche Individualisierung, denn die Individuen sollen perfekt funktionieren und ihre Position in der Gesellschaft annehmen. Dies gelingt nach Adorno und Foucault mittels des Instruments der Disziplinierung. Das Gefängnis ist eine Abbildung der gesellschaftlichen Realität und hat das Instrumentarium der Disziplinarmaßnahmen, das von den Christen im Prinzip entwickelt wurde, zum absoluten Maßstab erhoben. Derart spiegelt das Gefängnis die gesellschaftliche Wirklichkeit. Aber nicht nur das Gefängnis, auch die Psychiatrie und genealogisch auch das Armenhaus, wie es früher existierte. Der einzige Unterschied ist der körperliche Zwang, der aber auch offensichtlich Teil der Disziplinarmaßnahmen der Gesellschaft ist, wie das Gefängnis ver-

28 Foucault (1994): «Überwachen und Strafen», S. 96.

anschaulicht. Wie der Mensch mit seinen Artgenossen, seiner Umwelt und schließlich mit sich selbst umgeht, ist miteinander verbunden. Die von Vernunft geleitete Macht, die vom «Insektenvernichtungsmittel zu Auschwitz» geführt hat, hat die Gewalt verinnerlicht.

Das Gefängnis hat die Gewalt in die Gesellschaft importiert. Wo früher öffentlich gestraft wurde, ist nun die Kontrolle des Geistes, die Bio-Macht, die Pastoralmacht oder die Herrschaft über den Diskurs im Inneren eines Jeden festgezurrt. Derart installiert man selbst die Macht in sich, ohne sich die Pistole auf die Brust setzen zu lassen. Die Kontrolle des Geistes ist die Herrschaft über das Denken der Individuen.

Bibliographie

Adorno, T.W.; (1984): «Philosophie und Gesellschaft»; Frankfurt/M: Suhrkamp Verlag

Adorno, T. W. (1995): «Aberglaube aus zweiter Hand»; in: «Gesammelte Schriften Band 8»; Frankfurt/M: Suhrkamp Verlag

Adorno, T. W. (1995): «Anmerkungen zum Sozialen Konflikt heute»; in: «Gesammelte Schriften Band 8»; Frankfurt/M: Suhrkamp Verlag

Adorno, T. W. (1995): «Einleitung zum ‹Positivismusstreit in der deutschen Soziologie›»; in: «Gesammelte Schriften Band 8»; Frankfurt/M: Suhrkamp Verlag

Adorno, T. W. (1995): «Gesellschaft»; in: Gesammelte Schriften Band 8; Frankfurt/M: Suhrkamp Verlag

Adorno, T. W. (1995): «Soziologie und empirische Forschung»; in: «Gesammelte Schriften Band 8»; Frankfurt/M: Suhrkamp Verlag

Adorno, T. W. (1995): «Theorie der Halbbildung»; in: «Gesammelte Schriften Band 8»; Frankfurt/M: Suhrkamp Verlag

Adorno, T. W. (1995): «Vom Verhältnis von Soziologie und Psychologie»; in: «Gesammelte Schriften Band 8»; Frankfurt/M: Suhrkamp Verlag

Adorno, T. W. (1996): «Wozu noch Philosophie?»; in: «Merkur» Nr. 177; Stuttgart: Klett-Cotta

Adorno, T. W. (2003): «Kulturkritik und Gesellschaft»; in: «Gesammelte Schriften Band 10»; Digitale Bibliothek Band 9; Frankfurt/M: Suhrkamp Verlag

Adorno, T. W. (2003): «Dialektische Epilegomena»; in: «Gesammelte Schriften Band 10»; Digitale Bibliothek Band 9; Frankfurt/M: Suhrkamp Verlag

Adorno, T. W. (2003): «Keine Angst vor dem Elfenbeinturm», ein Spiegel-Interview; in: «Gesammelte Schriften Band 20»; Digitale Bibliothek Band 97; Frankfurt/M: Suhrkamp Verlag

Adorno, T. W. (2003): «Minima Moralia. Reflexionen aus dem beschädigten Leben.»; in: «Gesammelte Schriften Band 4»; Digitale Bibliothek Band 97; Frankfurt/M: Suhrkamp Verlag

Adorno, T. W. (2003): «Negative Dialektik. Jargon der Eigentlichkeit»; in: «Gesammelte Schriften Band 6»; Digitale Bibliothek Band 97; Frankfurt/M: Suhrkamp Verlag

Adorno, T. W. (2003): «Zur Metakritik der Erkenntnistheorie – 3 Studien zu Hegel»; in: «Gesammelte Schriften Band 5»; Digitale Bibliothek Band 97; Frankfurt/M: Suhrkamp Verlag

Butler, J. (1991): «Das Unbehagen der Geschlechter»; Frankfurt/M: Suhrkamp Verlag

Butler, J. (2003): «Kritik der ethischen Gewalt – Adorno-Vorlesungen 2002»; Frankfurt/M: Suhrkamp Verlag

Dahms, H.-J. (1994): «Positivismusstreit – die Auseinandersetzungen der Frankfurter Schule mit dem logischen Positivismus, dem amerikanischen Pragmatismus und dem kritischen Rationalismus»; Frankfurt/M: Suhrkamp Verlag

Foucault, M./Raulet, G. (1983): «Um welchen Preis sagt die Vernunft die Wahrheit»; in: «Spuren» 1/1983. Winterthur: Spuren Verlag

Foucault, M. (1985): «Freiheit und Selbstsorge: Interview 1984 und Vorlesung 1982»; Frankfurt/M: Materialis Verlag

Foucault, M. (1989): «Gebrauch der Lüste»; in: «Sexualität und Wahrheit»; Frankfurt/M: Suhrkamp Verlag

Foucault, M. (1989): «Wahnsinn und Gesellschaft. Eine Geschichte des Wahns im Zeitalter der Vernunft»; Frankfurt/M: Suhrkamp Verlag

Foucault, M. (1992): «Was ist Kritik?»; Berlin: Merve Verlag

Foucault, M. (1992): «Wille zum Wissen»; in: «Sexualität und Wahrheit»; Frankfurt/M: Suhrkamp Verlag

Foucault, M. (1993): «Ordnung der Dinge. Eine Archäologie der Humanwissenschaften»; Frankfurt/M: Suhrkamp Verlag

Foucault, M. (1994): «Überwachen und Strafen. Die Geburt des Gefängnisses»; Frankfurt/M: Suhrkamp Verlag

Foucault, M. (1996): «Der Mensch ist ein Erfahrungstier. Gespräch mit Ducio Trombadori»; Frankfurt/M: Suhrkamp Verlag

Foucault, M. (1996): «Nietzsche, die Genealogie, die Historie»; in: Michel Foucault: «Von der Subversion des Wissens»; Frankfurt/M: Fischer Taschenbuch Verlag

Foucault, M. (1997): «Sorge um sich»; in: «Sexualität und Wahrheit»; Frankfurt/M: Suhrkamp Verlag

Foucault, M. (1999): «Botschaften der Macht: Der Foucault-Reader Diskurs und Medien»; Stuttgart: Deutsche Verlagsanstalt

Foucault, M. (1999): «In Verteidigung der Gesellschaft. Vorlesungen am Collège de France (1975–76)»; Frankfurt/M: Suhrkamp Verlag

Foucault, M. (2003): «Archäologie des Wissens»; Frankfurt/M: Suhrkamp Verlag

Foucault, M. (2003): «Ordnung des Diskurses»; Frankfurt/M: Fischer Verlag

Foucault, M. (2005): «Analytik der Macht»; Frankfurt/M: Suhrkamp Verlag

Horkheimer, M. / Adorno, T. W. (2003): «Dialektik der Aufklärung. Philosophische Fragmente.»; Frankfurt/M: Fischer Verlag

Kager, R. (1988): «Herrschaft und Versöhnung: Einführung in das Denken T. W. Adornos»; Frankfurt/M, New York: Campus Verlag

Nietzsche, F. (1988): «Genealogie der Moral»; Stuttgart: Reclam Verlag

Nietzsche, F. (1999): «Geburt der Tragödie»; in: Friedrich Nietzsche: «Friedrich Nietzsche Werke»; München: Carl Hanser Verlag

Schroer, M. (2001): «Das Individuum der Gesellschaft. Synchrone und diachrone Theorieperspektiven»; Frankfurt/M: Suhrkamp Verlag

Tanner, M. (1994): «Nietzsche»; Freiburg im Breisgau: Herder Verlag

Andere Medien

Calderon, P., Ewald, F. (2003): «Michel Foucault Philosoph», Dokumentationsfilm: Arte France und BFC Produktion

Herzog, R. (1999): «Foucault riskieren: Eine Hommage zum 15. Todestag des Philosophen»; Radiomitschnitt: SWR2

Interlude

Also sprach Nietzsche …

Schuld und Schulden
Auszüge aus Kapitel 4 der Genealogie der Moral von Friedrich Nietzsche.

Zusammengestellt von R.M.

Also aber rate ich euch, meine Freunde: mißtraut allen, in welchen der Trieb, zu strafen, mächtig ist! Das ist Volk schlechter Art und Abkunft; aus ihren Gesichtern blickt der Henker und der Spürhund.

Es ist die längste Zeit der menschlichen Geschichte hindurch durchaus nicht gestraft worden, weil man den Übelanstifter für seine That verantwortlich machte, also nicht unter der Voraussetzung, dass nur der Schuldige zu strafen sei: – vielmehr, so wie jetzt noch Eltern ihre Kinder strafen, aus Zorn über einen erlittenen Schaden, der sich am Schädiger auslässt, – dieser Zorn aber in Schranken gehalten und modifizirt durch die Idee, dass jeder Schaden irgend worin sein Äquivalent habe und wirklich abgezahlt werden könne, sei es selbst durch einen Schmerz des Schädigers. Woher diese uralte, tiefgewurzelte, vielleicht jetzt nicht mehr ausrottbare Idee ihre Macht genommen hat, die Idee einer Äquivalenz von Schaden und Schmerz? Ich habe es bereits verrathen: in dem Vertragsverhältniss zwischen Gläubiger und Schuldner, das so alt ist als es überhaupt «Rechtssubjekte» giebt und seinerseits wieder auf die Grundformen von Kauf, Verkauf, Tausch, Handel und Wandel zurückweist. (...)

Machen wir uns die Logik dieser ganzen Ausgleichungsform klar: sie ist fremdartig genug. Die Äquivalenz ist damit gegeben, dass an Stelle eines gegen den Schaden direkt aufkommenden Vortheils (also an Stelle eines Ausgleichs in Geld, Land, Besitz irgend welcher Art) dem Gläubiger eine Art Wohlgefühl als Rückzahlung und Ausgleich zugestanden wird, – das Wohlgefühl, seine Macht an einem Machtlosen unbedenklich auslassen zu dürfen, die Wollust «de faire le mal pour le plaisir de le faire», der Genuss in der Vergewaltigung: als welcher Genuss um so höher geschätzt wird, je tiefer und niedriger der Gläubiger in der Ordnung der Gesellschaft steht, und leicht ihm als köstlichster Bissen, ja als Vorgeschmack eines höheren Rangs erscheinen kann. Vermittelst der «Strafe» am Schuldner nimmt der Gläubiger an einem Herren-Rechte theil: endlich kommt auch er ein Mal zu dem erhebenden Gefühle, ein Wesen als ein «Unter-sich» verachten und misshandeln zu dürfen – oder wenigstens, im Falle die eigentliche Strafgewalt, der Strafvollzug schon an die «Obrigkeit» übergegangen ist, es verachtet und misshandelt zu sehen. Der Ausgleich besteht also in einem Anweis und Anrecht auf Grausamkeit. – (...)

Nochmals gefragt: in wiefern kann Leiden eine Ausgleichung von «Schulden» sein? Insofern Leiden-machen im höchsten Grade wohl that, insofern der Geschädigte für den Nachtheil, hinzugerechnet die Unlust über den Nachtheil, einen ausserordentlichen Gegen-Genuss eintauschte: das Leiden-machen, – ein eigentliches Fest, Etwas, das, wie gesagt, um so höher im Preise stand, je mehr es dem Range und der gesellschaftlichen Stellung des Gläubigers widersprach. Dies vermuthungsweise gesprochen: denn solchen unterirdischen Dingen ist schwer auf den Grund zu sehn, abgesehn davon, dass es peinlich ist; und wer hier den Begriff der «Rache» plump dazwischen wirft, hat sich den Einblick eher noch verdeckt und verdunkelt, als leichter gemacht (– Rache selbst führt ja eben auf das gleiche Problem zurück: «wie kann Leiden-machen eine Genugthuung sein?») (...)

Leiden-sehn thut wohl, Leiden-machen noch wohler – das ist ein harter Satz, aber ein alter mächtiger menschlich-allzumenschlicher Hauptsatz, den übrigens vielleicht auch schon die Affen unterschreiben würden: denn man erzählt, dass sie im Ausdenken von bizarren Grausamkeiten den Menschen bereits reichlich ankündigen und gleichsam «vorspielen». Ohne Grausamkeit kein Fest: so lehrt es die älteste, längste Geschichte des Menschen – und auch an der Strafe ist so viel Festliches! – (...)

Das Gefühl der Schuld, der persönlichen Verpflichtung, um den Gang unsrer Untersuchung wieder aufzunehmen, hat, wie wir sahen, seinen Ursprung in dem ältesten und ursprünglichsten Personen-Verhältniss, das es giebt, gehabt, in dem Verhältniss zwischen Käufer und Verkäufer, Gläubiger und Schuldner: hier trat zuerst Person gegen Person, hier mass sich zuerst Person an Person. Man hat keinen noch so niedren Grad von Civilisation aufgefunden, in dem nicht schon Etwas von diesem Verhältnisse bemerkbar würde. Preise machen, Werthe abmessen,

Äquivalente ausdenken, tauschen – das hat in einem solchen Maasse das allererste Denken des Menschen präoccupirt, dass es in einem gewissen Sinne das Denken ist: hier ist die älteste Art Scharfsinn herangezüchtet worden, hier möchte ebenfalls der erste Ansatz des menschlichen Stolzes, seines Vorrangs-Gefühls in Hinsicht auf anderes Gethier zu vermuthen sein. (...)

Und mit jener plumpen Consequenz, die dem schwerbeweglichen, aber dann unerbittlich in gleicher Richtung weitergehenden Denken der älteren Menschheit eigenthümlich ist, langte man alsbald bei der grossen Verallgemeinerung an «jedes Ding hat seinen Preis; Alles kann abgezahlt werden» – dem ältesten und naivsten Moral-Kanon der Gerechtigkeit, dem Anfange aller «Gutmüthigkeit», aller «Billigkeit», alles «guten Willens», aller «Objektivität» auf Erden. Gerechtigkeit auf dieser ersten Stufe ist der gute Wille unter ungefähr Gleichmächtigen, sich mit einander abzufinden, sich durch einen Ausgleich wieder zu «verständigen» – und, in Bezug auf weniger Mächtige, diese unter sich zu einem Ausgleich zu zwingen. – (...)

Man lebt in einem Gemeinwesen, man geniesst die Vortheile eines Gemeinwesens (oh was für Vortheile! wir unterschätzen es heute mitunter), man wohnt geschützt, geschont, im Frieden und Vertrauen, sorglos in Hinsicht auf gewisse Schädigungen und Feindseligkeiten, denen der Mensch ausserhalb, der «Friedlose», ausgesetzt ist – ein Deutscher versteht, was «Elend», êlend ursprünglich besagen will –, wie man sich gerade in Hinsicht auf diese Schädigungen und Feindseligkeiten der Gemeinde verpfändet und verpflichtet hat. Was wird im andren Fall geschehn? Die Gemeinschaft, der getäuschte Gläubiger, wird sich bezahlt machen, so gut er kann, darauf darf man rechnen. Es handelt sich hier am wenigsten um den unmittelbaren Schaden, den der Schädiger angestiftet hat: von ihm noch abgesehn, ist der Verbrecher vor allem ein «Brecher», ein Vertrags- und Wortbrüchiger gegen das Ganze, in Bezug auf alle Güter und Annehmlichkeiten des Gemeinlebens, an denen er bis dahin Antheil gehabt hat. Der Verbrecher ist ein Schuldner, der die ihm erwiesenen Vortheile und Vorschüsse nicht nur nicht zurückzahlt, sondern sich sogar an seinem Gläubiger vergreift: daher geht er von nun an, wie billig, nicht nur aller dieser Güter und Vortheile verlustig, – er wird vielmehr jetzt daran erinnert, was es mit diesen Gütern auf sich hat. Der Zorn des geschädigten Gläubigers, des Gemeinwesens giebt ihn dem wilden und vogelfreien Zustande wieder zurück, vor dem er bisher behütet war: es stösst ihn von sich, – und nun darf sich jede Art Feindseligkeit an ihm auslassen. Die «Strafe» ist auf dieser Stufe der Gesittung einfach das Abbild, der Mimus des normalen Verhaltens gegen den gehassten, wehrlos gemachten, niedergeworfnen Feind, der nicht nur jedes Rechtes und Schutzes, sondern auch jeder Gnade verlustig gegangen ist; also das Kriegsrecht und Siegesfest des vae victis! in aller Schonungslosigkeit und Grausamkeit: – woraus es sich erklärt, dass der Krieg selbst (eingerechnet der kriegerische Opferkult) alle die Formen hergegeben hat, unter denen die Strafe in der Geschichte auftritt. Mit erstarkender Macht nimmt ein Gemeinwesen die Vergehungen des Einzelnen nicht mehr so wichtig, weil sie ihm nicht mehr in gleichem Maasse wie früher für das Bestehn des Ganzen als gefährlich und umstürzend gelten dürfen: der Übelthäter wird nicht mehr «friedlos gelegt» und ausgestossen, der allgemeine Zorn darf sich nicht mehr wie früher dermaassen zügellos an ihm auslassen, – vielmehr wird von nun an der Übelthäter gegen diesen Zorn, sonderlich den der unmittelbar Geschädigten, vorsichtig von Seiten des Ganzen vertheidigt und in Schutz genommen. Der Compromiss mit dem Zorn der zunächst durch die Übelthat Betroffenen; ein Bemühen darum, den Fall zu lokalisiren und einer weiteren oder gar allgemeinen Betheiligung und Beunruhigung vorzubeugen; Versuche, Äquivalente zu finden und den ganzen Handel beizulegen (die compositio); vor allem der immer bestimmter auftretende Wille, jedes Vergehn als in irgend einem Sinne abzahlbar zu nehmen, also, wenigstens bis zu einem gewissen Maasse, den Verbrecher und seine That von einander zu isoliren – das sind die Züge, die der ferneren Entwicklung des Strafrechts immer deutlicher aufgeprägt sind. Wächst die Macht und das Selbstbewusstsein eines Gemeinwesens, so mildert sich immer auch das Strafrecht; jede Schwächung und tiefere Gefährdung von jenem bringt dessen härtere Formen wieder an's Licht. Der «Gläubiger» ist immer in dem Grade menschlicher geworden, als er reicher geworden ist; zuletzt ist es selbst das Maass seines Reichthums, wie viel Beeinträchtigung er aushalten kann, ohne daran zu leiden. Es wäre ein Machtbewusstsein der Gesellschaft nicht undenkbar, bei dem sie sich den vornehmsten Luxus gönnen dürfte, den es für sie giebt, – ihren Schädiger straflos zu lassen. «Was gehen mich eigentlich meine Schmarotzer an? dürfte sie dann sprechen. Mögen sie leben und gedeihen: dazu bin ich noch stark genug!»... Die Gerechtigkeit, welche damit anhob «Alles ist abzahlbar, Alles muss abgezahlt werden», endet damit, durch die Finger zu sehn und den Zahlungsunfähigen laufen zu lassen, – sie endet wie jedes gute Ding auf Erden, sich selbst aufhebend. Diese Selbstaufhebung der Gerechtigkeit: man weiss, mit welch schönem Namen sie sich nennt – Gnade; sie bleibt, wie sich von selbst versteht, das Vorrecht des Mächtigsten, besser noch, sein Jenseits des Rechts. (...)

Hier noch ein Wort über Ursprung und Zweck der Strafe – zwei Probleme, die auseinander fallen oder fallen sollten: leider wirft man sie gewöhnlich in Eins. Wie treiben es doch die bisherigen Moral-Genealogen in diesem Falle? Naiv, wie sie es immer getrieben haben –: sie machen irgend einen «Zweck» in der Strafe ausfindig, zum Beispiel Rache oder Abschreckung, setzen dann arglos diesen Zweck an den Anfang, als causa fiendi der Strafe, und – sind fertig. Der «Zweck im Rechte» ist aber zu allerletzt für die Entstehungsgeschichte des Rechts zu verwenden: vielmehr giebt es für alle Art Historie gar keinen wichtigeren Satz als jenen, der mit solcher Mühe errungen ist, aber auch wirklich errungen sein sollte, – dass nämlich die Ursache der Entstehung eines Dings und dessen schliessliche Nützlichkeit, dessen thatsächliche Verwendung und Einordnung in ein System von Zwecken toto coelo auseinander liegen; dass etwas Vorhandenes, irgendwie Zu-Stande-Gekommenes immer wieder von einer ihm überlegenen Macht auf neue Ansichten ausgelegt, neu in Beschlag genommen, zu einem neuen Nutzen umgebildet und umgerichtet wird; dass alles Geschehen in der organischen Welt ein Überwältigen, Herrwerden und dass wiederum alles Überwältigen und Herrwerden ein Neu-Interpretieren, ein Zurechtmachen ist, bei dem der bisherige «Sinn» und «Zweck» nothwendig verdunkelt oder ganz ausgelöscht werden muss.

Um wenigstens eine Vorstellung davon zu geben, wie unsicher, wie nachträglich, wie accidentiell «der Sinn» der Strafe ist und wie ein und dieselbe Prozedur auf grundverschiedne Absichten hin benützt, gedeutet, zurechtgemacht werden kann: so stehe hier das Schema, das sich mir selbst auf Grund eines verhältnissmässig kleinen und zufälligen Materials ergeben hat. Strafe als Unschädlichmachen, als Verhinderung weiteren Schädigens. Strafe als Abzahlung des Schadens an den

Geschädigten, in irgend einer Form (auch in der einer Affekt-Compensation). Strafe als Isolirung einer Gleichgewichts-Störung, um ein Weitergreifen der Störung zu verhüten. Strafe als Furchteinflössen vor Denen, welche die Strafe bestimmen und exekutiren. Strafe als eine Art Ausgleich für die Vortheile, welche der Verbrecher bis dahin genossen hat (zum Beispiel wenn er als Bergwerkssklave nutzbar gemacht wird). Strafe als Ausscheidung eines entartenden Elementes (unter Umständen eines ganzen Zweigs, wie nach chinesischem Rechte: somit als Mittel zur Reinerhaltung der Rasse oder zur Festhaltung eines socialen Typus). Strafe als Fest, nämlich als Vergewaltigung und Verhöhnung eines endlich niedergeworfnen Feindes. Strafe als ein Gedächtnissmachen, sei es für Den, der die Strafe erleidet – die sogenannte «Besserung», sei es für die Zeugen der Exekution. Strafe als Zahlung eines Honorars, ausbedungen Seitens der Macht, welche den Übelthäter vor den Ausschweifungen der Rache schützt. Strafe als Compromiss mit dem Naturzustand der Rache, sofern letzterer durch mächtige Geschlechter noch aufrecht erhalten und als Privilegium in Anspruch genommen wird. Strafe als Kriegserklärung und Kriegsmaassregel gegen einen Feind des Friedens, des Gesetzes, der Ordnung, der Obrigkeit, den man als gefährlich für das Gemeinwesen, als vertragsbrüchig in Hinsicht auf dessen Voraussetzungen, als einen Empörer, Verräther und Friedensbrecher bekämpft, mit Mitteln, wie sie eben der Krieg an die Hand giebt. – Diese Liste ist gewiss nicht vollständig; ersichtlich ist die Strafe mit Nützlichkeiten aller Art überladen.

So darf man unbedenklich urtheilen, dass gerade durch die Strafe die Entwicklung des Schuldgefühls am kräftigsten aufgehalten worden ist, – wenigstens in Hinsicht auf die Opfer, an denen sich die strafende Gewalt ausliess. Unterschätzen wir nämlich nicht, inwiefern der Verbrecher gerade durch den Anblick der gerichtlichen und vollziehenden Prozeduren selbst verhindert wird, seine That, die Art seiner Handlung, an sich als verwerflich zu empfinden: denn er sieht genau die gleiche Art von Handlungen im Dienst der Gerechtigkeit verübt und dann gut geheissen, mit gutem Gewissen verübt: also Spionage, Überlistung, Bestechung, Fallenstellen, die ganze kniffliche und durchtriebne Polizisten- und Anklägerkunst, sodann das grundsätzliche, selbst nicht durch den Affekt entschuldigte Berauben, Überwältigen, Beschimpfen, Gefangennehmen, Foltern, Morden, wie es in den verschiednen Arten der Strafe sich ausprägt, – Alles somit von seinen Richtern keineswegs an sich verworfene und verurtheilte Handlungen, sondern nur in einer gewissen Hinsicht und Nutzanwendung. Das «schlechte Gewissen», diese unheimlichste und interessanteste Pflanze unsrer irdischen Vegetation, ist nicht auf diesem Boden gewachsen, – in der That drückte sich im Bewusstsein der Richtenden, der Strafenden selbst die längste Zeit hindurch Nichts davon aus, dass man mit einem «Schuldigen» zu thun habe. Sondern mit einem Schaden-Anstifter, mit einem unverantwortlichen Stück Verhängniss. Und Der selber, über den nachher die Strafe, wiederum wie ein Stück Verhängniss, herfiel, hatte dabei keine andre «innere Pein», als wie beim plötzlichen Eintreten von etwas Unberechnetem, eines schrecklichen Naturereignisses, eines herabstürzenden, zermalmenden Felsblockes, gegen den es keinen Kampf mehr gibt.

Mit der Moralisierung der Begriffe Schuld und Pflicht, mit ihrer Zurückschiebung in's schlechte Gewissen ist ganz eigentlich der Versuch gegeben, die Richtung der eben beschriebenen Entwicklung umzukehren, mindestens ihre Bewegung stillzustellen: jetzt soll gerade die Aussicht auf eine endgültige Ablösung ein-für-alle-Mal sich pessimistisch zuschliessen, jetzt soll der Blick trostlos vor einer ehernen Unmöglichkeit abprallen, zurückprallen, jetzt sollen jene Begriffe «Schuld» und «Pflicht» sich rückwärts wenden – gegen wen denn? Man kann nicht zweifeln: zunächst gegen den «Schuldner», in dem nunmehr das schlechte Gewissen sich dermaassen festsetzt, einfrisst, ausbreitet und polypenhaft in jede Breite und Tiefe wächst, bis endlich mit der Unlösbarkeit der Schuld auch die Unlösbarkeit der Busse, der Gedanke ihrer Unabzahlbarkeit (der «ewigen Strafe») concipirt ist –; endlich aber sogar gegen den «Gläubiger», denke man dabei nun an die causa prima des Menschen, an den Anfang des menschlichen Geschlechts, an seinen Ahnherrn, der nunmehr mit einem Fluche behaftet wird («Adam», «Erbsünde», «Unfreiheit des Willens») oder an die Natur, aus deren Schooss der Mensch entsteht und in die nunmehr das böse Princip hineingelegt wird («Verteufelung der Natur») oder an das Dasein überhaupt, das als unwerth an sich übrig bleibt (nihilistische Abkehr von ihm, Verlangen in's Nichts oder Verlangen in seinen «Gegensatz», in ein Anderssein, Buddhismus und Verwandtes) – bis wir mit Einem Male vor dem paradoxen und entsetzlichen Auskunftsmittel stehn, an dem die gemarterte Menschheit eine zeitweilige Erleichterung gefunden hat, jenem Geniestreich des Christenthums: Gott selbst sich für die Schuld des Menschen opfernd, Gott selbst sich an sich selbst bezahlt machend, Gott als der Einzige, der vom Menschen ablösen kann, was für den Menschen selbst unablösbar geworden ist – der Gläubiger sich für seinen Schuldner opfernd, aus Liebe (sollte man's glauben? –), aus Liebe zu seinem Schuldner!

Kapitel 3
Abschaffung und Alternativen

Strafrecht ist die Darstellung von Herrschaft mit Menschenopfern. Abolitionisten haben einen zunächst ganz bescheidenen Wunsch: Die Menschenopfer sollen aufhören.

Heinz Steinert

Wir werden gedacht haben, man könne ohne das Gefängnis nicht auskommen. Zum Verhältnis von «Alternativen» und Utopie.

Von Johannes Spohr

Von der Hoffnung zur Utopie?

Linke Utopien befinden sich – wie vielfach attestiert – seit vielen Jahren in der Krise. Die nach dem G20-Gipfel prognostizierte «rebellische Hoffnung von Hamburg»[1] mag die eigene Hilflosigkeit einen Moment lang übertönen, tatsächliche Ansätze zum Überwinden dieser Krise sind derzeit jedoch nicht in Sicht. Vielmehr fehlen nicht nur Strategien, sondern auch Utopien, die der unaufhaltsam erscheinenden gesellschaftlichen Regression dieser Tage entgegengesetzt werden können. Wo die Kritik am Bestehenden hakt und es an der Analyse der falschen Verhältnisse hapert, da stecken auch linke Utopien unweigerlich fest.

Zu den wenig beachteten Ansätzen linker Nischendiskussionen mit utopischem Gehalt gehört die Forderung nach einer «Gesellschaft ohne Knäste». Erwachsen aus der Kritik an Gefängnis und Strafe, ist diese bereits als Reaktion auf die Schwierigkeiten zu verstehen, die häufig mit der Beseitigung von Gefängnissen im Hier und Jetzt assoziiert werden. So bleibt in kaum einer Diskussion über Gefängnis und Strafe die Forderung nach «Alternativen» aus. Wer die Praxis staatlichen Strafens und ihre Institutionen in Frage stellt, soll auch formulie-

1 «Die rebellische Hoffnung von Hamburg. Eine erste, vorläufige Bilanz der Interventionistischen Linken»: http://www.interventionistische-linke.org/beitrag/die-rebellische-hoffnung-von-hamburg, abgerufen am 3.1.2018.

ren können, was an ihre Stelle treten soll.[2] Die Vehemenz, die dieser Forderung meist innewohnt, deutet darauf hin, dass das Gefängnis zu einem gesellschaftlichen Paradigma[3] geworden ist und es uns in der Regel als etwas Selbstverständliches oder gar «Natürliches» erscheint. Zwar hat Michel Foucault überzeugend herausgearbeitet, dass das Gefängnis, wie wir es heute kennen, wie auch der Diskurs um «Kriminalität», eine relativ neue Erscheinung ist.[4] Einem so wirkmächtigen Paradigma jedoch diskursiv zu begegnen, ist allein aufgrund der massenhaften Existenz einsperrender Institutionen und ihrer fortwährenden Rückendeckung durch Forschung und Publizistik keine leichte Aufgabe.

Manche verweisen dazu auf die angestrebte *ganz andere Welt*, in der das Gefängnis keinen Platz habe und auch nicht benötigt werde: Eine Gesellschaft, «die sich die Frage nach Knast nicht stellen wird».[5] Andere bringen die Erfahrungen konkret-alternativer Umgangsweisen mit nicht tolerierbarem Verhalten in sozialen Bewegungen in die Diskussion ein (Soziale Zentren in Westeuropa, Zapatistas bzw. EZLN in Mexiko[6], das Justizsystem in Rojava[7] usw.). Auch der in diesem Buch diskutierte Ansatz der Restorative Justice (RJ) wird hin und wieder angeführt, um andere Umgangsweisen mit gesellschaftlichen Konflikten aufzuzeigen. Die gesellschaftliche Akzeptanz der RJ erscheint relativ groß, so wurden aus ihr entwickelte Praktiken in manchen Ländern[8] ins Strafjustizsystem integriert. Es erscheint daher verlockend, RJ auch als Hebel zur Artikulation grundlegender Kritik an Strafe und Gefängnis in Stellung zu

---

2 Die Erfahrung speist sich hier vor allem aus öffentlichen Veranstaltungen und Diskussionen zum Thema.

3 Vorherrschendes Denkmuster, das einen allgemein anerkannten Konsens widerspiegelt.

4 Foucault, Michel: Überwachen und Strafen. Die Geburt des Gefängnisses. Frankfurt am Main, 1976.

5 projekt baul_cken: Abrisse. Innen- und Außenansichten einsperrender Institutionen, Münster 2011.

6 Vgl. http://www.truth-out.org/progressivepicks/item/32148-uprooting-patriarchy-and-establishing-racial-economic-and-social-justice-in-chiapas-mexico, abgerufen am 2.1.2018.

7 Vgl. http://www.kommunisierung.net/Rojava-Realitat-und-Rhetorik, abgerufen am 2.1.2018.

8 Siehe zum Beispiel Neuseeland: Lutz, Tilman: Restorative justice – visionäre Alternative oder Version des Alten?

bringen. Der Nutzen wäre in diesem Falle nicht ein praktischer, sondern ein diskursiver, der aus konkreten und *anderen* Erfahrungen profitiert. Die Hoffnung bestünde darin, dass so «entgegen der Phantasielosigkeit des ‹Endes der Geschichte› Räume der Möglichkeiten geschaffen werden, in denen die utopische Begierde sich artikulieren kann».[9]

Stehen aber Herangehensweisen, die Handlungsmaximen im Hier und Jetzt aufzeigen möchten und solche, die auf die andere Gesellschaft vertrösten, notwendig im Widerspruch zueinander? Im Folgenden soll dieser Frage und der diskursiven Funktion von «Alternativen» zum real existierenden Strafen, wie auch ihrem Verhältnis zu Utopie nachgegangen werden. Für diesen Zweck versuche ich, aus der knastkritischen Strömung stammende Forderungen mit Begriffen zusammenzubringen, die maßgeblich aus einer Diskussion zu Utopie zwischen Ernst Bloch und Theodor W. Adorno stammen. Es werden so zwei Diskurse miteinander bekanntgemacht, die bisher kaum Berührungspunkte hatten.

Vorausgesetzt

Der Infragestellung von Gefängnissen wird häufig begegnet, indem reflexhaft auf eine relativ kleine Gruppe Inhaftierter verwiesen wird. Der Verweis auf Sexualdelikte oder Mord «reicht aus, um Ängste freizusetzen, die jede Maßnahme, die sich gegen die Gefangenen richtet, legitim erscheinen lassen».[10]

Wer die heutige Gefängnispopulation näher betrachtet, gewinnt einen Eindruck davon, was in einer Gesellschaft am ehesten und erfolgreich juristisch verfolgt wird. Besonders wahrscheinlich, das haben diverse Studien herausgearbeitet, ist die Inhaftierung bei Delikten, die im weitesten Sinne im Zusammenhang mit dem Konsum illegalisierter Drogen stehen: Besitz, Beschaffung, Verkauf.

Auch lässt sich konstatieren, dass sehr viele Delikte im Zusammenhang mit Privateigentum und dessen nicht legitimier-

9 Bublik, Luca / Spohr, Johannes / Waldow, Valerie (Hg.): Intro – Strategien der Ausgrenzung und Isolation: Vergangenheit. Gegenwart. Keine Zukunft?, in: dies. (Hg.): Isolation und Ausgrenzung als postsowjetische Erfahrung. Trauerarbeit. Störung. Fluchtlinien, Münster 2016, S. 4–18, hier: S.13.

10 projekt baul_cken: Abrisse. Innen- und Außenansichten einsperrender Institutionen, Münster 2011, S. 87.

ter Aneignung stehen. Diese Feststellungen sind zunächst wichtig, um sicher zu gehen, wovon gerne die Rede ist: Einem relativ geringen Anteil der gegenwärtig Inhaftierten.[11]

Der Großteil der Gefangenen könnten jetzt sofort und ohne Bedenken entlassen werden ohne dass dies im Sinne linker Utopien und Werte verantwortungslos wäre. Auch ist der Druck, Alternativen aufzuzeigen, maßgeblich ein konstruierter. Denn in der gegenwärtigen Gesellschaft findet sich eben kein Umgang, der Lösungen parat hätte: Das Gefängnis dient selbst vielmehr der Produktion des Diskurses über Kriminalität als der Eindämmung der Gewalt. Ein notweniger Zusammenhang zwischen heutiger Insassenpopulation und der «Gesellschaft ohne Knäste» besteht nicht. Warum also sollen diese Lösungen ausgerechnet bei denen verborgen liegen, die sich mit der Kritik des Bestehenden befassen und Probleme aufzeigen?

Wer sich dem Druck beugt, Alternativen aufzeigen zu müssen, erkennt auch an, dass auf den Knast *eigentlich* oder *erstmal* nicht zu verzichten sei. Jenseits jeder Utopie ist jedoch der Knast bereits im Hier und Jetzt mit all seinen destruktiven Wirkungen auf die von ihm Betroffenen zu delegitimieren.

Anhänger*innen linker Utopien würden nun allerdings kaum behaupten, die Verletzung der Integrität anderer Menschen sei ihnen egal. Einige Taten weisen durchaus auf den Umstand hin, dass eventuell sogar in einer künftigen befreiten Gesellschaft ein Umgang mit Verhalten gefunden werden muss, das sich gegen das physische oder psychische Wohlsein aller richtet, und damit auch gegen den utopischen Wunsch, Glück für alle zu ermöglichen. Dieser Aufgabe wird man sich auch künftig widmen müssen.

---

11 Es mangelt an verlässlichen und aussagekräftigen Erhebungen dazu. Einer jährlich erscheinenden Statistik des Statistischen Bundesamtes zufolge kann derzeit von 25–30 % wegen der Verletzung der Integrität anderer allgemein und etwa 7 % wegen Mord Inhaftierter ausgegangen werden. Vgl. https://www.berlin.de/justizvollzug/service/zahlen-und-fakten/belegungsstatistik/

Gerechtigkeit und Utopie

Zu einem Klassiker der Utopiediskussion ist ein Rundfunkgespräch zwischen Ernst Bloch und Theodor W. Adorno geworden, das die beiden Kontrahenten 1964 führten.[12] Zusammenfassend wird Utopie hier als eine Gesellschaftsordnung betrachtet, die *noch* nicht ist: Eine Gesellschaft, in der die Verwirklichung des Glücks für alle möglich ist. Unterschiedlich betrachten die beiden die Möglichkeiten, zu ihr zu gelangen.

Die Formel «Für eine Gesellschaft ohne Knäste» drückt zunächst einmal aus, für die Abwesenheit von etwas einzustehen, *bestimmte Negation* im Sinne Theodor W. Adornos zu üben. Adorno bezeichnet diese Methode als den «Nerv der Dialektik». Sie basiere «auf der Erfahrung der Ohnmacht von Kritik, solange sie im Allgemeinen sich hält, [...]».[13] Im Nichts dieser Abwesenheit ist jedoch immer schon etwas Seiendes als Noch-Nicht angelegt.[14] Unabhängig von konkreten Entwürfen weist die bestimmte Negation also bereits auf etwas hin. Dass dieser Hinweis nicht ohne die Benennung des zu Überwindenden (Knast) auskommt, ist konsequente Folge des dialektischen Prozesses, der das Negierte benötigt, um es hinter sich zu lassen.

Für Ernst Bloch hingegen bleibt in der Auffassung Adornos «Theorie einfach nur Maßstab für die Kritik und lässt keinen Raum einer positiven Ordnung für die Praxis, die über ein Abarbeiten am Bestehenden hinausgeht».[15] Theorie ist laut Bloch

---

12 «Etwas fehlt ... Über die Widersprüche der utopischen Sehnsucht». (Rundfunkgespräch mit Theodor W. Adorno). In: Bloch, Ernst: Tendenz-Latenz-Utopie. Ergänzungsband zur Gesamtausgabe. Bd. 17, Frankfurt am Main 1985, S. 350–368.

13 Adorno, Theodor W.: Zur Metakritik der Erkenntnistheorie. Drei Studien zu Hegel, in: Gesammelte Schriften, Band 5, Frankfurt am Main 1997, S. 318.

14 Hawel, Marcus: Negative Kritik und bestimmte Negation. Zur praktischen Seite der kritischen Theorie, in: UTOPIE kreativ, H. 184 (Februar 2006), S. 101–110, Marcus: Negative Kritik und bestimmte Negation. Zur praktischen Seite der kritischen Theorie, in: UTOPIE kreativ, H. 184 (Februar 2006), S. 101–110, hier: S. 104.

15 Dietrich, Valentin: Bilderskepsis statt Bilderverbot? Bedarf die Ideologiekritik der Kritischen Theorie einer konkret-utopischen Erweiterung?, 2012, S. 16. Abrufbar unter: http://lifa03.blogsport.de/images/BilderskepsisstattBilderverbot.BedarfdieIdeologiekritikderKritischen-TheorieeinerkonkretutopischenErweiterung.pdfS. 16), abgerufen am 2.1.2018.

eine «Richtungsinvariante», eine «Richtschnur»[16], die sie mit einer konkreten Utopie darstellen müsse. Utopie kann ihm zufolge nicht bloß ein Fernziel bleiben, sondern es müssen sich in ihr immer auch Nahziele praktischer und theoretischer Art wiederfinden. Tatsächlich spricht Bloch dabei unter anderem von «eine[r] stufenweise[n] Verbesserung von Gefängnisbetten oder Mieterschutz»[17], was den hier behandelten Themen ja nicht ganz fremd ist. Gemeinsam ist der oben genannten grundsätzlichen Forderung und Nahzielen Blochs ihre Entstehung durch die Konfrontation mit der realen, destruktiven Realität des Gefängnisses.

Blochs Nahzielen ließe sich die *Restorative Justice* (RJ) zuordnen. Der Ansatz stammt vor allem aus den USA und wurde dort im Kontext sozialer Bewegungen entwickelt, seine Definitionen haben sich mit seiner weltweit unterschiedlichen Verbreitung multipliziert.[18] Er unterscheidet sich maßgeblich vom punitiven staatlichen Einsperren als «ein Prozess, bei dem alle an einer bestimmten Verletzung beteiligten Personen zusammenkommen, um gemeinsam zu entscheiden, wie mit den Auswirkungen der Tat und ihren Implikationen für die Zukunft umgegangen wird».[19] RJ orientiert sich Tilman Lutz zufolge am Opfer, zielt auf die Wiedergutmachung des entstandenen Schadens ab und stellt die Bedürfnisse aller von der Tat Betroffenen, inklusive der Gemeinschaft, ins Zentrum.[20] Dazu existieren verschiedene Verfahren, die in einigen Ländern (beispielsweise Neuseeland) Anerkennung und Anwendung im Justizsystem erfahren. In der Bundesrepublik finden sich Elemente der RJ im justiziellen Verfahren des *Täter-Opfer-Ausgleichs* wieder.

Die im Hier und Jetzt umsetzbare RJ kann als eine Form *konkreter Utopie* im Sinne Blochs angesehen werden. Zu einer sol-

16 Bloch, Ernst: Abschied von der Utopie? Vorträge (hg. von Hanna Gekle), Frankfurt 1980, S. 73.

17 Ebd., S. 80.

18 Zur Definition, auch zum relativ schwammigen Begriff der Gemeinschaft/Community siehe: Lutz, Tilman: Restorative justice – visionäre Alternative oder Version des Alten?, S. 87 u. S. 107. Verfügbar auf: http://www.ssoar.info/ssoar/handle/document/38322, abgerufen am 2.1.2018.

19 Definition von Tony Marshall, zitiert nach: Lutz, Tilman: Restorative justice – visionäre Alternative oder Version des Alten?, S. 29.

20 Lutz, Tilman: Restorative justice – visionäre Alternative oder Version des Alten?, S. 29.

chen macht sie vor allem, dass sie als Alternative zum staatlichen Strafen definiert wird und dennoch Eingang in Diskurse und Praktiken im Jetzt findet. Sie bleibt dabei notwendigerweise nicht frei von Widersprüchen. So werden gegebene Konflikte hingenommen und akzeptiert, ihre Ursachen bleiben in der Regel unbehandelt: «Die Bearbeitung grundlegender Probleme, wie etwa sozialer Ungerechtigkeit oder ander Umstände, die zu der Tat geführt haben, tritt so vollständig in den Hintergrund.»[21] Recht und Bestrafung reflektieren jedoch die sozialen Konflikte, die beispielsweise «der dominanten Produktionsweise immanent sind und von ihr generiert werden».[22] Lösbar sind diese Konflikte daher auch nur in einer anderen Grundverfasstheit der Gesellschaft. Zudem setzt RJ das Freiwilligkeitsprinzip voraus[23] und hat somit keine Antwort auf von handfesten Interessen geleitete Konflikte. RJ ist in der Regel im Strafjustizsystem integrierbar und «ein weiteres Regulationsinstrument der Kriminalitätskontrolle, das sich unter den herrschenden Bedingungen als überaus geeignet und nützlich erweist»[24]: Es lebt von der neoliberalen Involvierung und Verantwortungsübernahme aller Bürger*innen. Auch in den 1970er-Jahren konnten – daran erinnert das Beispiel RJ – entwickelte «Alternativen», die zu einer Strafrechtsreform führten, absorbiert und hegemonialisiert werden.[25] Integriert in das bestehende Rechtssystem kann RJ sogar zum Sieb werden: Diejenigen, die sich daran beteiligen, werden honoriert und übrig bleiben diejenigen, denen wirklich nicht mehr zu helfen ist und für die es daher zweifellos harte Haftstrafen braucht.

Es ließe sich also sagen, dass der utopische Gehalt von RJ gering ist. Jedoch wäre es zu kurz gegriffen, ihr Wirken lediglich in der Gegenwart eines zeitlichen Kontinuums zu suchen.[26]

---

21 Ebd., S. 139. Dies ist ebenfalls der Fall, wenn von einer durch RJ zu erreichenden «Wiederherstellung der Balance» gesprochen wird. Vgl: Pelikan, Christa: Was ist Restorative Justice?, in: Sustainable Austria, Nr. 51, abrufbar unter: https://homepage.univie.ac.at/nicole.lieger/strff/cp3el.pdf, abgerufen am 2.1.2018.

22 Zitiert nach: Lutz, Tilman: Restorative justice – visionäre Alternative oder Version des Alten?, S. 115.

23 Ebd., S. 145.

24 Ebd., S. 137.

25 Vgl. E, S. 49.

26 Utopien sind nicht zwangsläufig von der Gegenwart auf die neue Zukunft gerichtet, sondern können auch auf die Wiederherstellung ei-

So ist ihr vielleicht größter Gewinn für eine knastfreie Utopie in ihrem Beitrag zur Öffnung der Zukunft zu sehen. Sie fordert die ideologische Annahme, ohne Einsperren ginge es nicht, heraus und schafft sowohl Irritation als auch ein handfestes Argument dafür, dass es Strategien jenseits von Einsperren und Strafe gibt. Auch durch den genauen Blick auf das Geschehene statt auf Paragrafen stellt sie den punitiven Trend staatlichen Strafens in Frage. Diese Erkenntnis ist nicht nur wichtig für Zeitgenoss*innen, sondern könnte der Utopie zukünftig unter die Arme greifen, sofern das Wissen um sie festgehalten wird: In Form der Flaschenpost, die von denjenigen gefunden wird, die ihr näher sein werden und die somit auf den progressiven Gehalt und die Ideen von RJ als Ressource zurückgreifen können. Vielleicht finden sie Hinweise, die ihnen in einer anderen Gesamtsituation hilfreicher sein werden als uns?

Mit den Argumenten Theodor W. Adornos erscheint die konkrete Utopie Blochs in wesentlich blasserem Licht. Ihm nach sind die Menschen «vereidigt auf die Welt, wie sie ist». Damit weist er auf das Problem der Ideologie hin, die das Denken der Menschen in hiesigen Gesellschaften bestimmt und unmöglich macht, mit den Begriffen der Gegenwart und Vergangenheit das *ganz Andere* auszudrücken. Statt eine Reflexion auf den ersehnten Gegenstand selbst, «gehe es um eine Reflexion darüber, was dazu führt, dass eben keine Utopie ausgeführt werden kann: die gesellschaftliche Bedingtheit des Denkens».[27] Jede ausformulierte Utopie ist demnach «nur in der Sprache des bestehenden Falschen zu fassen und damit höchstens ein beschönigtes oder zumindest verzerrtes Abbild dessen».[28] Daher sei es «um der Utopie willen zu verbieten, von der Utopie ein Bild

---

nes vergangenen Zustandes (in der Zukunft) gerichtet sein. Restaurative Utopien wie der romantische Antikapitalismus mit seiner Sehnsucht nach einer vorkapitalistischen Vergangenheit wurden gelegentlich verknüpft mit libertären Ansätzen. Auch gingen libertären Utopien immer wieder «wahlverwandtschaftliche Annäherungen» bis hin zu Verschmelzungen mit dem jüdischen Messianismus ein. Siehe hierzu: Löwy, Michael: Erlösung und Utopie. Jüdischer Messianismus und libertäres Denken. Eine Wahlverwandtschaft, Berlin 1997, hier: S. 38.

27 Dietrich, Valentin: Bilderskepsis statt Bilderverbot? Bedarf die Ideologiekritik der Kritischen Theorie einer konkret-utopischen Erweiterung?, 2012, S. 9.

28 Ebd.

zu machen».[29] Wie bereits erwähnt, handelt es sich bei dem Gefängnis nicht nur um ein umstrittenes Feld, sondern auch um ein Phänomen, das – aufgrund von Ideologie und Verblendungszusammenhang – als Natur erscheint. Eine Gesellschaft ohne Knäste kann nicht nur nicht erschaffen, sondern – und das mag des Ersteren Grundlage sein – nicht einmal adäquat erdacht werden. Es ließe sich also schlussfolgern, dass Knastkritik den Verweis auf die Utopie der Vermittlung wegen braucht; dass also das ganz Andere, innerhalb dessen wir ohne den Knast leben werden, möglich ist. Eine genaue Ausformulierung des Lebens in der knastfreien Gesellschaft, also auch des Umgangs mit Devianz und ungewünschtem Verhalten, ist diesem Ansatz zufolge sogar notwendig falsch. Folglich mache sich unglaubwürdig, wer sich in Diskussionen dazu hinreißen lässt, konkrete Verheißungen eines besseren Umgangs mit gesellschaftlichen Konflikten zu machen, wie es bei der RJ der Fall ist.

Die Haltungen Blochs und Adornos zur Utopie sind verschiedentlich erweitert und ergänzt worden.

Valentin Dietrich schlägt ausgehend von den Annahmen Blochs vor, statt eines pauschalen Bilderverbots «spezifische Anforderungen an formulierte utopische Entwürfe»[30] zu stellen. Durch diese ließe sich unterscheiden, ob sie progressiv oder reaktionär seien.[31] Bezogen auf die Utopie einer Gesellschaft ohne Knäste könnte dies bedeuten, Richtlinien zu formulieren, nach denen mit Konflikten und gewaltförmigem Verhalten umgegangen werden soll. Wäre beispielsweise größtmögliche Angstfreiheit darin enthalten, müsste man sich zwangsläufig auch gegen Szenarien wenden, die mitunter noch schlimmer als die bestehende Gewalt bürgerlichen Rechts sein könnten: Racketbildung und Lynchjustiz. Die Möglichkeit der negativen Auflösung, dem Verschwinden von Gefängnissen zugunsten des Rechts des Stärkeren, muss gerade in Zeiten der Regression immer auch mitgedacht werden. Emanzipatorisch und progressiv wird die Vorstellung einer knastfreien Gesellschaft wohl auch nur dann,

29 Zitiert nach: Neupert-Doppler, Alexander: Utopie. Vom Roman zur Denkfigur, Stuttgart 2015, S. 89.

30 Dietrich, Valentin: Bilderskepsis statt Bilderverbot? Bedarf die Ideologiekritik der Kritischen Theorie einer konkret-utopischen Erweiterung?, 2012, S. 21.

31 Ebd.

wenn sie eine kritische Reflexion gesellschaftlich immanenter Gewalt[32] beinhaltet.

Eine Anforderung an Utopie könnte ebenso sein, sich nicht integrieren zu lassen, wie es bei der RJ teils der Fall ist. Ansonsten wird sie von einer visionären Alternative zu einer «Version des Alten»[33] und müsste damit das Etikett «utopisch» aberkannt bekommen.

Der Rätekommunist Otto Rühle schrieb bereits 1935 in seinem Buch «Mut zur Utopie», diese wirke «als Zaubertrank der Ermutigung. [...] Ihr Wert liegt nicht in ihrer Richtigkeit. Er liegt in ihrer psychologischen Wirkung auf die Genossen seiner Zeit.»[34] Es besteht demnach also eine gewisse Offenheit dem Fernziel gegenüber, vielmehr hat allein die – unter gewissermaßen schwierigen Voraussetzungen entworfene – Vorstellung des Anderen eine mobilisierende Wirkung auf ihre Anhänger*innen. Verknüpft mit Adornos Skepsis könnte so eine gewisse Gelassenheit gegenüber dem Fernziel und falschen Nahzielen entstehen.

Aus dem «Zaubertrank der Ermutigung» ist heute jedoch weitgehend eine dünne Suppe geworden. Auch die Hoffnung, gerade die «Katastrophen des 20. Jahrhunderts» ließen die Zuflucht in der Utopie suchen, bewahrheitet sich kaum. Stattdessen scheint es, als suche ein Großteil der Menschheit ihr Heil in der sturen Befürwortung ihres eigenen Elends und der Exklusion «anderer». Eher als ein Zaubertrank ist die offene Artikulation der Forderung nach Abschaffung von Gefängnissen eine ungeheure Provokation, die Irritationen hervorruft.[35] Sie ist dadurch geeignet, Diskussionen über die Grundverfasstheit der Gesellschaft anzuregen (Wer ist warum im Gefängnis?). Die produktive Schärfe dieser Forderung sollte erhalten und nicht zugunsten als «realistisch» geltender Minimalansprüche ersetzt werden.

---

32 Die immanente Gewalt bürgerlichen Rechts und des Kapitalismus, aber auch Formen des Sexismus, Rassismus und Antisemitismus usw.

33 Lutz, Tilman: Restorative justice – visionäre Alternative oder Version des Alten?, S. 87 u. S. 107. Verfügbar auf: http://www.ssoar.info/ssoar/handle/document/38322 abgerufen am 2.1.2018.

34 Zitiert nach: Neupert-Doppler, Alexander: Utopie. Vom Roman zur Denkfigur, Stuttgart 2015, S. 94.

35 Vgl. projekt baul_cken: Abrisse. Innen- und Außenansichten einsperrender Institutionen, Münster 2011, S. 17.

Leitbild und Abbild

Die eingangs beschriebene Forderung nach konkreten Alternativen ist mehrfach falsch gestellt: in der Annahme, es gäbe etwas, und in der Adressat*in, an die sie sich richtet. Diejenigen, die kritisieren, stehen nicht unter Druck, andere Entwürfe zu fokussieren, sondern es wird Aufgabe aller sein, einen anderen Umgang mit dem, was wir heute «Devianz» nennen, zu erproben. Zunächst geht es schlichtweg darum, ein Problem zu definieren und greifbar zu machen, darüber auch die Konstruktionen des Strafdiskurses zu erkennen.

Der Verweis, dass das genaue Auspinseln nicht möglich ist, ist nicht nebensächlich. Trotzdem sollte man sich der Diskussion konkreter Modelle von Alternativen zum Strafen nicht verschließen, denn man wird zwangsläufig über diejenigen Dinge stolpern, die mit ihnen nur symptomatisch zu behandeln sind. Es ist das Landauer´sche[36] «Beginnen», das die Qualität von Ansätzen wie der RJ ausmacht. Landauer stellte sie in seiner Utopie der Praxis dem «sozialistischen Abwarten» gegenüber.[37] Auch der viel zitierte Michel Foucault bezog sein Wissen vor allem aus praktischen Auseinandersetzungen mit einsperrenden Institutionen. Die Theorie erfüllt dabei die Aufgabe, die Realität und mit ihr die Praxis zu beschreiben. Die Praxis erfolgt gezwungenermaßen und immer auf dem Feld, das wir vorfinden: dem der Realpolitik. Es ist «das einzige Feld, auf dem Praxis überhaupt möglich ist. Wer sich der Realpolitik entzieht, ist praxisabstinent».[38] Die Theorie ist auf sie angewiesen, gleichzeitig muss sie negativ sein, «wenn sie sich nicht am schlechten Ganzen und an dessen Aufrechterhaltung durch Reformierung mitschuldig machen möchte».[39] Im Verlust der Negativität liegt eine Gefahr, die sich aus dem starken Fokus auf konkrete Ansätze speisen. Gleichzeitig ist das Mitwirken aller, das Ausprobieren, Scheitern und Neubeginnen ein Prozess, dessen sinnvoller Anfangspunkt schwer bestimmt werden kann.

---

36 Gustav Landauer war ein 1870 in Karlsruhe geborener Anarchist.

37 Vgl. Neupert-Doppler, Alexander: Utopie. Vom Roman zur Denkfigur, Stuttgart 2015, S. 57.

38 Hawel, Marcus: Negative Kritik und bestimmte Negation. Zur praktischen Seite der kritischen Theorie, in: UTOPIE kreativ, H. 184 (Februar 2006), S. 101–110 hier: S. 101.

39 Ebd., S. 104.

So sehr Fernziele heute unerreichbar scheinen, ist es doch keineswegs egal, wie sich konkrete Kämpfe um Nahziele entwickeln und entfalten. So hat die Gefangenengewerkschaft (GG/BO)[40] mit ihren sehr konkreten Forderungen für einen erstaunlich hohen Organisierungsgrad unter Gefangenen gesorgt. Ob beispielsweise Kämpfe um den Mindestlohn im Knast erfolgreich ausgetragen werden oder nicht, hat keine unmittelbaren Auswirkungen auf die Fernziele einer Gesellschaft ohne Knäste. Für die Gefangenen haben die Entwicklungen und ihr Wirken darauf jedoch häufig eine immense Bedeutung jenseits radikaler Rhetorik. Ähnlich verhält es sich mit Alternativen zur Strafe: Sie haben, wo sie angewandt werden können, erhebliche praktische Konsequenzen, auch wenn sie in einem mitunter schwierigen Verhältnis zu den Fernzielen stehen. Es bei solchen zu belassen, ist jedoch zynisch auch gegenüber denjenigen, die tagtäglich der Situation der Einsperrung ausgesetzt sind.

Längst ist die Ideologie des Strafens nicht mehr die Idealisierung des Bestehenden. Wer glaubt schon wirklich an die positiven Wirkungen des Gefängnisses und wer an den entstehenden Schutz? Es handelt sich vielmehr um den «glaubenlosen Glauben» an das Bestehende, «bloß weil es besteht».[41] Das Gefängnis selbst ist das stärkste Argument für das Gefängnis. Hier hilft nur radikale Negation, heißt: Die Formulierung des Anspruchs, Gefängnisse zum Teil einer zu verstaubten Vergangenheit werden zu lassen. Gleichzeitig kann vielleicht, wird das Bestehende erweitert, ein Grundstein dafür gelegt werden, dass ein wenig mehr denkbar wird. Das ist der kleine Dienst, den die RJ auf diskursiver Ebene für die Utopie leisten, womit sie sie stärken kann.

Die Angst vor der Ungewissheit des noch nicht Seienden könnte vielleicht ersetzt werden durch das Spiel mit der Utopie. Wenn wir es nicht denken können, nun gut, dann bewegen wir uns zumindest stetig in eine Richtung, in der es möglicher sein wird. Gleichzeitig formulieren wir Ansprüche an die Utopie, die konkretisieren und damit polarisieren. Beispiele wie die RJ können dazu beitragen, die Diskussion mit Inhalten zu füllen. Eine Umsetzung der Utopie ganz ohne Experimentieren sollte man sich und anderen kaum zutrauen.

---

40 https://ggbo.de/, abgerufen am 3.1.2018.

41 Neupert-Doppler, Alexander: Utopie. Vom Roman zur Denkfigur, Stuttgart 2015, S. 108.

Kommt man zu dem Schluss, dass es so keinesfalls weitergeht (Destruktivität der Gefängnisse und anderer einsperrender Institutionen, fehlender Effekt etc.), werden sich Alternativen entwickeln. Wie die aussehen, werden alle in der Hand haben. Wir werden, so die Hoffnung, gedacht haben, man könne ohne das Gefängnis nicht auskommen. Beginnen lässt sich mit der provokativen Forderung nach der Abschaffung von Gefängnissen. Diese kann – ob freiwillig oder nicht – von der Erfahrung der RJ gestützt werden, durch die Öffnung der Zukunft.

Abolitionistische Demokratie: Intersektionale Konzepte und Praktiken der Strafkritik

Von Jeanette Ehrmann & Vanessa Eileen Thompson

Im politischen Gedächtnis einer mehrheitlich weiß positionierten Linken wird der Abolitionismus als eine Bewegung zur Abschaffung des Gefängnisses verstanden, die in der Folge von 1968 insbesondere in Deutschland, Italien und Frankreich wirksam wurde. Unter dem Vorwand, den Linksterrorismus der RAF und der Roten Brigaden zu verfolgen, wurden in den 1970er- und 1980er-Jahren zahlreiche linke Aktivist*innen[1] und Intellektuelle als politische Gefangene inhaftiert. Die Einführung des Anti-Terror-Paragraphen 129a in das Strafgesetzbuch der BRD im Jahr 1976 und dessen Verschärfung unter Helmut Kohl zehn Jahre später ermöglichten die Kriminalisierung politischen Widerstands per se und ahndeten verschiedene Formen zivilen Ungehorsams mit Freiheitsstrafen von bis zu zehn Jahren. In dieser Situation wurde die Forderung nach einer Freilassung politischer Gefangener bis hin zur Idee ihrer gewaltsamen Befreiung zu einem wichtigen Bestandteil des politischen Aktivismus linker Bewegungen.

Zentraler Anknüpfungspunkt für eine politische wie theoretische Kritik des Gefängnisses ist jedoch bis heute der französische Philosoph Michel Foucault. Sein 1975 erschienenes Werk *Überwachen und Strafen. Die Geburt des Gefängnisses* geht anhand der Geschichte der Strafsysteme in Frankreich der Frage nach, wie es zur Entstehung des Gefängnisses als zentraler Strafinstitution der Moderne kam. Die Transformation der konkreten Bestrafungspraktiken seit dem 18. Jahrhundert wird von Foucault in eine komplexe «Geschichte der Gegenwart» (Foucault 1977: 43) überführt, die sich in einem umfassenden Sinn

1 Wir verwenden im Text den Asterisk, um auch diejenigen sozialen Geschlechter und Geschlechtsidentitäten abzubilden, die sich jenseits der binär-geschlechtlichen hetero-sexistischen Norm verorten und im Kontext historischer Selbstbezeichnungen ab den 1960er-Jahren stehen.

als eine Genealogie der modernen Disziplinierungsgesellschaft innerhalb wie außerhalb des Gefängnisses versteht. Foucault ordnete seine theoretische Auseinandersetzung mit dem Gefängnis aber auch in den politischen Kontext seiner Zeit ein: 1971 gründete er gemeinsam mit Gilles Deleuze, Daniel Defert und anderen Intellektuellen und Aktivist*innen die G.I.P. *(Groupe d'information sur les prisons)*, um «dem universitären Geschwätz und dem Büchergekritzel» eine «effektive Arbeit» an die Seite zu stellen und eine «konkrete politische Aktion zugunsten der Gefangenen» zu lancieren (zitiert in Kammler et al. 2014: 142). Unter dem Eindruck katastrophaler Zustände in französischen Justizvollzugsanstalten, der Verweigerung einer politischen Stimme für Inhaftierte und der massenhaften Repression und strafrechtlichen Verfolgung linker Aktivist*innen nach 1968 setzte sich die G.I.P. für eine Verbesserung der Haftbedingungen von Gefangenen ein und leistete öffentliche Aufklärungsarbeit über das Gefängnissystem, indem Berichte von Gefangenen veröffentlicht und Informationstreffen sowie Demonstrationen außerhalb des Gefängnisses organisiert wurden (ebd.: 141). Über bloße Gefängnisreformen im Sinne eines menschenwürdigen Strafvollzugs hinaus stellte die G.I.P. dabei ganz grundsätzlich das Gefängnis als gesellschaftliche und politische Institution in Frage: «Wir wollen kein ideales Gefängnis vorschlagen. Ich denke, das Gefängnis ist per definitionem ein Instrument der Unterdrückung», so brachte Foucault die zentrale Forderung der G.I.P. auf den Punkt (Foucault 1971: 1072; Übersetzung aus dem Französischen JE).

Mit diesem radikalen Ansatz der Abschaffung des Gefängnisses trug die G.I.P. aktiv zu einer Serie von Gefängnisaufständen bei, in deren Verlauf es in 35 französischen Justizvollzugsanstalten zu Revolten durch die Gefangenen selbst kam (vgl. Kammler et al. 2014: 141). In diesem Zusammenhang ist auch Foucaults Einschätzung der RAF im Jahr 1977 aufschlussreich, deren Mitglieder Baader, Ensslin und Raspe im selben Jahr zu lebenslangen Freiheitsstrafen verurteilt worden waren. Foucault war der Auffassung, dass der RAF «jedes avantgardistische Moment» fehle (Felsch 2015: 139). Indem die RAF missverstehe, dass der moderne Staat Macht nicht durch bloße Gewalt, sondern durch subtilere und dadurch effektivere Herrschaftsmethoden ausübe, laufe ihr Ansatz des bewaffneten Widerstands und der Gegengewalt ins Leere (vgl. ebd.). In diesem Sinne verlässt auch Foucaults Gefängniskritik das klassische linke Paradigma: Foucault setzt sich nicht primär für die Freilassung politischer Gefangener ein. Er plädiert für die Abschaffung des Gefängnisses selbst als zentraler moderner Institution der Verwahrung, Überwachung und Disziplinierung, kurz: des Ausschlusses von Menschen durch ihre Einschließung. Mit dieser theoretischen wie praktischen Politisierung des Gefängnisses gehört Foucault zweifelsohne zu einem der wichtigsten Wegbereiter einer radikalen Gefängniskritik.

Doch sind die Quellen dieser Kritik tatsächlich nur im Mitteleuropa des 20. Jahrhunderts verortet? Während sich linke Theorie und Praxis in mehrheitlich weiß positionierten politischen Zusammenhängen hauptsächlich auf Foucault als Inspirationsquelle für die Abschaffung des Gefängnisses beruft, sind die theoretischen Konzepte und die widerständigen Praktiken des Abolitionismus sowohl geographisch als auch politisch und historisch viel weiter verzweigt. Im Folgenden werden wir den engen Fokus einer eurozentrischen Gefängniskritik aufbrechen, um den Blick auf eine Geschichte des Abolitionismus freizulegen, die ein komplexeres Verständnis nicht nur des Gefängnisses als zentraler Institution der physischen Einsperrung, sondern der vielfältigen Formen des Strafens ermöglicht – und zwar in ihrer konstitutiven Verwobenheit mit kapitalistischen, (kolonial-) rassistischen, sexistischen und heteronormativen Formen der Unterdrückung und Ausbeutung. Diese *andere* Genealogie des Abolitionismus reicht zum einen historisch weiter zurück als die klassisch linke Genealogie der Gefängniskritik: Sie ist maßgeblich durch die Geschichte des europäischen Kolonialismus und Rassismus, aber auch durch die widerständigen Praktiken gegen koloniale und bis heute fortdauernde rassistische Strafsysteme geprägt. In konkreten gegenhegemonialen Zusammenhängen wurden und werden Fragen von Sicherheit und Gerechtigkeit ohne die Anrufung staatlicher Institutionen und damit struktureller Gewalt verhandelt, was immer auch mit der praktischen Erprobung alternativer Formen des Zusammenlebens verbunden war und ist. Zum anderen stellt die von uns zentrierte Genealogie des Abolitionismus nicht nur eine alternative Tradition der Gefängniskritik dar: Gerade die Perspektive eines Schwarzen und intersektionalen Feminismus zeigt die unhintergehbare Verwobenheit von modernen Strafpraktiken mit der Kolonialität der Macht auf, die bis heute in vielfältiger Art und Weise fortwirkt. Eine Gefängnis- und Strafkritik, die diese Dimension der Macht und Herrschaft nicht mitdenkt, muss notwendigerweise unvollständig bleiben. Damit erweist sich die intersektionale, postkoloniale und rassismuskritische Theorie und Praxis des Abolitionismus, die wir im Folgenden zentrieren, als ein wichtiger Perspektivwechsel für gegenwärtige politische Bewegungen der Gefängnis- und Strafkritik. Sie stellt nicht nur ein vielschichtigeres Instrumentarium der Gesellschaftskritik bereit, sondern enthält mit dem Konzept der abolitionistischen Demokratie darüber hinaus ein emanzipatorisches Gesellschaftsmodell der Zukunft, das weit über eine klassische Gefängniskritik hinausweist. Im Folgenden werden wir erstens diese über die Kontinente verwobene Geschichte des Abolitionismus skizzieren, zweitens die theoretischen und politischen Grundlagen Schwarzer feministischer Kritik herausarbeiten und abschließend intersektionale Konzepte und Praktiken des Abolitionismus vorstellen.

Eine verwobene Geschichte des Abolitionismus

Die Geschichte des Abolitionismus reicht historisch weit zurück. Diese Geschichte zu erzählen, erfordert gleichzeitig eine Auseinandersetzung mit den verschiedenen Repräsentationen des Abolitionismus als emanzipatorischer Bewegung. In der dominanten Erzählung wird der Abolitionismus als die historisch erste transnationale soziale Bewegung dargestellt, deren Ziel die Abschaffung der Versklavung aus Afrika deportierter Menschen in den Kolonien der Amerikas bzw. des transatlantischen Versklavungshandels war (so etwa Brown 2006). Unter Rückgriff auf herausragende Einzelpersonen und geschichtsträchtige Ereignisse wird der Abolitionismus als ein moralischer Fortschritt der Menschheit dargestellt, der insbesondere von weißen Männern vorangetrieben wurde. Neben Abraham Lincoln in den USA und William Wilberforce in England gilt auch Victor Schœlcher als ein prominenter Protagonist des Abolitionismus, der als Abgeordneter der Nationalversammlung 1848 die juridische Abschaffung der Versklavung in den französischen Kolonien durchsetzte. Daneben kam es gerade in England zu einer Verknüpfung der Frauen- und der Abolitionismusbewegung, da weiße Frauen sich für einen Boykott von Produkten aus versklavter Arbeit und für die Abschaffung der Versklavung in den Kolonien einsetzten (vgl. Midgley 2007).

Diese Darstellung ist aber schon deshalb problematisch, weil dieser Abolitionismus mit humanistischen und moralischen Ideen einer gleichen Menschenwürde argumentierte, während er gleichzeitig die von Versklavung betroffenen Menschen zu passiven Opfern degradierte und ihre widerständigen Stimmen und Praktiken unsichtbar machte (vgl. Wood 2010). Darüber hinaus haben Schwarze feministische Theoretikerinnen wie bell hooks (1982: 124ff.) und Angela Davis (1984: 30ff.) ausgearbeitet, dass der Abolitionismus – auch und gerade in seiner feministischen Spielart – der Idee weißer Vorherrschaft verhaftet blieb und damit Kolonialismus und Rassismus sowie kolonialrassistische und kapitalistische Ausbeutung nicht per se in Frage stellt. Diese Kritik trifft auch auf die wohl bekanntesten Protagonistinnen des frühen Abolitionismus und Ikonen eines weißen Feminismus zu, Mary Wollstonecraft und Olympe de Gouges (vgl. Wollstonecraft 1999; Gouges 2007). Indem sie die Unterdrückung weißer Frauen in der patriarchalen (Kolonial-)Gesellschaft mit der Versklavung Schwarzer Menschen in den Kolonien gleichsetzen, machen sie einerseits die zugleich rassistische und sexistische Unterdrückung und Ausbeutung Schwarzer Frauen, andererseits ihre eigene Privilegierung aufgrund ihrer weißen Positionierung und die damit verbundene Komplizenschaft in koloniale und rassistische Gewaltverhältnisse unsichtbar.

Statt einer grundsätzlichen Kritik der Verschränkungen von Kolonialismus, Rassismus, Sexismus und Kapitalismus war das Ziel vieler abolitionistischer Aktivist*innen die Überführung der Versklavung in «freie» und zugleich ungleiche Lohnarbeitsverhältnisse, was sich paradigmatisch in den französischen Kolonien Martinique und Guadeloupe nach 1848 realisierte. In diesem Zusammenhang ist die «Schœlcher-Episode» aus der Kindheit Frantz Fanons bedeutsam. Der aus Martinique stammende Philosoph, Arzt und antikoloniale Befreiungskämpfer war als zehnjähriger Schüler vor eine Statue Victor Schœlchers in Fort-de-France geführt worden, «um den Helden zu ehren, der ‹die Sklaven von ihren Ketten befreit› hat» (Cherki 2002: 30). Verwirrt darüber, dass Schœlcher als Held geehrt wird, während die Männer und Frauen, die der Versklavung unterworfen worden waren, im kollektiven Gedächtnis der Französischen Republik nicht existent sind, so schildert es der erwachsene Fanon im Rückblick, «habe ich zum ersten Mal begriffen, daß mir eine

Geschichte erzählt wurde, die aufgrund einer Verleugnung geschrieben worden ist, daß man mir einen verfälschten Lauf der Dinge erzählt hat» (Cherki 2002: ebd.).

Ein eindrückliches Beispiel für diese «Falschdarstellung» ist das Verschweigen der Haitianischen Revolution in einem hegemonialen Narrativ des Abolitionismus (vgl. Trouillot 2002). In der französischen Kolonie Saint-Domingue, der auf versklavter und rassifizierter Arbeit beruhenden, damals profitabelsten Plantagenökonomie der Welt, erkämpften die ehemals versklavten Menschen im Jahr 1793 – und damit ein Jahr vor der Abschaffung der Versklavung in der Französischen Revolution – gegen den Widerstand der europäischen Kolonialmächte und der USA die historisch erste Abolition (vgl. Cooper 2006). Sie schufen mit der Republik Haiti aber auch einen Erprobungsraum für dekoloniale und derassifizierte Vorstellungen und Praktiken der Freiheit und Gleichheit jenseits einer kapitalistischen Ausbeutungslogik (vgl. Casimir 2009). Damit leiteten sie «eine Wende in der modernen Geschichte der menschlichen Emanzipation» ein, so der Philosoph Achille Mbembe (Mbembe 2014: 38). Dies zeigt sich besonders deutlich im Kontrast zur Amerikanischen Revolution, die die USA als eine rassistische Versklavungsdemokratie begründete, und der damit verbundenen hegemonialen Geschichte des Abolitionismus, die sich in mehrfacher Hinsicht bis heute als problematisch erweist. Der nationale Erinnerungsmythos an die Abschaffung der Versklavung Schwarzer Menschen zentriert erstens den US-amerikanischen Bürgerkrieg als den entscheidenden Kampf um die Abschaffung der Versklavung und marginalisiert damit die lange Geschichte des Widerstands versklavter Menschen selbst, die sich sowohl in Revolten als auch in alltäglichen und versteckten Subversionen materialisierte (vgl. James 1995). Die hegemoniale Abolitionismuserzählung beschränkt sich zweitens auf die rein juridische Abschaffung der Versklavung in den Kolonial- und Siedlergesellschaften und macht damit die bis in die Gegenwart nachwirkenden Folgen der rassistischen Versklavung auch nach ihrer formalen Abschaffung unsichtbar. Damit werden auch die rassistischen Kontinuitäten gegenwärtiger liberaler Demokratien verdeckt. Indem sie die humanistischen und moralischen Motive paternalistisch agierender weißer Menschen privilegiert, macht sie außerdem die widerständigen Konzepte und Praktiken versklavter Menschen unsichtbar, die viel weitreichendere und radikalere Entwürfe einer Gesellschaft jenseits der Versklavung enthalten.

Dies zeigt sich bereits in der *Reconstruction*, der Zeit des Aufbaus und der Konsolidierung demokratischer Institutionen nach der Abschaffung der Versklavung durch den 13. Zusatzartikel der US-amerikanischen Verfassung. Der Schwarze Theoretiker W. E. B. Du Bois erfasste mit dem Konzept der «abolition democracy» die grundlegende Einsicht, dass die Freiheits- und Gleichheitsversprechen einer demokratischen Gesellschaft nur dann eingelöst werden können, wenn die Abschaffung der rassistischen Institution der Versklavung mit dem Aufbau neuer Institutionen zur Herstellung sozialer Gleichheit und substantieller Formen der Freiheit jenseits eines bloß formalen Anspruchs auf gleiche Rechte und Freiheiten einhergeht (vgl. Du Bois 1998). Dieses Modell einer abolitionistischen Demokratie wird gegenwärtig von der Schwarzen feministischen Philosophin und Abolitionistin Angela Davis weiterentwickelt. Neben der Abschaffung der Versklavung und der radikalen Umgestaltung von Arbeits- und Reproduktionsverhältnissen identifiziert sie auch die Abschaffung des Gefängnisses und des Strafrechts als Vorbedingung einer demokratischen Gesellschaft, die nicht mehr durch die Wirkweisen institutioneller Gewalt strukturiert ist (vgl. Davis 2005). So zeigt gerade die Existenz des «Prison Industrial Complex» in den USA, dass die Kriminalisierung und überproportional hohe und massenhafte Wegsperrung und Ausbeutung Schwarzer Menschen in den Gefängnissen eine Folge der nicht verwirklichten Abschaffung der Versklavung bzw. deren strukturelle Fortführung und damit ein Produkt des tiefsitzenden Rassismus in den USA ist (vgl. Alexander 2010).

Aus dem hegemonialen Narrativ des Abolitionismus werden aber nicht nur die Widerstände von Schwarzen Menschen und People of Color ausgeklammert, sondern auch feministische Praktiken des Abolitionismus. In einer Geschichte des Feminismus zählt zum Abolitionismus dagegen auch eine maßgeblich von Frauen vorangetriebene Bewegung, die in Anknüpfung an die Abschaffung der Versklavung in den USA eine Abschaffung der Sexarbeit fordert. Die britische Feministin Josephine Butler gründete 1875 die Internationale Abolitionistische Föderation, um gegen die staatliche Kriminalisierung von Frauen in der Sexarbeit durch medizinische Zwangsuntersuchungen und strafrechtliche Repressionen einzutreten. Gleichzeitig sollte Sexarbeit, die Butler als rechtliche und sexuelle «Sklaverei» von weißen Frauen in einer patriarchalen Gesellschaft verstand, grundsätzlich abgeschafft werden (vgl. Prostitution und Abolitionismus, in: Marx21, https://www.marx21.de/prostitution-und-abolitionismus). Während diese Position durch die Gleichsetzung verschiedener Unterdrückungsformen im Begriff der «Sklaverei» weder den Unterschied noch die intersektionale Verschränkung von rassistischer und sexistischer Diskriminierung und Ausbeutung in – auch transnationalen – kapitalistischen Arbeits- und Produktionsverhältnissen berücksichtigt, identifizierten andere Abolitionistinnen als eigentliches Problem der Sexarbeit die profitorientierte Ausbeutung von Frauen durch Männer. So lehnte etwa die konservative Frauenrechtlerin Anna Pappritz, die 1899 in Berlin den ersten abolitionistischen Verein Deutschlands gründete, die Ausbeutung von Frauen durch Zuhälter in Bordellen ab und trat für eine selbstbestimmte, von polizeilicher Verfolgung befreite Form der Sexarbeit in von Frauen selbstverwalteten Räumen ein. Abolitionismus verstand sie insofern nicht als Abschaffung der Sexarbeit, sondern als die Abschaffung von deren staatlicher Reglementierung und strafrechtlicher Verfolgung (vgl. Wolff 2017).

Gegenwärtig stehen sich diese beiden Positionen – die Abschaffung der Sexarbeit auf der einen, die Abschaffung der Repressionen gegen Sexarbeiter*innen auf der anderen Seite – teils unversöhnlich gegenüber. Während in Deutschland etwa das Netzwerk «Abolition2014» auf eine «Welt ohne Prostitution» hinarbeitet und die feministische Initiative *Störenfriedas* Sexarbeit grundsätzlich mit sexualisierter Gewalt gleichsetzt (vgl. Sigel et al. 2018), setzen sich Sexarbeiter*innen-Bewegungen wie *Doña Carmen* aus Frankfurt am Main für die Ausweitung von sozialen Rechten und des Rechts auf Selbstbestimmung von Sexarbeiter*innen ein und weisen auf die problematischen Kurzschlüsse der abolitionistischen Position hin: Diese viktimisiere Sexarbeiter*innen grundsätzlich als Opfer von Menschenhandel, Gewalt oder Armut, koppele Sexarbeit von einer umfassenden Kritik kapitalistischer Lohnarbeit ab und setze auf den repressiven Staat und die Polizei als Medium der Emanzipation (vgl. Schaffauser 2014). Die viktimisierenden und repressiven Konnotationen im neuen, 2017 in der BRD in Kraft getretetenen «Prostituiertenschutzgesetz» verdeutlichen dies: Unter dem Vorwand, Sexarbeiter*innen unter anderem durch eine Anmelde- und Ausweispflicht, eine Kondompflicht und gesundheitliche Zwangskontrollen besser zu schützen, hat das Gesetz den Effekt, dass insbesondere migrantische und illegalisierte Sexarbeiter*innen weiter prekarisiert und kriminalisiert werden. Der abolitionistische Feminismus kann damit in Teilen der problematischen Entwicklung eines «carceral feminism», zugerechnet werden, eines Strafrechtsfeminismus, der zur Lösung gesellschaftspolitischer Probleme, die vor allem Frauen betreffen, primär ein strafrechtliches Vorgehen des Staates favorisiert und dabei auch auf die Polizei und das Gefängnis als staatliche Zwangsapparate zurückgreift (vgl. Jackson 2016). Eine andere feministische Strömung des Abolitionismus, die demgegenüber eine Kritik des Gefängnis- und Strafrechtssystems mit einer intersektionalen Kritik rassistischer, sexistischer, kapitalistischer und ableistischer Ungleichheitsverhältnisse verbindet, stellt der Schwarze Feminismus dar.

Schwarzer Feminismus und intersektionale Kritik

Die fortwirkende und oft unsichtbar gemachte Ausbeutung, Exklusion und Gewalt gegen Schwarze Frauen bildet einen der wichtigsten Ausgangs- und Bezugspunkte Schwarzer feministischer Theoriebildung und Praxis. Diese zielt darauf ab, die Verschränkung gesellschaftlicher Herrschafts-, Ausbeutungs- und Unterdrückungsverhältnisse vor dem Hintergrund der Versklavung und des Kolonialismus in ihren verschiedenen Artikulationen und entlang ihrer Kontinuitäten zu kritisieren. Schwarzer Feminismus betont, dass institutionelle Gewalt, Arbeitsteilung und Reproduktion, Rechtsverhältnisse sowie Strafpraktiken entlang der verschränkten Ausbeutungs- und Unterdrückungsverhältnisse verstanden werden müssen, da sie sonst zur weiteren Unterdrückung rassifizierter und subalterner Frauen* im globalen Norden und Süden beitragen können.

Ein grundlegender historischer Beitrag des Schwarzen Feminismus zum Abolitionismus ist die Intervention Sojourner Truths auf der *Women's Convention* in Akron, Ohio im Jahre 1851. In ihrer berühmten Rede mit dem Titel «Ain't I a Woman?» formulierte Truth eine Kritik an einem weißen Feminismus, der die Kategorie «Frau» universal für sich beanspruchte, dabei aber Schwarze Frauen ausschloss und zudem in eine uneingestandene Komplizenschaft mit dem Versklavungsregime und seinen Bestrafungsformen eingebunden war:

«Der Mann da drüben sagt, man muss Frauen beim Einsteigen in die Kutsche die Hand reichen und sie über Gräben heben und ihnen immer den besten Platz geben. Mir hilft nie jemand beim Einsteigen oder über Schlammpfützen und mir gibt man nie den besten Platz. Und bin ich etwa keine Frau? Schaut mich an! Schaut meine Arme an! Ich habe gepflügt und gepflanzt und die Ernte eingebracht und kein Mann konnte mir was vormachen! Und bin ich etwa keine Frau? Ich habe soviel arbeiten und soviel essen können wie ein Mann – wenn ich es kriegen konnte – und auch die Peitsche aushalten! Und bin ich etwa keine Frau? Ich habe 13 Kinder geboren und musste mit ansehen, wie fast alle als Sklaven verkauft wurden, und wenn ich in meinem Mutterschmerz aufgeschrien habe, hat mich niemand gehört, nur Jesus! Und bin ich etwa keine Frau?» (Truth 1851: 99)

Damit verdeutlichte Truth die vergeschlechtlichten Formen der kapitalistischen und rassistischen Ausbeutung in den Plantagenökonomien, die Schwarze Frauen durch die «equality of exploitation» (Davis 1971) in besonderer Weise verletzlich machte.[2] Zugleich kritisierte Truth die Schwarze abolitionistische Bewegung für ihren Androzentrismus, der die Verflechtungen des rassistischen Versklavungsregimes mit patriarchalen Strukturen (Davis 1972, Spillers 1987) und damit auch die spezifische patriarchale Unterdrückung, der Schwarze versklavte Frauen ausgesetzt waren, ignorierte.

2 Angela Davis beschreibt in ihrem bekannten Text «Reflecting on the Black Women's Role in the Community of Slaves» (1971) wie Schwarze Frauen vom Mythos der hegemonialen, auf binärer Zweigeschlechtlichkeit beruhenden Konstruktion von Weiblichkeit ausgeschlossen wurden, damit der größtmögliche Mehrwert ihrer unbezahlten Versklavungsarbeit extrahiert werden konnte. Schwarzen Frauen wurde auf den Plantagen Weiblichkeit aberkannt, sie mussten genauso hart arbeiten wie Schwarze Männer bzw. sogar körperlich anspruchsvollere Arbeit ausüben. Gleichzeitig wurden sie systematisch Opfer von sexualisierter Gewalt, die konstitutiv für Versklavungsregime und die Re-/Produktion von «versklavter Arbeitskraft» waren (Davis 1971, 1984; Vergès 2017). Schwarze Frauen wurden so je nach ökonomischem Nutzen gegendert oder entgendert, wie die Schwarze US-amerikanische Feministin Hortense Spillers dies genannt hat (Spillers 1987).

«Es gibt viel Aufregung darum, dass die [Männer of Color] ihre Rechte bekommen sollen, aber niemand verliert ein Wort über die [Frauen of Color]. Und wenn die [Männer of Color] ihre Rechte bekommen, und die [Frauen of Color] nicht, dann werdet ihr sehen, dass die [Männer of Color] Herren über die Frauen sein werden, und es wird genauso schlecht sein wie zuvor. Deshalb bin ich dafür, das Eisen zu schmieden, solange es heiß ist; denn wenn wir warten, bis das Feuer aus ist, dann wird es lange dauern, es wieder anzufachen.»[3] (Truth 1867: 100)

In diesem Sinne haben versklavte Frauen jedoch auch stets Widerstand geleistet. Sie spielten eine grundlegende Rolle in den großen und kleinen Kämpfen gegen die Versklavung, auch wenn diese in den dominanten und gegenhegemonialen Narrativen nicht vorkommen (Camp 2005, Hartman 1997). Subversive Praktiken und kleinere Sabotagen, wie das strategische Verlangsamen der versklavten Arbeit auf dem Feld oder im Haus der Sklavenhalter*innen, vom Spucken in die Suppe bis hin zu Vergiftungstechniken, aber auch die Planung und Koordination von größeren Aufständen auf den Plantagen und die Flucht in die Freiheit wurden im Alltag Schwarzer Frauen praktiziert und weiterentwickelt. Schwarze Frauen kämpften innerhalb der vergeschlechtlichten Versklavungsregime auf allen Ebenen um ihr Überleben, ihre Selbstbestimmung und ihre Rechte, unter anderem auch um ihre reproduktiven Rechte, wie selbst initiierte, strikt unter Strafe stehende Schwangerschaftsabbrüche zeigen. Gleichzeitig entgegneten sie der Entmenschlichung in der Versklavung mit kreativen und kulturellen Formen des Erinnerns, der Gemeinschaft sowie dem Teilen von abolitionistischen Visionen.

Die spezifischen Formen der Mehrfachunterdrückung- und ausbeutung von Schwarzen Frauen während der Versklavung und auch nach ihrer formalen Abschaffung, in den USA etwa während der rassistischen Jim-Crow-Gesetzgebung, wurden in der zweiten Hälfte des 20. Jahrhunderts weiter konzeptualisiert. In den 1970er-und 1980er-Jahren entstanden in den USA politische Bewegungen und theoretische Arbeiten von Schwarzen Feminist*innen und Feminist*innen of Color – zu dieser Zeit

3 Um den rassistischen Begriff «farbig» in unserem Text, auch und gerade in diesem Zitat, nicht zu reproduzieren, verwenden wir abweichend von der zitierten Übersetzung ins Deutsche die von Menschen mit Rassismuserfahrungen gewählte Selbstbezeichnung «People of Color».

auch solidarisch als Third World Feminists bezeichnet – die das Fundament für intersektionale Kritik und Praxis legten.[4] Dabei verweisen ihre Interventionen darauf, dass Gender, «Rasse», Sexualität, Klasse und andere Dimensionen sozialer Ungleichheit, wie etwa dis/-ability, nicht als voneinander getrennte und additive Kategorien konzeptualisiert, sondern vor dem Hintergrund verschränkter gesellschaftlicher Re-/Produktionsverhältnisse zusammengedacht und in ihrer Wechselwirkung analysiert werden müssen. Während der Begriff der Intersektionalität erst im Jahre 1989 durch die wichtigen Beiträge der Schwarzen feministischen Rechtswissenschaftlerin Kimberlé Crenshaw Eingang in feministische und antirassistische Diskurse fand, war Intersektionalität als Analyseperspektive und politische Praxis also bereits ein grundlegender historischer Bestandteil in Schwarzen und queer-feministischen* of Color Bewegungen und Wissensbeständen.

Diese Bewegungen beschränken sich jedoch nicht nur auf die USA, sondern haben eine transnationale und ortsübergreifende Dimension. Auch in anderen Kontexten gibt es eine Tradition Schwarzer feministischer Theorie/Praxis, die eine Kritik an verschränkten Unterdrückungs-, Ausbeutungs- und Bestrafungsregimen formuliert. So artikuliert(e) sich diese Kritik auch entlang entfernter Verbindungen und Verwandtschaften über

---

4 Zentrale Werke sind u.a. Davis 1984, die Anthologie von Gloria Anzaldúa und Cherrie Moraga *This Bridge Called my Back: Writings by Radical Women of Color* (1981) sowie der von Gloria T. Hull, Patricia Bell Scott und Barbara Smith herausgegebene Band *All the Women Are White, All the Blacks Are Men, But Some of Us Are Brave: Black Women's Studies* (1982). Auch das Statement des Schwarz-lesbisch-marxistischen «Combahee River Collective», das seinen Namen dem Underground Railroad Combahee River Raid aus dem Jahre 1863 verdankt (ein Netzwerk zur Befreiung von versklavten Menschen, das von Harriet Tubman koordiniert wurde und die Befreiung von etwa 750 versklavten Menschen ermöglichte), formuliert intersektionale Kritik als Fundament einer anti-rassistischen und feministischen Theorie/Praxis (1981). Ebenfalls zu nennen sind hier der Aktivismus und die Interventionen der Schwarzen Trans*frau Marsha P. Johnson und der Trans*frau of Color Sylvia Rivera, die beide eine wichtige Rolle in den Stonewall Riots gespielt haben und deren Kollektiv «Street Transvestite Action Revolutionaries» (STAR) mit dem ersten besetzten Hausprojekt für junge, wohnungslose und kriminalisierte Trans*personen of Color in den USA einen widerständigen und unterstützenden Raum für diese geschaffen hat.

die Kontinente.[5] Schwarze Feminist*innen gehörten neben migrantischen und jüdischen sowie Frauen*, die von der Gesellschaft behindert werden, auch im postkolonialen und postnationalsozialistischen Deutschland zu den Wegbereiter*innen intersektionaler Kritik und Praxis. Inspiriert durch die Seminare der US-amerikanischen Schwarzen Lyrikerin und Aktivistin Audre Lorde an der Freien Universität Berlin, trugen Katharina Oguntoye, May Ayim (früher May Opitz) und Dagmar Schultz Zeugnisse Schwarzen Lebens in Deutschland aus verschiedenen Jahrhunderten zusammen (1986). Als queer-feministischer Zusammenschluss gründete sich 1987 der Verein Afrodeutsche Frauen (ADEFRA), in dem sich die Mitglieder auch im Rahmen von «kitchen politics» solidarisch über eigene Gewalterfahrungen austauschten und sich gegenseitig unterstützten.

Viele dieser transnationalen Schwarzen sowie People of Color (PoC) feministischen Kollektive haben an den Schnittstellen von Antirassismus, Anti-(Hetero-)Sexismus und Kapitalismuskritik sowie von Theorie/Praxis konkrete Räume und Zusammenhänge geschaffen, in denen Fragen von Sicherheit und Gerechtigkeit, von Sorge und Fürsorge und reproduktiven, soziopolitischen und ökologischen Rechten fernab von staatlichen, institutionellen und interpersonellen Gewaltkonstellationen imaginiert und praktiziert werden konnten. Diese Praktiken, die über eine reine Gefängniskritik im Sinne einer Abschaffung des Gefängnisses hinausweisen und bereits gelebte Formen einer radikaldemokratischen Gesellschaft vorwegnehmen, werden wir im letzten Abschnitt näher beleuchten.

Intersektionale Konzepte und Praktiken des Abolitionismus

Auf der Grundlage von Erfahrungen, die an den Intersektionen unterschiedlicher staatlicher Gewaltformen positioniert sind, haben Schwarze und Feminist*innen of Color radikale Alternativen zu Formen staatlicher Bestrafung entwickelt (vgl. Bruce-Jones 2015, INCITE! http://www.incite-national.org/page/wo-

5 Wie beispielsweise auf dem afrikanischen Kontinent in Form von African Feminism (Mama 1996, Gasa 2007, Gqola 2010, Oyèwùmí 2004), der Diaspora (und im Exil) in Europa (u.a. Jones 1949, Sharpley-Whiting 2002, el-Tayeb 2011: 130–137), der Karibik (u.a. Wynter u.M.) und Lateinamerika (Gonzalez 1988, Pons Cardoso 2016).

men-color-prisons, Morris 2015, sisters uncut http://www.sistersuncut.org). Dabei bezogen sie staatliche Gewaltformen von der Haft bis zu Formen des Überwachens und Strafens durch Polizeipraktiken, Hausarrest sowie repressive Erziehungs- und Fürsorgeregime mit ein, die immer kontextspezifisch situiert sind und entlang ihrer wohlfahrtsstaatlichen und neoliberalen Erscheinungsformen und in ihrer Einbettung in spezifische Konjunkturen von Rassismus und sozialräumlicher Marginalisierung analysiert werden müssen. Diese multiperspektivische Kritik entwickelte sich zum einen aus der Not heraus, da Männer* und Frauen* of Color besonders verletzlich für die postkolonialen Paradoxien dieser Institutionen sind. Zum anderen verbanden sich damit schon immer abolitionistische Visionen, die intersektionale feministische Kämpfe prägten. Schwarze Frauen*, PoC Frauen*, Migrant*innen und Frauen* mit Fluchtgeschichten, besonders Trans*frauen, sind in unterschiedlichen geographischen Kontexten nicht nur überproportional inhaftiert – und die Anzahl steigt länderübergreifend stetig –, sondern sitzen größtenteils wegen Delikten aufgrund von Armut und Wohnungslosigkeit sowie psychischer Gesundheit ein und haben überproportional häufig Erfahrungen mit sexualisierter und häuslicher Gewalt machen müssen (vgl. u.a. Archer 2017, Gross 2015, Richie 2012). Die rassistischen, vergeschlechtlichten und klassenbasierten Rationalitäten staatlicher Sicherheitsinstitutionen folgen dabei einer exklusiven Logik des staatlichen Schutzes, aus der rassifizierte, vergeschlechtlichte und arme soziale Gruppen als zu schützende Subjekte stets herausfallen, jedoch als zu disziplinierende Objekte der Bestrafung kriminalisiert und eingeschlossen werden. So sind die Bestrafungsgeschichten von Schwarzen Frauen*, Frauen* of Color und migrantischen Frauen*, die sich gegen sexualisierte und häusliche Gewalt gewehrt, manchmal sogar die Polizei zur Hilfe gerufen haben und dann von Polizei und Justiz als Täter*innen kriminalisiert und inhaftiert, wenn nicht gar getötet wurden, Teil eines historisch weit zurückreichenden und widerständigen abolitionistischen Wissens.[6]

Dabei wird deutlich, dass die Anrufung staatlicher Institutionen wie Polizei und Justiz für diese Frauen* eben nicht zu mehr Sicherheit führt, sondern im Gegenteil oft zu weiteren

6 Siehe u.a. Gross (2015), Richie (2012) und den Fall um die New Jersey 4 (http://www.outinthenight.com/about-2/).

Erfahrungen der Gewalt und Kriminalisierung, in nicht wenigen Fällen bis hin zu einem gewaltsamen Tod. Im deutschen Kontext ist hier u.a. der Fall um Mariame N'Deye Sarr zu nennen, die am 14. Juli 2000 im Rahmen eines Sorgerechtsstreits im Haus ihres weißen Ex-Mannes in Aschaffenburg von einem Polizisten erschossen wurde. Sarr wurde in dieser polizeilich dominierten Situation, in der sie die einzige Frau unter drei Männern war, sowie in der anschließenden Medienberichterstattung als Schwarze Frau im oben beschriebenen Sinne entgendered, als hyperaggressiv und gefährlich kategorisiert und kriminalisiert (Musharbash 2001). Auch Christy Schwundeck, die in einem Frankfurter Jobcenter nach geltender Rechtslage einen Vorschuss ihres Erwerbslosengeldes von zehn Euro von ihrem Sachbearbeiter erbat, wurde von einer Polizistin erschossen. Nicht nur die Beschreibung der Polizistin bei einer Befragung skizziert Schwundeck als furchteinflößende, aggressive und unberechenbare Person (Jüttner 2012). Auch in den Medienberichten wurde sie als aggressive, «verrückte» und unberechenbare Person pathologisiert (Bruce-Jones 2015).

Das marginalisierte Wissen darum, dass dies keine Einzelfälle sind, hat zur Mobilisierung von radikalen und alternativen Praktiken beigetragen, die nicht nur fernab eines Strafrechtsfeminismus zu verorten sind, sondern zudem auch die antirassistischen abolitionistischen Bewegungen auf ihre intersektionalen Leerstellen hinweisen. So betonen Kollektive wie INCITE! in den USA oder sisters uncut in Großbritannien, dass Gewalt durch Inhaftierung nicht nur Männer betrifft und dass auch viele Frauen, Kinder, queere und trans*Personen durch strukturelle Formen von Polizeigewalt ums Leben kommen.[7] Sie verweisen auch darauf, dass Strafinstitutionen intersektionale Gewaltförmigkeiten reproduzieren (siehe u.a. Haley 2016, Richie 2012 und Stanley et al. 2015) und die Gewalt des Gefängnisses über seine physischen Mauern hinauswirkt. In ihrer Studie zur Kriminalisierung von Schwarzen Mädchen* in Schulen in den USA verweist etwa die Schwarze Feministin Monique W. Morris (2015) darauf, dass abolitionistische Konzepte wie die

7 Siehe die Intervention «#SayHerName» (http://www.aapf.org/sayhername/) und ihre transnationalen Bezugnahmen in bspw. Deutschland (http://www.blacklivesmatterberlin.de) und Frankreich (https://mwasicollectif.com).

sogenannte «school to prison pipeline»[8] die Erfahrungen von kriminalisierten Mädchen*, die überproportional vom Schulunterricht suspendiert oder durch Fussfesseln kontrolliert werden, nicht mitdenken und daher intersektional gewendet werden müssen. Und nicht zuletzt die Formen von «langsamer Gewalt» (Nixon 2011), die sich auf die psychische und physische Gesundheit von Angehörigen und Bekannten von Betroffenen staatlicher Gewalt auswirken – an dieser Stelle sei an den Tod von Oury Jallohs Mutter, Mariama Djombo Diallo, erinnert[9] –, werden von intersektionalen Feminist*innen thematisiert und in ihren abolitionistischen Visionen und (Sorge-)Praktiken mitgedacht.

In Anlehnung an die abolitionistischen Praktiken des Schwarzen Feminismus aus Zeiten der Versklavung sowie an Praktiken der Konfliktlösung indigener Communities in den Amerikas und auf dem afrikanischen Kontinent haben sich vor dem Hintergrund einer zunehmenden, staatlich vorangetriebenen Versicherheitlichung Schwarze und PoC queer-feministische Kollektive gegründet, um radikale Alternativen zu Bestrafungsregimen und neue Formen im Umgang mit zwischenmenschlicher und sexualisierter Gewalt zu entwickeln. Diese Ansätze der transformativen Gerechtigkeit, die nicht auf Bestrafung, sondern auf Heilung ausgerichtet sind, zielen auf a) die Sicherheit, Heilung, Selbstbestimmung und Zentrierung der Person, die Gewalt erfahren hat, und zwar durch kollektive Unterstützung anstelle einer Bestrafungslogik, die die Tat individualisiert, b) Verantwortungsübernahme und Transformation der Person, von der die Gewalt ausging, c) kollektive Verantwortung und kollektive Mobilisierung von Praktiken, die sich gegen Gewalt

8 Dieses Konzept beschreibt die Kriminalisierung von deprivilegierten Jugendlichen, die oft aus benachteiligten urbanen Räumen stammen und of Color sind, durch staatliche Bestrafungslogiken, die bereits in der Schule greifen und die Jugendlichen aus den Schulen direkt ins Strafsystem befördert.

9 Oury Jalloh verbrannte am 7. Januar 2005 im Polizeirevier Dessau. Er war an einer feuerfesten Matratze fixiert und an Händen und Füßen gefesselt, was die von der Polizei behauptete Selbsttötung fragwürdig erscheinen lässt. Der Mord an Oury Jalloh ist bis heute nicht aufgeklärt. Die Initiative im Gedenken an Oury Jalloh kämpft seit 13 Jahren für Aufklärung und Gerechtigkeit in dem Fall um Oury Jalloh. (https://initiativeouryjalloh.wordpress.com/2012/07/24/warum-musste-mariama-djombo-diallo-die-mutter-von-oury-jalloh-sterben/).

und Unterdrückung richten und d) die sozio-politische und strukturelle Transformation der gesellschaftlichen Bedingungen, die Unterdrückung, Ausbeutung und Gewalt ermöglichen (generation FIVE 2007; Brazzell 2016, 2017). In diesen Ansätzen wird zwischenmenschliche Gewalt nicht als individuelle Schuld einzelner Täter*innen verstanden, sondern als eingebunden in gesellschaftliche Strukturen, der entsprechend auf kollektiver zwischenmenschlicher anstatt auf strafrechtlicher Ebene begegnet werden muss. Gleichzeitig werden die intersektionalen Machtasymmetrien, die in romantisierten Gemeinschaftskonstruktionen oft ausgeblendet werden, durch diese von mehrfachmarginalisierten Subjekten entwickelten Alternativen herausgefordert.

Diese Ansätze des Abolitionismus werden auch in Deutschland praktiziert. Vor allem trans* und queere Kollektive of Color nutzen diese alternativen Konzepte und Praktiken jenseits einer Straflogik schon lange. LesMigras in Berlin organisiert Zusammenhänge für transformative Gerechtigkeit und Praktiken der kollektiven Verantwortung (https://lesmigras.de/lesmigras-home.html). Das neu gegründete Transformative Justice Kollektiv Berlin bietet Workshops und begleitende Supervision zum Thema transformative und abolitionistische Gerechtigkeit an und versucht, gemeinsame Alternativen zu Strafrechtsregimen zu entwickeln.[10] Copwatch Kollektive und Dokumentationsstellen wie KOP Berlin (https://www.kop-berlin.de) und copwatch-ffm (https://copwatchffm.org) widmen sich Fragen von transformativer Gerechtigkeit vor dem Hintergrund einer kritischen Beobachtung rassistischer Polizeipraxis. Auch viele der selbstorganisierten Kollektive von Menschen mit Fluchterfahrung praktizieren diese Alternativen schon lange, da sie von Bestrafungs-, Einsperrungs- und repressiven Migrationsregimen unmittelbar betroffen sind und sich für uneingeschränkte Bewegungsfreiheit einsetzen. Die Initiative KNAS [] aus Frankfurt/Main setzt sich für den Rückbau von Gefängnissen und ihrer gesellschaftlichen Effekte ein und arbeitet zum Verhältnis von Armut und Gefängnis.[11] Dabei beziehen sich die Gruppen und Initiativen auch auf die gelebten Wissensbestände von Schwarzen und of Color queer-feministischen Zusammenhängen, für

10 Siehe auch den Beitrag von Lisa Monz und Melanie Brazzell des Transformative Justice Kollektiv Berlin in diesem Band.

11 Siehe den Beitrag von KNAS [] in diesem Band.

die transformative Gerechtigkeit den Weg zu einer Gesellschaft ebnet, die nicht länger auf Unterdrückung, Ausbeutung und Gewalt beruht.

Diese andere Genealogie des Abolitionismus, die die Verwobenheit moderner Strafpraktiken mit den Artikulationen der Kolonialität der Macht als auch die widerständigen Praktiken und intersektionalen Analysen von betroffenen Menschen in den Blick nimmt und unterstreicht, erweitert nicht nur das Verständnis von Abolitionismus um bislang unberücksichtigte Praktiken und Subjekte. Sie betrifft auch die gesamtgesellschaftliche Transformation in Richtung einer Zukunft ohne Gefängnisse und Strafen. Die damit verbundenen, in ihrer Radikalität wegweisenden Konzepte und Praktiken wahrzunehmen und von ihnen zu lernen, ist eine Aufgabe, die in größeren linken Zusammenhängen noch aussteht und die noch unausgeschöpfte theoretische wie politische Potentiale für eine abolitionistische Demokratie jenseits einer Gefängnis- und Straflogik bereithält.

Bibliographie

Alexander, Michelle (2010): The New Jim Crow. Mass Incarceration in the Age of Colorblindness, New York: The New Press

Archer, Nandini (2017): «We at Sisters Uncut have occupied Holloway prison. Why? Domestic violence» in: The Guardian, 1. Juni 2017, https://www.theguardian.com/commentisfree/2017/jun/01/domestic-violence-services-occupying-holloway-prison-sisters-uncut-cuts-women (zugegriffen am 31.3.2018)

Ayim, May / Oguntoye, Katharina / Schultz, Dagmar (1986): Farbe bekennen. Afro-deutsche Frauen auf den Spuren ihrer Geschichte, Berlin: Orlanda Verlag

Brazzell, Melanie (2016): «Was macht uns sicher? Die Polizei jedenfalls nicht – der Transformative-Justice-Ansatz» in: ak – analyse & kritik – Zeitung für linke Debatte und Praxis, Nr. 621: https://www.akweb.de/ak_s/ak621/34.htm (zugegriffen am 31.3.2018)

Brazzell, Melanie (Hg.) (2017): Was macht uns wirklich sicher? Toolkit für Aktivist_innen, Berlin: https://www.transformativejustice.eu/wp-content/uploads/2017/07/toolkit-finished-1.pdf (zugegriffen am 31.3.2018)

Brown, Christopher Leslie (2006): Moral Capital. Foundations of British Abolitionism. Chapel Hill: University of North Carolina Press

Cardoso, Cláudia Pons (2016): «Feminisms from the Perspective of Afro-Brazilian Women» in: Meridians: feminism, race, transnationalism, Volume 14, Number 1, S. 1–9

Casimir, Jean (2009): «La révolution de 1804 et l'État», in: Michel Hector / Laënnec Hurbon (Hg.), Genèse de l'État haïtien (1804–1859), Paris: Éditions de la Maison des sciences de l'homme 2009, S. 77–92

Cherki, Alice (2002): Frantz Fanon. Ein Porträt. Hamburg: Edition Nautilus

Combahee River Collective (1981): «A Black Feminist Statement», in: This Bridge Called My Back: Writings by Radical Women of Color, Moraga, Cherrie / Anzaldúa, Gloria (Hg.), New York: Kitchen Table: Women of Color Press, S. 210–218

Cooper, Anna J. (2006): Slavery and the French and Haitian Revolutionists. L'attitude de la France à l'égard de l'esclavage pendant la Révolution, Lanham: Rowman & Littlefield

Davis, Angela Y. (1971): «Reflections on the Black Woman's Role in the Community of Slaves», in: *The Black Scholar* 3 (1), S. 2–15

Davis, Angela Y. (1984): Women, Race & Class, London: The Women's Press

Davis, Angela Y. (2005): Abolition Democracy. Beyond Empire, Prisons, and Torture, New York: Seven Stories Press

Du Bois, W. E. B. (1998): Black Reconstruction in America, New York: Free Press 1998

el-Tayeb, Fatima (2006): European Others: Queering Ethnicity in Postnational Europe. Minneapolis: University of Minnesota Press

Felsch, Philipp (2015): Der lange Sommer der Theorie. Geschichte einer Revolte, 1960–1990, München: C. H. Beck

Foucault, Michel (1971): «N° 94: Je perçois l'intolérable», in: ders.: Dits et écrits, Bd. II (1970–1975), S. 1071–1073

Foucault, Michel (1977): Überwachen und Strafen. Die Geburt des Gefängnisses, Frankfurt: Suhrkamp

Gasa N. (2007): «Let them build more goals», in: Gasa N (Hg.) *Basus'iimbokodo, bawel'imilambo / They Remove Boulders and Cross Rivers: Women in South African History.* Pretoria, South Africa: Human Sciences Research Council Press, S. 129 –152

generation FIVE (2007): Toward Transformative Justice, http://www.generationfive.org/wp-content/uploads/2013/07/G5_Toward_Transformative_Justice-Document.pdf (zugegriffen am 31.3.2018)

Gonzales, Lelia (1988): «Por um feminismo afrolatinoamericano», in: *Revista Isis Internacional*, (9), S. 133–141

Gouges, Olympe de (2007): Zamore et Mirza ou L'Esclavage des Noirs, hg. v. Sophie Mousset, Paris: Librio

Gross, Nicole K. (2015): «African American Women, Mass Incarceration, and the Politics of Protection», in: Journal of American History, Special Issue: Historians and the Carceral State, 102, S. 25–33

Gqola P. (2010): What is Slavery to Me: Postcolonial / slave memory in Post-apartheid South Africa, Johannesburg: University of the Witwatersrand Press

Haley, Sarah (2016): No Mercy Here: Gender, Punishment, and the Making of Jim Crow Modernity, University of North Carolina Press.

Hartman, Saidiya V. (1997): Scenes of Subjection: Terror, Slavery, and Self-Making in Nineteenth-Century America. New York: Oxford University Press

hooks, bell (1982): Ain't I a Woman. Black Women and Feminism, Boston: South End Press

Hull, Gloria T. / Scott, Patricia Bell / Smith, Barbara (Hg.) (1982): All the Women Are White, All the Blacks Are Men, But Some of Us Are Brave: Black Women's Studies, New York: The Feminist Press at The City University of New York

Jackson, Crystal A. (2016): «Framing Sex Worker Rights: How U.S. Sex Worker Rights Activists Perceive and Respond to Mainstream Anti-Sex Trafficking Advocacy», in: *Sociological Perspectives,* Vol. 59, Issue 1, S. 27–45

James, Cyril Lionel Robert (1995): A History of Pan-African Revolt, Chicago: Charles H. Kerr

Jones, Caudia (1949): «An End to the Neglect of the Problems of Negro Women», in: *Political Affairs*, 53 (March 1974), S. 28–42

Jüttner, Julia (2012): «Tod im Jobcenter. ‹Bevor ich etwas sagen konnte, hat sie geschossen›», in: Spiegel Online am 23.3.2012, http://www.spiegel.de/panorama/justiz/verfahren-gegen-polizistin-eingestellt-die-frau-in-jobcenter-erschoss-a-823155.html (zugegriffen am 31.3.2018)

Kammler, Clemens / Parr, Rolf / Schneider, Ulrich Johannes (Hg.; 2014): Foucault-Handbuch: Leben – Werk – Wirkung, Stuttgart: Metzler

Mama, Amina (1996): Women's Studies and Studies of Women in Africa During the 1990's, Dakar: Codesria

Mbembe, Achille (2014): Kritik der Schwarzen Vernunft, Berlin: Suhrkamp

Midgley, Clare: Feminism and Empire. Women Activists in Imperial Britain, 1790–1865, London: Routledge 2007

Moraga, Cherrie / Anzaldúa, Gloria (Hg.) (1981): This Bridge Called My Back: Writings by Radical Women of Color, New York: Kitchen Table Press

Morris, Monique W. (2015): Pushout: The Criminalization of Black Girls in Schools, New York, NY: The New Press

Musharbash, Assin (2001): «Polizei erschießt Frau nach Ehestreit. Nach Messerattacke erschoss zu Hilfe gerufener Polizist Senegalesin. Flüchtlingsverband spricht von Mord», in taz, 23.7.2011, http://www.taz.de/!1160702/ (zugegriffen am 31.3.2018)

Nixon, Rob (2011): Slow Violence and the Environmentalism of the Poor, Cambridge: Harvard University Press

Oyèwùmí, Oyeronke (2004): African Women and Feminism: Reflecting on the Politics of Sisterhood, Trenton, NJ: Africa World Press

Richie, Beth (2012): Arrested Justice: Black Women, Violence, and America's Prison Nation, New York: New York University Press

Schaffauser, Thierry (2014): Les luttes des putes, Paris: La Fabrique

Sharpley-Whiting, T. Denean (2002): Negritude Women, Minneapolis: Minnesota University Press

Sigel, Mira / Schon, Manuela / Panther, Ariane / Werner, Caroline / Mau, Huschke (2018): Störenfriedas. Feminismus radikal gedacht, Books on Demand

Spillers, Hortense (1987): «Mama's baby, papa's maybe», in *Diacritics* 17(2), S. 64–81

Stanley, Eric A. / Smith, Nat (Hg.) (2015): Captive Genders. Trans Embodiment and the Prison Industrial Complex. Oakland: AK Press

Trouillot, Michel-Rolph (2002): «Undenkbare Geschichte. Zur Bagatellisierung der haitischen Revolution», in: Sebastian Conrad/Shalini Randeria (Hg.), Jenseits des Eurozentrismus. Postkoloniale Perspektiven in den Geschichts- und Kulturwissenschaften, Frankfurt am Main, New York: Campus 2002, S. 84–115

Truth, Sojourner (2008) [1851]: «Bin ich etwa keine Frau?», aus dem US-Amerikanischen übersetzt von Susanne Opfermann, in: Ute Gerhard / Ulla Wischermann (Hg.), Klassikerinnen feministischer Theorie: Grundlagentexte Band 1 (1789–1919), Sulzbach/Taunus: Ulrike Helmer Verlag, S. 99

Truth, Sojourner (2008) [1867]: «Begrüßung zur Tagung der *American Equal Rights Association* in New York», aus dem US-Amerikanischen übersetzt von Susanne Opfermann, in: Ute Gerhard / Ulla Wischermann (Hg.), Klassikerinnen feministischer Theorie: Grundlagentexte Band 1 (1789–1919), Sulzbach/Taunus: Ulrike Helmer Verlag, S. 100–101

Wolff, Kerstin (2017): Anna Pappritz (1861–1939). Die Rittergutstochter und die Prostitution, 2017), Sulzbach/Taunus: Ulrike Helmer Verlag

Vergès, Françoise (2017): Le ventre des femmes. Capitalisme, racialisation, féminisme, Paris: Albin Michel

Wollstonecraft, Mary (1999): Ein Plädoyer für die Rechte der Frau, Weimar: Böhlau

Wood, Marcus (2010): The Horrible Gift of Freedom. Atlantic Slavery and the Representation of Emancipation, Athens: University of Georgia Press

Wynter, Sylvia (unveröffentlichtes Manuskript): Black Metamorphosis: New Natives in a New World

Was tun mit den «Dangerous Few»?

Von Patrick Opwis

Der Staub der Stadt verklebt die Träume
Zur Hölle mit dem Neolithikum und seiner Revolution.
Die wir trotzdem feiern dürfen.
Auch wenn die Möwen des trialektischen Kontinents
nur spärlich am Himmel gesichtet werden.

Als ich die Anfrage bekam, ob ich einen Beitrag über die «Gefährlichen Wenigen» für das vorliegende Buch schreiben könnte, hatte Donald Trump gerade die US-Wahlen gewonnen, Erdogan ließ weitere Oppositionelle inhaftieren und Putin das Massakrieren der Bevölkerung Aleppos gewähren. Scheint ihnen wohl ganz gut zu gehen, diesen «Dangerous Few». Millionen Fans weltweit jubeln ihnen zu und verklären sie zu starken Männern, die die Weltordnung neu ausrichten.

Doch lassen wir den Ernst beiseite. Wen stellen wir uns unter den «Dangerous Few» vor? Wer sind sie?

Menschen, die so brutal und grausam sind, dass wir beim besten Willen nicht mehr mit ihnen zusammenleben können, die sich an keine Regeln halten und die wir daher gefangen halten müssen. Monster, deren Story sich gut verkauft und mit denen sich in Wahlkämpfen und an Stammtischen Stimmung machen lässt; Menschen ohne Lobby und Fürsprecher, beinahe mythisch verklärt und mindestens zum Fürchten. «Monster», die es uns auch erlauben, ein monströses System wie den Knast moralisch aufrechtzuerhalten.

Denn: nachdem heute klar ist, dass Inhaftierung nicht resozialisiert, Rache sauer und oft ein Bedürfnis Dritter ist, Schuld einen biblischen Bart hat und sich nicht in (Haft-)Tagen beziffern lässt, dass es in erster Linie eine Frage der sozialen Klasse ist, wer eingesperrt wird und wer nicht, und dass Gerechtigkeit individuell sehr unterschiedlich definiert wird, bleiben immerhin noch die «uns verschreckend gefährlichen Straftäter*innen». Und für diese brauchen wir dann ja wirklich die Zellen – oder?

Tat, Strafsystem und Charakter

Bevor wir uns jedoch der einseitigen Frage widmen, was wir mit den «Dangerous Few» denn nun tun sollen, hier ein kurzer Einwurf.

Die «Dangerous Few» haben im Grunde genommen wenig mit unserem Knast- und Rechtssystem zu tun. «Normale» Straftäter*innen werden nach der Art ihres Vergehens verurteilt. Zwar können die Lebensumstände strafmildernd sein, grundlegend für die Bestrafung ist jedoch die Tat und nicht der Charakter des*der Täter*in. Bei den «Dangerous Few» hingegen beurteilen oder besser: *ver*-urteilen wir ihren Charakter. Lediglich bei Tötungsdelikten ändert der Charakter der Tat den Tatbestand und entscheidet darüber, ob es sich um Mord oder Totschlag handelt. Und wie problematisch und tendenziös das werden kann, zeigt ein modernes Beispiel.

Im Februar 2016 starb in Berlin ein 69-jähriger Passant in Folge eines Unfalls bei einem sogenannten illegalen Autorennen. In dem medial begleiteten Prozess, der sich über das Jahr 2016 zog, wurde zum ersten Mal ein Fahrer wegen Mordes verurteilt. Um aus der Tat einen Mordfall zu machen, mussten zu schnell fahrende Autos zu einer gemeingefährlichen Waffe definiert werden und das Gewinnen von Rennen zu einem niederen Beweggrund. Doch sind zu schnell gefahrene Autos nun auch gemeingefährliche Waffen, wenn sie z.B. von störrischen Rentnern, die keine Lust haben auf ein 6 km/h Papamobil umzusteigen oder von gestressten Mittvierziger*innen, die alle Teile ihres Lebens unter einen Hut bekommen wollen und dann mit überhöhter Geschwindigkeit einen Unfall mit Todesfolge bauen? Oder für Eltern, die über jedes Tempo-30-Schild hinwegbrausen, damit ihr Kind rechtzeitig zur Schule kommt? Was würdet ihr sagen, geneigte Leser*innen? Vermutlich werden Autos jedenfalls nur dann als Waffen angesehen, wenn ein subproletarischer Halbstarker am Steuer war. Dass das Gewinnen von Rennen ein niederer Beweggrund ist, lässt sich in Zeiten, in denen Rennfahrer Millionen verdienen und zu Vorbildern und Werbeträgern avancieren, ebenfalls schlecht plausibel machen. Um nicht falsch verstanden zu werden: Ich will hier weder härtere Strafen für abgehetzte Eltern fordern, noch Täter*innen aus der Verantwortung entlassen.

Vielmehr wird es spannend, wenn man sich vor Augen führt, dass ein nicht gewollter Unfall mit Todesfolge Menschen erst dann zu Mördern macht, wenn sie am Rande der Gesellschaft stehen, und wie es scheint, ihre Verurteilung mehr auf Angst und Unverständnis beruht, als auf dem teuflischem Charakter ihrer Tat.

Das Problematische ist hier nicht nur die moralische Verurteilung, sondern auch die Relativierung des Wertes des Lebens an sich, der sich durch diese Unterscheidung einschleicht. Wenn wir uns nun das Milgram-Experiment und die deutsche Geschichte vor 1945 in Erinnerung rufen und sehen, auf welch dünnem Eis ein menschenwürdiges gesellschaftliches Miteinander oft steht, wirkt diese Mischung aus Relativierung und Moralisierung beängstigend. Wie schnell können doch Mord, Folter und andere bestialische Akte konsensfähig und wir alle zu gemeingefährlichen Täter*innen werden.

Die Stärke undogmatischer linker Politik jedenfalls liegt darin, den Wert des Lebens über geschriebene oder ungeschriebene gesellschaftliche Regeln zu stellen und in das Zentrum gesellschaftlichen Handelns zu rücken. Eine weitere Stärke ist es, niemanden sozial ausschließen zu wollen und den brutalen Daseinskampf in der (kapitalistischen) Gesellschaft nicht als natürlich hinzunehmen, sondern zu kritisieren.

Auf der einen Seite hat die Diskussion um die «Dangerous Few» also wenig mit der Kritik am Strafsystem zu tun, da es sich hier gar nicht um eine konkrete Tat handelt. Auf der anderen Seite sehen wir, dass an der Stelle, an der das Rechtssystem Tatcharakter einführt, es bei allen – sicherlich aufrichtigen – Versuchen, diesen zu objektivieren, es schnell zu einer Konstruktion von Gutem/Verständlichem und Bösem kommt. Dabei wird das als «verständlich» angesehen, was diejenigen machen, die gesellschaftliche Macht haben und sich in ihrer Mitte wähnen.

Und dass die Abscheulichkeit des Mörders mehr in unserem Unverständnis, und vielleicht auch in unserem Selbstbetrug, als in der Tat und dem Menschen selbst liegt.

Ein Gedankenexperiment und eine neue Frage

Was bedeutet das nun in Bezug auf jene «Dangerous Few»?

Halten wir uns den in zumindest vielen Situationen fragwürdigen Unterschied zwischen Mord und Totschlag vor Augen und tun wir doch einfach mal so, als gäbe es die «Gefährlichen Wenigen» gar nicht.

Nehmen wir also an, dass sie nur ein Märchen, eine Geschichte sind, die wir uns erzählen. Abgesehen davon, dass sie sich immer gut verkauft und man mit ihr das Knastsystem moralisch begründen kann, erlaubt uns diese Geschichte sowohl Menschen, mit denen wir uns im Alltag nicht auseinandersetzen wollen, in Sicherungsverwahrung zu stecken, als auch so zu tun, als läge die Grausamkeit außerhalb von uns und der Gesellschaft.

Nehmen wir also an, dass die Grausamkeit der «Dangerous Few» nicht in ihnen selbst liegt, sondern eine Mischung aus Unverständnis und Selbstbetrug in der Gesellschaft darstellt. Übrig bleiben die Taten und auch die Angst, doch aus den «Dangerous Few» würden so Menschen wie du und ich, in denen, wie die Quäker sagen würden, «ebenso das Licht Gottes scheint». Und wenn sie keine eigene, fremde, außenstehende Gruppe mehr wären, wären dann extreme Grausamkeiten Einzelner nicht einfach nur Spitzen in einer mehr oder weniger grausamen Gesellschaft? Spielerisch in Krimis vorgelebt und als Mythos in der Boulevardpresse gepflegt mit der Rolle des*der Antiheld*in, die natürlich besetzt werden muss?

Was würde passieren, wenn wir Grausamkeit und Brutalität nicht personifizieren, sondern sie, systemisch gedacht, als mehr oder weniger stark vorhandenen Zustand in der Gesellschaft beschreiben? Verwandeln wir also den Titel «Was tun mit den ‹Dangerous Few›?» in die Frage: «Wie gehen wir eigentlich mit Grausamkeit um?» – in der Hoffnung, dass, wenn sich die Brutalität in unserer Gesellschaft verringert, auch ihre extremen Zuspitzungen abnehmen.

Die Spiegelwelt der Brutalität

Es gibt viele Arten zu töten. Man kann einem ein Messer in den Bauch stechen, einem das Brot entziehen, einen von einer Krankheit nicht heilen, einen in eine schlechte Wohnung stecken, einen durch Arbeit zu Tode schinden, einen zum Suizid treiben, einen in den Krieg führen usw. Nur weniges davon ist in unserem Staat verboten.

Bertolt Brecht

Vielleicht wird bei uns nicht mehr so viel getötet wie in Brechts Zeiten, doch nach wie vor gibt es vieles, das grausam und brutal ist. Beziehungsdramen, sinnlose Prügeleien, Mobbing, kaltherzige Entscheidungen in bürokratischen Institutionen, mit Anerkennung oder dem Gefühl von Macht verbunden und durch viele Ausreden und scheinbar rationelle Gründe vor sich selbst entschuldigt. Ich möchte hier nicht das Bild vom Menschen, der des Menschen Wolf sei, zeichnen. Menschen sind soziale Wesen, doch oft wissen sie sich nicht anders zu helfen und greifen zu Gewalt, weil sie macht- oder chancenlos, zu wenig geliebt oder frustriert sind oder sie finden sich schlicht in den falschen Situationen wieder.

Brutale und grausame Strategien und Handlungsweisen gehören einerseits zu unserer Gesellschaft dazu, andererseits sind sie ein Tabu. Menschen, denen grausames Handeln unterstellt wird, verlieren ihr Ansehen im Umfeld, in der Familie und in der Gesellschaft. Und natürlich halten wir uns selbst nicht für grausam. Daher sehen wir Brutalität und Grausamkeit als etwas an, was außerhalb von uns und unserem Umfeld liegt. Für andere Grausamkeiten finden wir Rationalisierungen oder wir spielen sie herunter.

Das massenhafte Sterbenlassen im Mittelmeer wird so als alternativlos gerechtfertigt oder zumindest als «immer noch besser als anderswo» wahrgenommen. Die Vergewaltigungen, die über Jahrzehnte (Jahrhunderte? Jahrtausende?) in der katholischen Kirche verübt wurden, führten bis heute nicht zu einer

Schließung der Organisation, sondern gehen als bereuenswerte Ausnahmen durch. Keine kleine, nicht tradierte Religionsgemeinschaft könnte sich dies erlauben.

Und unsere eigenen kleinen oder größeren Brutalitäten finden wir tolerabel. Fängt das Problem nicht bei den myriaden Malen an, bei denen wir unsere Interessen mit Geld, Richterspruch oder Stärke durchsetzen, anstatt auf Ausgleich und Verständnis bedacht zu sein? Das zu ändern scheint mühselig bis unmöglich, auf jeden Fall aber als viel Arbeit in dieser auf Produktivität bedachten Welt. Und so entstehen am Ende aus der in der Gesellschaft wirkenden Brutalität zwei Spiegeluniversen. In dem einen wirkt sie legal, wird toleriert bis bewundert und stattet Menschen mit Macht aus. In dem anderen ist sie ein Aufschrei der Ohnmacht, wird entschuldigt bis dämonisiert und führt zur Bestrafung von Menschen. Umstritten ist nur, wo der juristische und moralische Spiegel steht...

Und unseren persönlichen Spiegel stellen wir nur allzu gerne so, das wir in der Sonne stehen.

Think twice it´s alright *(frei nach Bob Dylan)*

Doch was tun in einer Welt, in der Brutalität tabuisiert ist und trotzdem mit der Schuld der anderen, dem angeblichen Mangel an Alternativen oder der ihr scheinbar inneliegenden Konsequenz und Stärke gerechtfertigt wird? Nehmen wir doch den Spiegel weg! Fangen wir an, uns Geschichten aus beiden Teilen des Universums zu erzählen. Wo waren wir brutal? Zunächst vielleicht nur zu uns selbst und danach auch anderen gegenüber? Mit dem aufrichtigen Ziel, uns zu verstehen und uns andere Handlungsweisen anzueignen, ohne unsere eigenen Bedürfnisse zu vergessen. Wir könnten versuchen, die Grausamkeit zu enttabuisieren, ohne sie am Ende durch ein «Ja, wir sind doch irgendwie alle so» zu verharmlosen. Denn in vielen Fällen ist es gut, klare Grenzen zwischen Betroffenen und / oder Opfern auf der einen und Täter*innen auf der anderen Seite zu ziehen. Ohne sie wäre es wohl für viele Menschen ein hoffnungsloses Unterfangen, Vertrauen und Sicherheit im Leben zurückzuerlangen.

Wenn wir das im Kopf behalten, halte ich es für sinnvoll, uns für unsere Grausamkeiten nicht zu verdammen. Fangen wir an, uns und die Gesellschaft von Brutalität zu emanzipieren. Wann war ich das letzte Mal brutal? Was ist passiert? Was waren meine Gefühle, was die Bedürfnisse? Welche kleinen, konkreten Schritte könnte ich das nächste Mal anders machen?

Und gesellschaftlich gedacht: Wenn wir davon ausgehen, dass alle Brutalität miteinander zusammenhängt, stinkt der Fisch dann nicht vom Kopfe her? Wie wirkt es wohl auf die Gesellschaft, wenn der Staat Menschen lebenslang hinter Gitter bringt? Oder wenn er in der einen Situation von «Mord», in der anderen von «Unfall mit Todesfolge» redet? Dass Tote im Krieg «Kollateralschaden» genannt werden? Und diese Kriege noch nicht einmal mehr richtig erklärt werden, sondern überall, wo wir es für richtig halten, stattfinden dürfen? Wird hier nicht, auch wenn es sich um ein von der Mehrheit legitimiertes System handelt, extreme Brutalität gerechtfertigt? Wird nicht gezeigt und vorgelebt, dass Brutalität Probleme – scheinbar – lösen kann?

Mehr und härtere Strafen und ausgeweitete Sicherungsverwahrung bedeuten also möglicherweise gar nicht mehr Sicherheit durch mehr Kontrolle und Abschreckung, sondern vielmehr häufigere und schlimmere Gewalttaten, da von höchster Stelle aus mehr Brutalität in die Gesellschaft eingeführt und vorgelebt wird. Schließlich ist nicht jede*r schlau, empathisch, gewillt oder abgestumpft genug, um die Regeln dieses Mechanismus zu verstehen. Hier könnte, nebenbei bemerkt, auch der Grund liegen, warum in Ländern, in denen es nach wie vor die Todesstrafe gibt, es nicht weniger Verbrechen gibt.

So führt die Frage nach dem Umgang mit den «Dangerous Few» dazu, unsere Sichtweise auf Brutalität zu ändern, uns andere Geschichten über sie zu erzählen und uns von ihr zu emanzipieren. Am Ende steht dann ein grundsätzlich solidarischer Umgang auch mit denen, die wir «Dangerous Few» nennen.

Pflaster für die Wirklichkeit...

Was heißt das nun im Umgang mit Menschen, die schwerste Verbrechen begangen haben?

Zunächst einmal, sie *nicht zu pathologisieren.*

Menschen sind dann krank, wenn sie es selbst von sich sagen. Zwar mögen in Einzelfällen psychische oder physische Krankheiten zu einer oder mehreren Gewalttaten geführt haben, doch so wenig wie es wirklich möglich ist, Menschen in den Kopf zu schauen und einzuschätzen, ob sie gefährlich sind, so wenig ist es zwingend, dass Krankheiten Menschen zu Verbrecher*innen machen und noch lange nicht jede*r Psychopath*in wird auch zum*zur Mörder*in.

Die Vertraulichkeit wiederherstellen.
Gesetze, die es beispielsweise Therapeut*innen vorschreiben, Selbstmordgedanken von Flugzeugkapitän*innen zu melden, führen vermutlich vor allem dazu, dass diese Gedanken nicht mehr geäußert werden. Wenn schlechte Prognosen in der Therapie zu Sicherungsverwahrung führen, wer würde da noch seine grausamen Gedanken offenbaren? Bei allem Verständnis für die Gründe bleiben solche Entwicklungen kontraproduktiv.

Den Menschen nicht die letzte Hoffnung nehmen.
Wäre die Geiselnahme beim «Drama von Gladbeck» so brutal verlaufen, wenn es eine Hoffnung auf – zumindest mittelfristige – Freiheit für die Geiselnehmer gegeben hätte? Wenn Menschen irgendwann gewahr werden, dass sie nach ihrer Verhaftung ihren Lebtag nicht mehr auf freien Fuß kämen, wer würde da nicht noch einmal das Leben spüren wollen und Bonnie und Clyde spielen? Führt hier Hoffnungslosigkeit durch hartes und gerechtes, angeblich Sicherheit schaffendes Strafen nicht ganz direkt zu viel mehr Brutalität?

Clyde war, nebenbei bemerkt, bevor er zum Staatsfeind wurde, mehrfach im Knast missbraucht worden. Dass der Knast Menschen erst zu den «Dangerous Few» macht, ist ja, nicht nur nebenbei bemerkt, auch so eine Wahrheit.

Doch kommen wir zum Knackpunkt.

...und Bruchstücke für eine andere Welt

Wenn wir sagen, dass auch die verstörend gefährlichen Menschen wie du und ich sind und wenn wir ihnen nicht jede Hoffnung nehmen wollen, können wir sie dann auf ewig einsperren? Sicher nicht, und das bedeutet: *Freilassen!*
Wie könnten wir das verwirklichen, wie unsere Bedürfnisse nach Sicherheit und Fürsorge zur Geltung bringen?
Die Welt ist ein konkreter Ort – ein paar Vorschläge.

Einfach vertrauen!
Oben hatten wir ja schon angenommen, dass wir, wenn wir Brutalität als gesamtgesellschaftliches Problem sehen und uns mühen, weniger brutal zu sein und nicht mehr als schlechtes Beispiel zu dienen, hoffen können, dass die – ohnehin schon wenigen – «Gefährlichen» harmloser werden und ihre Zahl abnimmt.

Unser Vertrauen lässt sich vielleicht noch durch folgende Geschichte aus dem Jahre 1966 stärken. Damals musste der Bundesstaat New York aufgrund eines Gerichtsurteils 967 Insassen einer forensischen Klinik, die dort wegen ihrer prognostizierten Gefährlichkeit nach ihren verbüßten Haftstrafen «verwahrt» wurden, in normale Krankenhäuser verlegen. Nicht nur die Freiheit, sondern auch die Wissenschaft nahm sich ihrer an. In der sogenannten «Baxstrom-Studie» wurde während der viereinhalb Jahre nach ihrer Entlassung beobachtet, inwieweit diese als äußerst gefährlich eingeschätzten 920 Männer rückfällig wurden. Wie viel Gewalt würde von diesen Menschen nun wirklich ausgehen?

Zumindest eines der Ergebnisse ist erhellend. Nur neun von ihnen, also knapp 1 %, begingen wieder eine schwere Straftat. Wir können uns also getrost darauf verlassen, dass kein Mensch grundsätzlich extrem gewalttätig ist und Wiederholungen von Gewalttaten die Ausnahme bleiben.

Zudem fehlt offensichtlich eine Grundlage, einschätzen zu können, wer denn nun eigentlich rückfällig wird. Denn bei einer Trefferquote von einem Prozent ließen sich wahrscheinlich auch einfach alle jungen Männer zwischen 16 und 25 oder in finanzielle Not gekommene potenzielle Erb*innen vorsorglich einsperren. Selbst wenn es die «Dangerous Few» geben sollte, sperren wir also hauptsächlich die Falschen ein und unser Leben würde nicht unsicherer, wenn wir sie freiließen.

Ein anderes Beispiel findet sich in fast allen Gesellschaften nach einem Krieg oder Regimewechsel. In Deutschland etwa wurden nach dem Krieg die allermeisten grausamen Gewalttäter, die sich in SS und Wehrmacht organisiert und in ganz Europa Dörfer auf brutalste Art vernichtet hatten, kaum behelligt. «Die Mörder leben unter uns» war ein kritisches Motto, das zu Recht die fehlende Aufarbeitung dieser Gräueltaten anprangerte. Doch wir hatten keine Angst, dass sie weiter morden würden. Natürlich nicht, sie waren entmachtet und lebten in

einem neuen System. Ihre Lebensumstände hatten sich geändert.
Und das führt mich zum nächsten Vorschlag:

Unkonventionell sein. Die Bedürfnisse ergründen und aus dem System ausbrechen.
Gefängnis, Psychiatrie, Fußfesseln, Führungsaufsicht – die Werkzeuge, die unsere Gesellschaft entwickelt hat, um mit Schwerverbrecher*innen umzugehen, sind nicht gerade vielfältig und basieren auf Kontrolle und weitgehendem Entzug von Autonomie. Wie wäre es, wenn wir stattdessen ernsthaft versuchen, auf die Bedürfnisse der sogenannten Verbrecher*innen einzugehen? Natürlich können wir keine Mordopfer zur Verfügung stellen, aber bis zu einem gewissen Grad könnten ihre Bedürfnisse schon erfüllt werden. Warum verleihen wir ihnen nicht das, was die meisten von ihnen vermutlich nie hatten und wonach sie sich möglicherweise sehnen: ein finanzielles Auskommen und gesellschaftliche Anerkennung?

Wie wäre es beispielsweise mit einer Professur für Gewaltverbrechen oder ein Richter- bzw. Konfliktvermittler*innenamt? Warum denn nicht den Bock zum Gärtner machen? Schließlich funktioniert einbinden oft besser als ausgrenzen und genug praktische Erfahrung ist bei ihnen ja auch vorhanden. Oder eine schlichte Wohnung mit Garten, Geranien und genügend Rente? Etwas, das ein Mensch vielleicht auch nicht mehr verlieren möchte?

Letztlich geht es darum, mit ihnen zusammen etwas zu finden, das sowohl ihre Bedürfnisse gesellschaftlich verträglich erfüllt oder zumindest substituiert als auch ihre Lebensumstände so stark verändert, dass sie die Chance erhalten, aus der Rolle des Teufels wirklich herauszukommen.

Wir sollten uns auf einen langen Diskussionsprozess gefasst machen. Selbst, wenn er nicht erfolgreich endet, bietet er einen Ausweg aus dem Räuber-und-Gendarm-Spiel und dem in diesem Kontext wenig konstruktiven und letztlich für alle zum Nachteil gerückenden Kreislauf aus Kontrolle und Rebellion.

Fluchtpunkte schaffen.
Der Staat muss zu jeder Zeit an jedem Ort Recht durchsetzen können, lautet das Credo der modernen Gesellschaft. Und schließlich, so das Hauptargument, schützt das vor allem die

Schwachen. Jede*r soll zu jeder Zeit überall hin können – was natürlich nicht für jene Leute gilt, vor denen wir Angst haben.

Was wäre, wenn wir dieses Postulat, zumindest in kleinerem Rahmen, aufgeben? Wir könnten Inseln, Freiwälder, Regionen schaffen, die als Verbannungs- oder Rückzugsorte fungieren. Auch Wohnhäuser, in denen möglicherweise nur Männer wohnen, Klöster oder kinderlose Kommunen könnten helfen.

Konkret bleiben.
Die Frage nach den konkreten gefährlich-grausamen Situationen und der Versuch, nur diese zu vermeiden (wie oben z.B. im Wohn- und / oder Arbeitsumfeld), könnten zumindest ein gutes Maß an Autonomie retten und ebenso die Sorgen des Umfelds mit einbeziehen.

Vor allem aber hilft das Konkretisieren dabei, auch Gutes oder wenigstens nicht Verdammenswertes in den Gewalttäter_innen wahrzunehmen und bietet die Chance, sie als «normale» Menschen zu sehen und sich trotzdem zu schützen.

Schlussbetrachtung und ein letzter Vorschlag:

Alles in allem führen uns die Betrachtungen über die «Dangerous Few» sehr direkt auf Pfade zu einer utopischen Gesellschaft, unterwegs könnte uns eine stärker systemisch ausgerichtete Sichtweise zu einer Diskussion über Alltagsbrutalität und deren Abbau verhelfen. Dabei sollten wir vor allem eines nicht vergessen: Auch wenn heutzutage über eintausend Menschen in der Bundesrepublik in Sicherungsverwahrung sitzen – bei den «Dangerous Few» handelt es sich wirklich nur um einige wenige. Mit Vertrauen, Fluchtpunkten, spinnerten Handlungsweisen und den Vorschlägen der «Dangerous Few» selbst ließe sich zumindest eine Koexistenz in Freiheit sichern.

Dabei ist Vorsicht geboten, denn neue Wege bergen neue Gefahren, in sich und Alternativen verkommen oft zu neuen Strafen – nicht, dass am Ende aus den tausend Menschen in Sicherungsverwahrung anstatt der beabsichtigten zwanzig plötzlich zweitausend werden – obendrein verfrachtet auf eine kleine, umzingelte, karge und mit Drohnen verseuchte Insel.

Um solchen Entwicklungen vorzubauen, sollten wir für jeden, den wir, ob mit Knast, Verbannung, Fußfesseln, Sicherungsverwahrung oder sonst wie, aus der Gesellschaft ausschließen, einen zurückholen.

Für jede Strafe, die wir verhängen, sollten wir eine aufheben. Dies würde sicherlich eines garantieren: Viel Diskussion und eine ernsthafte Auseinandersetzung. Doch das wollen wir ja auch.

Restorative Justice – eine andere Unrechtsbewältigung ist möglich.

Von Rehzi Malzahn

Die Strafjustiz fragt: Kann der Staat beweisen,
dass Person X Gesetz Y gebrochen hat,
und welche Strafe ist dafür angemessen?
Restorative Justice fragt: Wer wurde verletzt?
Was brauchen die Betroffenen?
In wessen Verantwortung liegt es,
sich darum zu kümmern?

Was ist Restorative Justice?

Auf der Suche nach Alternativen zu dem sich in der Krise befindenden Strafregime[1] entdeckten kritische Kriminolog*innen, Jurist*innen und Sozialarbeiter*innen in den USA, Kanada, Australien und Neuseeland in den siebziger Jahren die auf Wiedergutmachung und Dialog gründenden «Kreise» und «Konferenzen» der «Justiz» ihrer indigenen Bevölkerungsgruppen. Diese wiederum hatten unter dem «weißen» Justizsystem und seinem nach wie vor kolonialistisch-rassistischen Blick besonders zu leiden (sie machen bis heute einen überproportional großen Anteil der Gefängnisbevölkerung dieser Länder aus[2]) und verlangten vielerorts das Recht, ihre Formen der Unrechtsbewältigung auszuüben. In diesem Amalgam aus einem antikolonialen Streben nach Souveränität, einer kritischen Bewegung innerhalb der Strafjustiz, dem ehrenamtlichen Engagement christlicher Gruppen in den USA (hier besonders der Mennonit*innen) und einer gesellschaftskritischen politischen Stimmung, in der Ideen von Selbstorganisation und Selbstbestimmung sowie Kritik an starren Hierarchien durch die Alterna-

1 Explodierende Gefängnispopulationen, Scheitern des Resozialisierungsgedankens, Attacken aus dem akademischen Feld.

2 Harry Blag: In: Aertsen/Pali: Critical Restorative Justice. Hart Publishers, Oxford und Portland/Oregon 2017.

tivbewegung salonfähig wurden, entwickelte sich das, was wir heute Restorative Justice (RJ) nennen.[3]

RJ ist ein Oberbegriff, unter dem inzwischen eine Vielzahl an Kommunikationsverfahren subsummiert werden. Das Anliegen ist jedoch stets das gleiche: Anstatt auf ein entstandenes Leid mit weiterer Leidzufügung in Form von Strafe zu reagieren, soll in einer direkten Begegnung der Betroffenen und Beteiligten der Konflikt besprochen und so zerbrochene Verbindungen wiederhergestellt, Verletzungen geheilt und Schaden wiedergutgemacht werden. Je nach Verfahren wird dieser Prozess von einer oder mehreren Mediator*innen, Moderator*innen oder anderen Vermittler*innen begleitet und unterstützt. Aus einer vom Staat definierten «Straftat» wird so wieder ein Konflikt. Welche Bedeutung dieser hat und wie er zu interpretieren ist, entscheiden die Beteiligten selbst: Der Konflikt ist ihr «Eigentum», wie der norwegische Kriminologe Nils Christie[4] einst sagte. Staatliche Justiz nennt Christie in diesem Sinne «Enteignung» – und das ist gar nicht so weit hergeholt, wenn man sich die Geschichte der Strafjustiz ansieht. (Siehe Beitrag in diesem Band).

Wie funktioniert RJ?

«Straftaten» stehen oft in einem größeren Kontext, in dem der inkriminierten Handlung andere vorausgegangen sind und weitere folgten, in dem ein Wort das andere gab und eine Situation eskalierte. Diese eine Handlung ist daher immer nur ein Ausschnitt, eine Momentaufnahme in einer längeren Geschichte. Nicht immer ist diese Geschichte eine zwischen den Hauptbeteiligten, aber jede «Tat» hat eine Vorgeschichte und eine Nachwirkung auf beiden Seiten. Von *der* «Tat» zu sprechen, bedeutet also eine enorme Reduktion. Ich will im Folgenden dennoch

---

3 Harry Blag weist zu Recht darauf hin, dass es sich dabei um ein weißes Konzept handelt, in dem Sinne, dass es auf die industriellen, hyperindividualisierten und urbanisierten Massengesellschaften des sog. Globalen Nordens zugeschnitten und keineswegs mit indigenen Praktiken, die von einem anderen In-der-Welt-Sein geprägt sind, zu verwechseln ist.

4 Nils Christie: Konflikte als Eigentum. In: Grenzen des Leids, AJZ Verlag, Bielefeld 1986.

das Wort benutzen, da auch in der RJ die Einberufung zu einem Kreisgespräch oder die Einladung zu einer Mediation eines Aufhängers bedarf. «Was genau wurde gesagt oder getan, dass du einen Kreis einberufen willst?» ist die erste Frage im Verfahren der «Restorative Circles» nach Dominic Barter. Und es geht um genau *eine* Handlung – der Rest, der Kontext, die Geschichte und die Folgen werden im Kreis zur Sprache kommen, aber erstmal brauchen wir «eine Eingangstür», wie Barter sagt.

Es ist die Stärke von RJ, auf den ganzen Kontext einzugehen. Wer ist alles betroffen? Wer muss anwesend sein, um den Konflikt zu klären? Wer kann unterstützen? Diese Fragen stellt ein herkömmliches Strafverfahren nicht. In der RJ gibt es nicht nur die Hauptbeteiligten – «Täter*in» und «Opfer» genannt[5] –, sondern auch noch das, was im weitesten Sinne als «Community» betitelt wird. Darunter kann, je nach Verfahren, sowohl die «Konfliktcommunity» gemeint sein, also all jene, die direkt betroffen und beteiligt sind. Es können aber auch indirekt Betroffene sein, wie die Familie, Angehörige der Gruppe, in deren Kontext der Konflikt stattfand bzw. -findet, wie etwa Kolleg*innen und Vorgesetzte auf der Arbeit, Mitschüler*innen und Lehrer*innen an der Schule, Vereinsvorstände und -mitglieder oder Nachbar*innen im Stadtviertel oder Dorf. Ihre Betroffenheit kann darin bestehen, dass sie das Vertrauen in den friedlichen Umgang miteinander verloren haben, sie sich in der Umgebung nicht mehr sicher fühlen oder durch die Tat etwas zerstört wurde, das sie benutzt haben etc. Sie können aber auch als Unterstützer*innen teilnehmen, indem sie bei der Lösungsfindung behilflich sind, weitere Ideen und Ressourcen beitragen, Sicherheit, Trost, Beistand und Ermutigung geben oder einfach nur zeigen, dass ihnen die Angelegenheit nicht egal und die Konfliktparteien wichtig sind. Hier wird oft eine europäische Schamgrenze erreicht: Wir sind es dermaßen gewohnt, dass wir uns «nicht in die Angelegenheiten der anderen einmischen», wir «unsere Probleme selber regeln» und «es die ande-

5 Oft wird lieber von Geschädigten und Beschuldigten gesprochen, die starre Identifizierung von Menschen mit einer Handlung, die sie so auf eine Rolle als Täter oder Opfer festlegt, wird weder der Realität des Geschehens gerecht noch hilft diese Sichtweise beim Durchbrechen von Schemata und bei der Lösungsfindung. Ich benutze die Begriffe ungern, leider hält unsere Sprache jedoch keine dynamischen Begriffe bereit, die den Umständen besser gerecht werden.

ren nichts angeht». Die Vorstellung, die Vorkommnisse «vor allen» zu besprechen bzw. andersherum als indirekt Betroffene*r bei so einer Besprechung dabei zu sein, erscheint unangenehm, ja sogar unvorstellbar. Manchmal aktiviert allein die Aussicht auf ein solches Szenario die Eigeninitiative der primären Konfliktparteien, was erwünscht ist, denn um Verantwortungsübernahme und Selbstorganisation geht es ja.

Ziele und Wirkungen

Der Kern ist Empowerment. Aus einem gelungenen RJ-Verfahren sollen Täter*in, Opfer und Community im positiven Sinne gestärkt hervorgehen.

Das Opfer wird gestärkt, weil es hier um seine/ihre Gefühle und Bedürfnisse geht. Es kann seine Fragen stellen, deren Antwort oft nur die Täter*in kennt: Warum ich? Hätte ich es verhindern können? Wie kam es dazu? Wirst du es wieder tun? Muss ich Angst vor dir haben? Solche und weitere Fragen verfolgen Opfer oft jahrelang. In RJ-Verfahren wird dem Opfer zugehört und es hat eine zentrale Position, kann von sich erzählen, der Täter*in sagen, wie es ihm mit der Tat ergeht, Schmerz, Wut und andere Gefühle ausdrücken – ganz im Gegensatz zum Gerichtsverfahren, wo es lediglich Zeug*in ist und nur bei Bedarf gehört wird. Es darf Fragen anderer beantworten, seine eigenen sind nicht von Belang. Wissenschaftliche Studien haben ergeben, dass allein das Zuhören und Ernstnehmen, die Möglichkeit des Selbstausdrucks gegenüber der verantwortlichen Person in einem geschützten Rahmen zu einer hohen Zufriedenheit bei den Opfern führt und heilende Wirkung haben kann.[6]

Auf Täter*innenseite gibt es gleichermaßen häufig den Wunsch, zu erklären, wie es dazu kam, zu zeigen dass man «kein schlechter Mensch» ist, zu bedauern, Reue zu zeigen,

---

6 Vgl. Inge Vanfraechem, Daniela Bolivar, Ivo Aertsen: Victims and Restorative Justice, Routledge Oxon/England; und Inge Vanfraechem, Anthony Pemberton, Felix Mukwiza Ndahinda: Justice for victims. Perspectives on rights, transition and reconciliation, Routledge Press, Oxon/England, sowie Josep Tamarit Sumalla: Restorative Justice, Procedural Justice and Care. In: Aertsen/Pali: Critical Restorative Justice. Hart Publishers, Oxford und Portland/Oregon 2017.

um Verzeihung zu bitten, Wiedergutmachung anzubieten. Das Übernehmen der Verantwortung für die Tat ist kein leichtes Unterfangen, es kratzt an unserem Selbstbild und Selbstwertgefühl, «schuldig» zu sein. Durch die zur Debatte stehende Handlung haben die Täter*innen ihr Ansehen in der Gesellschaft geschädigt, und sie wissen darum. Menschen sind soziale Wesen, wir brauchen die positive Rückmeldung durch die anderen, dass man «in Ordnung» und akzeptiert ist. Wenn die Anerkennung verweigert wird, entsteht Abwehr: Weil niemand auf Dauer mit einem negativen Selbstbild leben kann, schützen Verdrängungsmechanismen, Schönrederei oder das Bilden einer «Outlaw»-Identität vor den nagenden Schuld- und Minderwertigkeitsgefühlen. Strafe und Gefängnis bestärken genau diesen Mechanismus. Durch das Urteil wird der Täter*in eine Identität zugewiesen, ein stigmatisierender Titel: Dieb! Räuberin! Mörderin! Vergewaltiger! Niemand lässt sich auf so eine Eigenschaft reduzieren und niemand kann sich damit identifizieren. Verantwortungsübernahme wird so verhindert. Leider haben wir uns in unserem Alltagsumgang einen ganz ähnlichen Mechanismus angewöhnt: Wir tendieren ebenfalls dazu, Menschen mit ihren Taten gleichzusetzen und zu stigmatisieren, während wir nach Verantwortungsübernahme rufen, ohne zu begreifen, dass wir sie mit unserem Verhalten selbst verhindern.

RJ schlägt daher eine andere Haltung vor, ich nenne sie gerne das «Schimpfen bei ausgestreckter Hand». Wir verurteilen die *Tat*, aber *nicht* die *Person*. Die eindeutige Missbilligung ist wichtig, um als Gemeinschaft die Gültigkeit der Regeln zu bekräftigen und um dem Opfer so zu bestätigen, dass es «Unrecht war und nicht Unglück», was ihm passiert ist. Wissenschaftler*innen haben herausgefunden, dass diese Bestätigung, «dass es Unrecht war, man so mit mir nicht umgehen darf» bei vielen Opfern das Hauptmotiv für die Strafanzeige ist, und nicht etwa der Wunsch nach Strafe.[7]

Für die Täter*innen ist das Eingeständnis der Tat und die Verantwortungsübernahme für die Folgen erheblich leichter, wenn ihnen gleichzeitig signalisiert wird, dass sie «grundsätzlich ok und akzeptiert» sind. John Braithwaite, einer der bekanntesten Restorative-Justice-Theoretiker, hat diese Dynamik ausführlich untersucht und daraufhin das Konzept des «re-in-

7 Ebd.

tegrative shaming»[8] entwickelt: «Reintegrative shaming communicates disapproval of an act while conferring respect on the person and reintegrating the offender back into communities of care; stigmatization is disrespectful, outcasting shaming, which treats the person as a bad person.»[9] Die Community soll die Täter*innen aktiv «beschämen» und sie gleichzeitig auf dem Weg zurück als respektiertes Gesellschaftsmitglied unterstützen. Wie hilfreich das ist und ob es funktioniert, kann ich nicht beurteilen. Es ist auch schon als «Pranger» kritisiert worden: «Der Tadel, einmal erfolgt, wird sogar vielfach Gegensteuerungsmechanismen auslösen müssen. Gerade deswegen betrachte ich die im Gefolge des Konzepts des ‹integrative shaming› im anglo-amerikanischen Raum propagierten ‹Schamstrafen› als ausgesprochene Fehlentwicklung. Statt gegenzusteuern, tragen sie zur Perpetuierung desintegrierender Emotionen bei. Der Pranger läßt grüßen! Zur Lynchjustiz ist dann der Weg nicht mehr weit.» (Heike Jung)[10] Vorsicht ist also geboten und wo sich Strafe einschleicht, ist man ohnehin vom Weg der RJ abgekommen. Der dieser Technik zugrunde liegende Mechanismus, dass man eher zu etwas stehen kann, wenn man nicht als ganze Person zurückgewiesen wird, ist jedoch unstrittig, wie jede*r an sich selbst beobachten kann.

Die Community schließlich wird durch den Prozess gestärkt, indem sie lernt, ihre Konflikte selbst zu lösen, indem die Verbindungen ihrer Mitglieder untereinander gefestigt werden und die Einzelnen aktiv an den Belangen der Community teilhaben. Partizipation ist hier ein Stichwort. Die Gemeinschaft lernt auch über sich selbst, schließlich finden die Konflikte nicht im luftleeren Raum statt: Wie kann sie künftig Ähnliches verhindern? Wie konnte es überhaupt dazu kommen? Welche Werte wollen wir leben? In Restorative-Justice-Prozessen lernen die Leute, sich zu beteiligen, sich verantwortlich zu fühlen, sich einzumischen, anstatt die eigenen Belange an den Staat zu delegieren.

---

8 John Braithwaite: Crime, Shame and Reintegration, Cambridge University Press, Cambridge 1989, auch hier: John Braithwaite: Restorative Justice: Theories and Worries. In: 123rd International Senior Seminar Visiting Expert's Papers.

9 Lode Walgrave und John Braithwaite: Guilt, Shame and Restoration. Artikel für «Justitiele Verkenning», Den Haag, Niederlande, 21. März 1999.

10 Heike Jung: Was ist Strafe? Ein Essay. Baden-Baden, 2002.

Schlüsselprinzipien

Restorative-Justice-Verfahren funktionieren nicht beliebig. Sie sind an bestimmten Werten ausgerichtet, die im Wesentlichen humanistisch orientiert sind. Dies ist wichtig, um zu verhindern, dass sie zu Tribunalen verkommen, sich Rachedynamiken entwickeln oder Lösungen gefunden werden, die zu Lasten Dritter gehen.[11]

Im Folgenden die wichtigsten Werte und Prinzipien von Restorative Justice:

1. Definitionsmacht
Die Beteiligten sind die Expert*innen ihres Konfliktes, nur sie wissen, was gewesen ist, und vor Allem, welche Bedeutung es *für sie* hat. Mit der Unterstützung von moderierenden, allparteilichen Dritten handeln sie selbst miteinander aus, was passieren muss, um das Geschehene hinter sich lassen zu können, denn nur sie wissen, was sie brauchen und was sie können.

2. Ergebnisoffenheit
Als Expert*innen ihres Konfliktes finden die Beteiligten die Lösung, die zu ihnen und diesem spezifischen Konflikt passt. Niemand kann sie vorher bestimmen, niemand fällt Urteile oder Schiedssprüche. Die einzige Bedingung ist: Die Lösung darf keine unbeteiligten Dritten involvieren. Wer nicht dabei war, konnte nicht mitentscheiden und darf somit nicht in die Lösung eingebaut werden.

3. Konsens
Somit ist auch klar, dass die Lösungsfindung ein Konsensprozess ist. Der Prozess ist erst vorbei, wenn der Konflikt für alle bereinigt und die Vereinbarung für alle akzeptabel ist.

4. Freiwilligkeit
Alle sind freiwillig da. Vielleicht mit Bauchschmerzen, vielleicht in der Hoffnung, dabei gut wegzukommen, vielleicht weil sie sich verpflichtet fühlen. Es macht wenig Sinn, nach dem vollkommenen, freien Willen und der reinen, guten Motivation zu

---

11 Negativbeispiel: Die Jirga ist ein traditionelles Kreisverfahren im paschtunischen Teil Pakistans und Afghanistans. Frauen dürfen nicht teilnehmen, als Wiedergutmachung werden aber häufig junge Mädchen an die andere Konfliktpartei «gezahlt». Im Sinne der RJ ist beides inakzeptabel.

suchen. Menschen tun Dinge aus den unterschiedlichsten Gründen, es ist nicht an uns, das zu bewerten. Wichtig ist, dass sie da sind, dass sie den Mut und die Bereitschaft aufgebracht haben, teilzunehmen, sich zu konfrontieren. Das ist für die wenigsten einfach und zunächst einmal wertzuschätzen. Die Verhandlung wird ihren Verlauf nehmen und ihre Wirkung zeitigen. Es ist für das Gelingen des Gespräches jedoch wichtig, dass niemand gezwungen wurde, teilzunehmen, auch die moderierende Person nicht. Das gilt für jeden Moment des Verfahrens: alle können jederzeit ihre Teilnahme beenden oder um eine Unterbrechung bitten. Die Tragfähigkeit der Lösung und die Authentizität des Kontakts hängen ganz erheblich davon ab.

5. Partizipation
Niemand kann zur Teilnahme gezwungen werden – und niemand kann die Teilnahme von jemand anderem verhindern oder verbieten. Das kann durchaus heikel sein. Da RJ-Verfahren elastisch und flexibel sind, wäre in so einem Fall die Frage, wie der Prozess gestaltet werden muss, damit die Teilnahme für alle möglich ist. Fragen wie: «Was brauchst Du, um teilnehmen zu können?», aber auch «Was bringt Dich in den Kreis, was ist Dir an der Teilnahme wichtig?» können in Einzelgesprächen abgeklärt werden. RJ basiert auf Vertrauen in die Kompetenz der Teilnehmer*innen und in den Prozess.

6. Gleichberechtigung
Im Kreis sind alle gleich. Formale Rollen werden ausgesetzt und alle haben das gleiche Mitspracherecht. In den Restorative Circles werden beispielsweise grundsätzlich alle nur mit ihrem Vornamen angesprochen. Gleich heißt hier nicht: gleich behandelt, sondern: gleichermaßen gemäß ihren Bedürfnissen und Fähigkeiten. Allen soll die Teilnahme möglich sein, das stellt Anforderungen an den Ort, den Raum, die Zeit sowie Fragen von Sprache und Übersetzung. Dass die Teilnahme aller maximal ermöglicht und gefördert wird, bedeutet nicht, dass gesellschaftliche Machtverhältnisse und Diskriminierungserfahrungen vor der Tür gelassen werden – das wäre unrealistisch. Innerhalb des Kontextes ist es in der Verantwortung der Einzelnen, ihre Teilnahme umzusetzen, ihren Beitrag zu leisten, ihrer Stimme Gehör zu verschaffen. Und es ist Aufgabe der Moderation, sensibel für Machtdynamiken und Benachteiligungen zu sein. RJ soll empowernd wirken, indem es die Menschen als bereits em-

powered behandelt. Laufen lernt man beim Laufen und Hinfallen gehört dazu. Man sollte RJ nicht überfordern: Sie ist kein Allheilmittel gegen Herrschaftsverhältnisse, sondern eine gewaltarme, Selbstbestimmung und Selbstorganisation fördernde Alternative zur «organisierten Leidzufügung» (Nils Christie) der Strafjustiz. Nicht mehr, aber auch nicht weniger. Und ich finde, dass das sogar ganz schön viel ist.

Ohne Rahmen kein Kreis – wie kann man RJ umsetzen?

Aus ihrer Entstehungsgeschichte ergibt sich die Fokussierung von RJ auf strafrechtlich relevantes Geschehen. An sich ist eine «restorative Haltung» und die Entwicklung einer entsprechenden Praxis jedoch vom justiziellen Kontext völlig unabhängig und in allen Bereichen der Gesellschaft möglich. Alles, was es braucht, ist die Einigung darauf, schmerzhaftes Vorgefallenes und Konflikte *auf diese Art* angehen zu wollen. Überall dort, wo Menschen sich in einem verbindlichen Zusammenhang, einer Community, befinden, ist die Einführung restorativer Praktiken möglich: in Kindergärten, Schulen, Universitäten, Firmen, Vereinen, Organisationen, religiösen Verbänden und politischen Gruppen etc. An Konflikten mangelt es nicht. Selten ist eher der bewusste Umgang damit bzw. ein bewusst *anderer*. Vielmehr wird das gängige, vom Staat vorgegebene und in der Gesellschaft vorgelebte punitive Vorgehen übernommen, und wenn man selber nicht mehr weiterkommt, delegiert man die Sache an die staatlichen Behörden. Doch gerade in sozialen Kontexten, in denen es eine große Kontinuität gibt und neu Dazukommende in die «Gemeinschaft» eingeführt werden, gibt es die Chance, eine eigene Konfliktkultur zu erarbeiten und restorative Praktiken einzuüben.

Ohne Community geht es nur schwer: Irgendeinen Rahmen, auf den man sich beziehen kann, und irgendeine Form von sozialer Verbindlichkeit, die zur Einhaltung der Vereinbarung motiviert, muss bestehen. «Ohne Rahmen kein Kreis» beschreibt Dominic Barter das Problem. Mit Rahmen meint er die kulturelle Übereinkunft über die Konfliktlösungskultur sowie das Wissen um das konkrete Vorgehen. Der Kreis kann ohne diese Vorbedingung nicht stattfinden.

Das mag sich so anhören, als sei die Umsetzung von RJ in der Regel enorm schwierig. Einerseits stimmt das: Eine wie auch immer geartete Gemeinschaft muss sich für eine restorative Herangehensweise entscheiden und dafür bestimmte Maßnahmen treffen. Bis es so weit ist, kann es dauern. Andererseits gibt es nicht irgendein konkretes Ziel zu erreichen. Konflikte, auch äußerst schmerzhafte, restorativ anzugehen, ist ein andauernder Lernprozess, den jede*r für sich hier und heute beginnen kann. Selbst wenn zunächst keine Verfahrensweisen implementiert und keine Vermittler*innen ausgebildet werden, kann jede*r das eigene Konfliktverhalten überdenken, die eigene Reaktion anpassen und sich auf die Suche nach Gleichgesinnten machen, um gemeinsam zu üben. Kulturelle Veränderungen brauchen Zeit und Aufmerksamkeit, wir müssen tief sitzende Reaktionsschemata umlernen. Natürlich ist es leichter, wenn es gleichzeitig klare Methoden und Verfahren gibt, die im Bedarfsfall angewendet werden können. Zumal es beim besten Willen nicht darum geht, in einer punitiven Umgebung von Einzelnen zu verlangen, nun alleine alles anders zu machen.

Die staatsoffizielle Variante: Täter-Opfer-Ausgleich, Tatausgleich

Ab Ende der achtziger Jahre des letzten Jahrhunderts trugen die Bemühungen der RJ-Aktivist*innen Früchte auf staatsoffizieller Ebene. In mehreren Ländern wurden Regelungen über RJ-Verfahren in die Strafprozessordnungen eingefügt, so auch im deutschsprachigen Raum: in Deutschland unter dem Namen «Täter-Opfer-Ausgleich» (TOA) und in Österreich als «Tatausgleich». Der Täter-Opfer-Ausgleich findet seine gesetzliche Grundlage in §155a der Strafprozessordnung (StPO), demzufolge die Staatsanwaltschaft und das Gericht in jedem Stadium des Verfahrens die Möglichkeiten prüfen und in geeigneten Verfahren darauf hinwirken sollen, einen Ausgleich zwischen der beschuldigten und der verletzten Person zu erzielen. Darüber hinaus bestimmt §46a des Strafgesetzbuches (StGB), dass das Gericht die Strafe mildern oder in bestimmten Fällen von Strafe absehen kann, wenn der Täter in dem Bemühen, einen Ausgleich mit dem Verletzten zu erreichen, seine Tat ganz oder zum überwiegenden Teil wieder gutgemacht oder deren Wiedergutmachung ernsthaft erstrebt hat.

Das Positive an diesen Paragraphen ist, dass sie sehr viel Raum lassen, wie dieser kommunikative Prozess gestaltet wird – ob mit oder ohne Unterstützung (professioneller oder laienhafter Art), ob selbst gewünscht oder auf Anregung von Staatsanwaltschaft und Gericht, ob mit oder ohne Beteiligung weiterer Betroffener, ob in direktem Kontakt oder schriftlich etc. Das lässt viel Raum für Eigeninitiative und Selbstorganisation. Selbst wenn also eine Anzeige erstattet wurde, kann man als Täter*in oder Opfer einen TOA wünschen oder einfach selbst organisieren. Wichtig für die Gültigkeit vor Gericht ist die Freiwilligkeit des Vorgangs und das Einverständnis beider mit den eventuell getroffenen Vereinbarungen. Im Fall einer professionellen Vermittlung gilt natürlich darüber hinaus das mittlerweile verabschiedete Mediationsgesetz. Ein gelungener TOA kann sich strafmildernd bzw. bei leichteren Straftaten verfahrenseinstellend auswirken. Es gibt hier also ein enormes Potential, dem Staat innerhalb seiner eigenen Regeln das Heft des Handelns aus der Hand zu nehmen. Dass dieses «Instrument der Strafrechtspflege», wie es im Juristendeutsch heißt, immer noch so unbekannt ist und so wenig Verbreitung findet, lässt sich meiner Meinung nach nur damit erklären, dass weder in Justiz- noch in Politikkreisen eine wirkliches Empowerment der Menschen gewünscht ist – würde die Justiz doch eine Menge Macht und Legitimation verlieren und der Staat es mit zunehmend mündigeren Bürger*innen zu tun haben. Eine Graswurzelbewegung, die sich für RJ einsetzt und Community Justice Zentren betreibt, wo die Menschen ihre Sachen selber regeln können, ist hierzulande weit und breit nicht in Sicht. Einer solchen Bewegung bedürfte es meiner Ansicht nach aber, um die Angelegenheit insgesamt voranzubringen.

Gefahren bei der offiziösen Umsetzung

In den Händen des Staates tendieren die gut gemeintesten Ideen dazu, zu degenerieren, da er sie in Dienst seines Herrschaftsinteresses stellt.[12] Das gilt natürlich auch für diejenigen Restorative-Justice-Formen, die im Auftrag und unter Aufsicht

12 Diesen Mechanismus hier auszuführen, würde den Rahmen sprengen.

des Staates und hier insbesondere der Justizbehörden praktiziert werden. Sie sind mit ein Grund, warum mir selbstorganisierte, bewegungs- oder gemeinschaftsbasierte Formen von RJ wichtig sind. Hier einige der meiner Meinung nach schwerwiegendsten Gefahren der staatlichen RJ:

«Maßnahmisierung»
Herrschende ergreifen gerne «Maßnahmen» – ob nun bei der Privatisierung, der Überwachung oder der Erziehung. Sobald RJ aber einen Auftrag bekommt, der außerhalb ihrer selbst liegt, z.B. einen pädagogischen oder repressiven, verliert sie ihr emanzipatorisches Potenzial. Sie wird dann eine «Maßnahme» unter vielen, deren auf die «Eigen-kraft»[13] der Beteiligten bauende Besonderheit untergeht. Das geschieht erstens dadurch, dass den ausführenden Mediator*innen das Bewusstsein dafür verlorengeht und sie sich sozialarbeiterisch verhalten, zweitens dadurch, dass das Angebot bei den Betroffenen erzieherisch «rüberkommt» und sie sich entsprechend unengagiert oder widerständig verhalten. Drittens kann eine Ablehnung auf Seiten des Beschuldigten diesem negativ ausgelegt werden. Tendenzen zur Maßnahmisierung sind auch in Bezug auf das zu beobachten, was heutzutage alles als Restorative Justice firmiert: Opfer-Empathie-Trainings für Inhaftierte, Begegnungen von Inhaftierten mit Opfern der gleichen Deliktsart, aber nicht des gleichen Falls. Gemeinnützige Arbeit (das hieß früher Strafe oder Auflage). Victim-Impact-Statements (Opfer in den USA dürfen vor der Urteilsverkündung vor Gericht darstellen, wie es ihnen geht) und dergleichen mehr. Mittlerweile wird sogar die Vereinbarkeit von RJ mit Strafen, Konsequenzen oder Sanktionen diskutiert (z.B. in «Sentencing Circles») – damit wird die Idee völlig ausgehöhlt und in ihr Gegenteil verkehrt.

Merke: RJ beinhaltet grundsätzlich den kommunikativen Prozess zur Tataufarbeitung und Verhandlung von Wiedergutmachung zwischen den Betroffenen auf der Basis von Freiwilligkeit, Ergebnisoffenheit, Konsens und Gleichberechtigung! Alles andere ist Etikettenschwindel.

---

13 Von niederländisch: «Eigen-kracht», titelgebender Begriff für die niederländischen RJ-Einrichtungen: «Eigen-kracht Centrale».

Soziale Überkontrolle
Die Umsetzung von Vereinbarungen aus RJ-Prozessen bedarf einer bestimmten sozialen Kontrolle. Irgendeine Verbindlichkeit muss es ja geben, wenn man auf Polizei und individuelle Machtmittel verzichtet. In einem von staatlicher Herrschaft bestimmten Kontext aber kann soziale Kontrolle zu einer Überkontrolle werden. Wo ist da noch Raum für widerständiges oder unangepasstes Verhalten? Wie Patrick Opwis in seinem Beitrag in diesem Band richtig beschreibt, brauchen manche Menschen eher mehr unkontrollierten Raum, um sie selbst sein zu dürfen und nicht immer «anzuecken», als neben den staatlichen Herrschaftsmitteln auch noch ein enges Netz sozialer Kontrolle. Ein Grund, warum manche aus den Dörfern fliehen, ist, dass «Stadtluft frei macht». Die Anonymität und Vielfältigkeit der Lebensformen ermöglicht es den Einzelnen, dem Druck der sozialen Normen zu entgehen. So wichtig für uns Menschen Gemeinschaft und soziale Netze sind und so sinnvoll es ist, innerhalb dieser restorativ mit Konflikten und problematischem Verhalten umzugehen, so wenig kann es Sinn der Sache sein, mit Hilfe von RJ neue Disziplinierungs- und Normierungsregimes aufzustellen.

Net-widening
Auch dieser Begriff beschreibt eine Verstärkung von staatlicher Kontrolle und gesellschaftlicher Disziplinierung mit Hilfe von RJ. Tilman Lutz[14] hat diesen Effekt bei den Familienkonferenzen in Neuseeland untersucht. Auf Initiative der Maori hin hatte der neuseeländische Staat sogenannte «Family Group Conferences» (FGC) in das Jugendrecht eingeführt. Mit Ausnahme besonders schwerer Taten werden seitdem automatisch alle Jugendverfahren, auch die von Nicht-Maoris, an einen Youth-justice-coordinator überwiesen, der dann eine Konferenz einberuft. Ich gehe jetzt nicht auf die Details und auf die zahlreichen anderen Fehlentwicklungen ein. Leider ist ein trauriges Ergebnis dieses staatsorganisierten RJ-Verfahrens das sogenannte Net-widening: Fälle, die früher eingestellt worden wären, werden nun verhandelt. Somit wird viel mehr geahndet

14 Tilman Lutz: Restorative Justice – Visionäre Alternative oder Version des Alten? Literaturverlag, Münster 2002. Frei verfügbar im Internet unter: https://www.ssoar.info/ssoar/bitstream/handle/document/38322/ssoar-2002-lutz-Restorative_justice_-_visionare_Alternative.pdf?sequence=1

als vorher, aus «Mücken werden Elefanten» und der Arm der Justiz, nun vertreten durch die Eltern, greift tiefer, weiter und öfter als zuvor. Das Netz wurde erweitert und engmaschiger. Aus abolitionistischer Sicht eine Fehlentwicklung, zumal hier nicht das Opfer mitbestimmt, ob es einen Kreis gibt oder nicht. Das wäre für mich noch das einzig nachvollziehbare Argument: Auch ein aus Richter*innen Sicht «Bagatelldelikt» kann für die Betroffenen besprechenswert sein. Wo sie die Definitionsmacht haben, wären sie es, die bestimmen, ob und was sie besprechen. Das ist in Neuseeland so leider nicht der Fall, vielmehr sind die FGC auch ein trauriges Beispiel für die oben erwähnte Maßnahmisierung: Auf die Teilnahme der Opfer wird nicht einmal großen Wert gelegt. Aber ein*e Polizist*in ist immer anwesend. Hier wurde die ursprüngliche Idee vollständig ad absurdum geführt.

Neusprech

Die zeitgenössische, realitätsverschleiernde Umbenennung von Dingen und Handlungen geht auch an RJ nicht vorbei. Diese Form der Sprachpolitik, die in vielen Kontexten virulent ist und zu heftigen Auseinandersetzungen führt, ist sehr kritisch zu betrachten, besonders dann, wenn sich an den gesellschaftlichen Umständen und dem Bezeichneten selbst nichts ändert und die Sprachummodelung die soziale Auseinandersetzung ersetzt. Manchmal ist es besser, die Dinge beim Namen zu nennen, auch wenn sich das nicht so schön politisch korrekt anhört.

Im Kontext von RJ gibt es etwa statt Strafen «Konsequenzen», ohne dass der hierarchische Charakter angegangen wird. Auch das Wort «Konflikt» kann Machtverhältnisse verschleiern, so richtig es insgesamt ist, diese Blickveränderung hin zu Dynamik und Kontext von Geschehenem vorzunehmen. Falsch ist es auch, von «Verantwortung» zu sprechen, wenn man Schuld meint. Die Begriffe bezeichnen nicht das gleiche und sind nicht austauschbar – werden aber gerne miteinander vermischt.

Kleiner Exkurs zu Schuld und Verantwortung

Ich vertiefe dieses Thema, weil die beiden Begriffe sehr schön den Unterschied zwischen den Herangehensweisen von punitiver und restorativer «Justiz» aufzeigen. Nicht umsonst wird in der Strafjustiz jemand «schuldig gesprochen», während RJ nach «Verantwortungsübernahme» strebt.

Während die Frage nach Verantwortung nach demjenigen sucht, der die Antwort auf ein Problem zu geben hat, fragt Schuld im moralischen Sinn nach dem, der zu bestrafen ist. Die Zuweisung der Verantwortung ist konstruktiv. Sie sieht ein Problem, das gelöst werden soll. Sie wertet auf, da sie den Verantwortlichen mit der Pflicht die Fähigkeit zuschreibt, Gutes zu tun. Die Zuweisung der Schuld ist destruktiv. «Schuldigen» wird kein Wert zugeschrieben. Er wird ihnen aberkannt. Beim Blick auf Schuldige denkt man nicht an das Gute, das sie geben, sondern an den Schaden, den man ihnen zur Strafe ihres Unwerts zufügen wird. Schuldige werden herabgestuft.

Spricht man von Schuld, will man die Waage ausjustieren, indem man der Täter*in durch Strafe etwas nimmt. Die Täter*in soll leiden. Spricht man von Verantwortung, will man die Waage ausjustieren, indem die Täter*in dem Opfer etwas gibt. Das Leid des Opfers soll behoben werden. Die Wahl des Begriffes hat weitreichende Folgen, die gesamte Dynamik kann sich von einem Teufels- in einen Engelskreislauf umdrehen – *wenn* damit eine Änderung der Sichtweise und Praxis einhergeht!

Erwiderung auf Kritiken

Bei einem Verfahren, das sich mit schmerzhaftem Geschehenem befasst und gängige Handlungsweisen herausfordert, bleibt Kritik nicht aus. Konflikte und gewaltvolle Ereignisse sind äußerst sensible Bereiche des menschlichen Lebens, ein achtsamer, vorsichtiger, rücksichtsvoller und doch realitätsnaher und praktikabler Umgang ist geboten. Hinter der Kritik steckt oft die Sorge um das Wohlergehen der Beteiligten, insofern finde ich es wichtig, dass RJ-Praktiken sich immer wieder selbst kritisch prüfen. Soweit ich das überblicken kann, passiert das zumindest auf theoretischem Niveau durchaus ausführlich. Im Interesse der Betroffenen wäre es wünschenswert, wenn an die Justiz die gleichen Ansprüche gestellt würden.

Doch nun zu den häufig vorgebrachten Kritikpunkten:

1. «RJ-Verfahren sind blind für gesellschaftliche Machtverhältnisse»
Abgesehen davon, dass eine entsprechende Sensibilisierung in vielen RJ-Kontexten gefordert und gefördert wird, möchte ich

dafür plädieren, die Kirche im Dorf zu lassen, wie es in christlicher Redensart so schön heißt. Restorative Justice ist nicht angetreten, die Welt zu retten oder die Herrschaft zu stürzen. Es handelt sich um Praktiken, die auf der Mirkoebene zwischenmenschlicher (gewaltvoller) Konflikte und problematischer Vorfälle einen gewaltarmen, zukunfts- und gemeinschaftsorientierten Umgang ermöglichen sollen. RJ ersetzt weder soziale Kämpfe noch Therapien – kann jedoch beides begleiten.

Darüber hinaus ist bei der Fremddefiniton des Charakters eines Konfliktes Vorsicht geboten: Nur die Betroffenen können wissen und definieren inwiefern etwa Diskriminierungsdynamiken in ihrem Konflikt eine Rolle spielten. Wenn die Vermittler*innen anfangen, ihre eigene Interpretation des Geschehenen einfließen zu lassen, anstatt empathisch und unterstützend zu agieren, enteignen sie eher die Betroffenen ein weiteres Mal ihres Konfliktes, als sie zu empowern.

*2. «RJ macht es den Täter*innen leicht.»*

Es ist oft wesentlich leichter, sich vor Gericht von einer Anwält*in verteidigen zu lassen, nichts zu sagen und das Ganze über sich ergehen zu lassen, wie es auch leichter ist, einem Konflikt aus dem Weg zu gehen und die andere Person zu meiden – ein weit verbreitetes Konfliktverhalten. Warum? Weil die Konfrontation mit dem eigenen Handeln schmerzhaft ist. Weil wir Angst davor haben, was die andere Person zu sagen hat, vor ihrem Schmerz und Leid, weil wir uns dann schämen, dafür verantwortlich zu sein, und weil wir Angst haben vor ihrem Urteil, weil wir nicht als schlechter Mensch gesehen werden wollen. Die Behauptung, RJ sei «zu einfach», kann der Überprüfung durch die Realität nicht standhalten und scheint mir vor allem dort zu existieren, wo es keine Erfahrung mit RJ gibt. Und Vorsicht: Steckt hinter dem Vorwurf, etwas sei für die Täter*in zu «einfach» vielleicht die Idee, sie solle es schwer haben, also leiden? Hat sich da ein punitiver Gedanke versteckt?

3. «RJ ist gefährlich für die Opfer.»

Das Wohlergehen der Geschädigten ist ein sehr wichtiges Thema. Die Sorge darum führt häufig zu Überprotektionismus, der ein Bild von Opfern bzw. «verletzten Konfliktbeteiligten» als schwach, ausgeliefert, machtlos, verletzlich und unfähig, über ihre eigenen Belange zu entscheiden, zeichnet. Dieser meist von

Fachleuten aus sozialen Berufen vorgebrachte Opferpaternalismus, der stets besser weiß, was gut für die Geschädigten ist, schwächt genau dadurch die Position der Opfer. Wenn Gewalterfahrungen Erfahrungen von Demütigung, Ausgeliefertsein und Ohnmacht sind, und ein wichtiger Schritt bei der Heilung und der Wiederherstellung von Normalität das Empfinden von Gestaltungsmacht, Handlungsmacht, Ernstgenommenwerden und Gehörtwerden ist, dann kann es nur das Opfer sein, das bestimmt, ob es an einem RJ-Verfahren teilnehmen will und, wenn ja, wie, wann, wie lange, wo etc. Gebt dem Opfer, was des Opfers ist: die Entscheidungshoheit über seine Handlungen. RJ gibt den Opfern die Macht zurück, behandelt sie als wichtige, gleichberechtigte und gleichwürdige Teilnehmer*innen eines Prozesses. Gleichzeitig überdramatisiert RJ nicht – man muss den Leuten nicht einen Schaden einreden, den sie gar nicht haben. Die bisherigen wissenschaftlichen Untersuchungen zum Thema Opferzufriedenheit mit RJ-Angeboten zeichnen ein weitgehend positives Bild.[15]

Einer der besonderen Aspekte an RJ ist, dass sie den Betroffenen erlaubt, sich selbst und andere zu überraschen. RJ traut den Menschen etwas zu, auf dass sie es sich selber auch zutrauen. Weil RJ den Menschen erlaubt, das Geschehene selbst zu definieren und ihre eigene Lösung zu finden, steckt der Prozess oft voller überraschender Wendungen. Es ist eine Binsenweisheit für Mediator*innen und RJ-Vermittler*innen, dass es nie so kommt, wie man dachte, und dass man auf die meisten Lösungen selber nie gekommen wäre. Um nicht missverstanden zu werden: Empathisches Nachfragen, Achtsamkeit und Hilfestellungen gehören zu den Aufgaben der Vermittler*innen. Wenn die Vermittler*in ein schlechtes Gefühl hat oder etwas nicht mittragen kann, kann sie das erstens zur Sprache bringen und somit zur Debatte stellen, zweitens kann sie eine Pause einlegen oder die Sitzung unterbrechen und vertagen und drittens die Moderation abgeben. Eine Vermittler*in, der es nicht gut geht, mit dem was passiert, kann ihre Arbeit

---

15 Vgl. Vanfraechem et al oder auch: Henning Schmidt-Semisch (2016): Das Strafjustizsystem als Setting – Gesundheitswissenschaftliche Überlegungen zur strafrechtlichen Konfliktbearbeitung. In: Nadine Ochmann / Henning Schmidt-Semisch / Gaby Temme (Hrsg.): Healthy Justice. Überlegungen zu einem gesundheitsförderlichen Rechtswesen. Wiesbaden. S. 113–140;

nicht richtig machen und beeinflusst so auf non-verbaler Ebene den Prozess auf negative Art.

4. «RJ zwingt die Leute, sich zu versöhnen.»
RJ zwingt niemanden zu irgendetwas. Wo Menschen gezwungen werden, findet nicht RJ statt, auch wenn es vielleicht draufsteht. Schlechte Praxis gibt es in allen Bereichen des Lebens. Damit das aber möglichst nicht passiert, wird seit langem über die Definition der RJ-Werte und -Prinzipien diskutiert. Ich habe die wichtigsten weiter oben aufgeführt. In meinem Verständnis von RJ ist das Ziel, einen Dialog zustande zu bringen, dessen Inhalt von den Beteiligten weitgehend selbstbestimmt wird (weitgehend, weil es schon um den Konflikt geht und nicht um das Wetter). Dabei kann dann Frieden entstehen, Vergebung, Verzeihung, Wiedergutmachung, Versöhnung, Freundschaft und vieles mehr. Kann. Kann aber auch nicht, vielleicht gibt es «nur» eine Aussprache und etwas mehr Zufriedenheit. Vielleicht stellt man fest, dass man nicht miteinander reden kann und will. Oder dass der Zeitpunkt noch nicht richtig ist. Oder wichtige Beteiligte fehlen etc.

In der Literatur wird ab und an, wenn auch äußert selten, von der «Versöhnung» der Konfliktparteien gesprochen. Das ist im Sinne eines friedlichen Zusammenlebens gewiss wünschenswert. Ich empfinde Versöhnung aber als ein sehr großes Wort, zwischen manchen Leuten gibt es eben nichts zu versöhnen (vielleicht weil sie auch vorher gar keine Beziehung zueinander hatten oder weil ein nicht zu überwindendes gesellschaftliches Machtungleichgewicht zwischen beiden besteht: Da war also auch vorher nichts «gesöhnt»). Ich finde auch den Begriff «Vergebung» schwierig. Ich spreche für mich gerne von «Frieden», den ich mit einer Sache mache, davon, dass etwas abgeschlossen ist und mich nicht mehr quält und beschäftigt. Manchmal habe ich dann auch vergeben, wenn das denn heißt, dass ich die Handlungen der anderen Person nachvollziehen und es für uns beide bedauern kann, so unglücklich miteinander verwickelt worden zu sein. Manchmal, wenn die Anerkennung des Unrechts durch die andere Person fehlt, kann ich trotzdem in Frieden sein – vergeben ist es aber nicht. Wie sagt Hubertus Siegert, Autor des Films «Beyond Punishment»[16]: «Freiheit ist, was du mit dem anfängst, was dir

16 Beyond Punishment, Dokumentarfilm von Hubertus Siegert, Deutschland 2015, 104min.

angetan wurde.» Es ist auch eine Form von Opfer-Macht, von Überlebenden-Power, sich nicht durch die Handlungen einer anderen Person des Lebensglücks berauben zu lassen.

Was ist wenn...? – FAQ

Es gibt ein paar gängige Fragen, die sich mit dem Scheitern oder Nichtzustandekommen eines RJ-Prozesses befassen. Ich möchte hier auf die häufigsten eingehen.

*... die Täter*in nicht mitmachen will?*
Hierauf gibt es verschiedene Antworten und die Reaktion der Community wird wohl je nach Kontext und individuellem Fall unterschiedlich ausfallen. RJ-Verfahren haben zwar einen standardisierten Ablauf, sind darin aber flexibel und lassen sich den Situationen, Bedürfnissen und Möglichkeiten anpassen.

Vielleicht ist die Teilnahme der Täter*in nicht nötig. Bereits die gemeinsame Aussprache zwischen Opfer und Community kann sowohl für das Opfer befriedigend als auch auf die Community verändernd wirken. Lösungen werden sich vielleicht auf die Unterstützung des Opfers fokussieren, die Debatte geht gegebenenfalls eher darum, welcher Teil der Verantwortung für den Vorfall bei der Community liegt. Möglicherweise gibt es Leute, die mit der Täter*in sprechen und auf sie oder ihn einwirken, vielleicht sind ihre oder seine Freund*innen bereit, am RJ-Verfahren teilzunehmen und mit ihrer Freund*in danach «ein ernsthaftes Wörtchen» zu reden. Der Beitrag von Lisa Monz und Melanie Brazzell über Transformative Justice geht noch stärker darauf ein, wie mit Opfer und Täter*in getrennt gearbeitet werden kann. Vielleicht kommt es ja dann später noch zu einer Aussprache? Vielleicht schreibt jemand einen Brief oder organisiert ein Ritual? Der Kreativität sind in RJ keine Grenzen gesetzt.

Ein anderer Aspekt ist die Frage nach dem Verhältnis von Zwang und Freiheit. Zu RJ wird niemand gezwungen, gleichzeitig orientiert sich unser Verhalten daran, dass wir als Menschen soziale Lebewesen sind und einander brauchen. Die Frage ist also, inwiefern ich mir eine dauerhafte Entfremdung von meiner Community leisten kann und will. Die Antwort darauf wird unterschiedlich ausfallen, je nachdem, ob es um einen Vorfall in einem Sportverein einer Großstadt oder zwischen zwei Bäuer*innen in einem kleinen Bergdorf geht. Der soziale Druck ist unterschiedlich stark, aber fast immer gegeben, und fließt in die Entscheidung, teilzunehmen, ein. Das ist kein Skandal, sondern normaler Bestandteil unserer menschlichen Existenz: Totale individuelle Freiheit gibt es nicht, sie ist eine Illusion unserer westlichen Gesellschaften und das Bedürfnis nach ihr steht oft in umgekehrt proportionalem Verhältnis zum Freiheitsgrad der sozialen Verhältnisse. Meine Entscheidungen können niemals völlig frei sein, sie sind determiniert durch meine eigene Geschichte und Sozialisierung, meine Fähigkeiten und meine Bedürfnisse, den sozialen Kontext sowie die gesellschaftlichen Umstände. Wir sind nicht autonom, wir sind höchstens co-autonom, weil ein Rest sozialer Abhängigkeit immer vorhanden ist. Ich glaube, man kommt nicht weit, wenn man das nicht akzeptiert. Was heißt, dass es durchaus sein kann, dass ein gewisser sozialer Druck auf der Täter*in lastet, mitzumachen.

Und wenn das nun alles nichts hilft? In den westlichen Gesellschaften bleibt uns der Rekurs auf die Strafjustiz. In anderen Kontexten kommt es vielleicht zu Racheakten, entstehen Fehden oder die Community beschließt den Ausschluss des Beschuldigten (Exil, Verbannung).

Was sich hier andeutet, ist der gewaltsame «Last Resort». In allen Kontexten, in denen RJ und der RJ ähnliche Verfahren angewandt werden und wurden, gibt es eine allerletzte, gewaltsame Lösung. Der Unterschied zur modernen Strafjustiz ist, dass dies aber der letzte Notnagel ist, nachdem man alles andere probiert hat. Bei uns ist Strafe das erste, was uns einfällt, und fängt schon in der Kindererziehung an. Dabei geht es bei so einer gewaltsamen letzten Lösung gar nicht unbedingt um die Bestrafung der Übeltäter*in, sondern um den Schutz der Gemeinschaft vor jemandem, der oder die nicht kooperieren will und sich schädlich verhält.

Wichtig: Das heißt im Umkehrschluss für die *Opferseite* nicht, dass man kein Augenmerk mehr darauf richten muss, ob jemand bewusst unter Druck gesetzt wird und welche Alternativen vielleicht erst einmal zu prüfen sind oder welche Ausgangsbedingungen verändert werden müssen, damit wir sicherer sein können, dass die Person die Entscheidung selbst und mit einem einigermaßen guten Gefühl (so sehr man in solchen Zusammenhängen davon sprechen kann) getroffen hat. Ob

Opfer, Täter*in oder weitere Beteiligte, es gilt die Faustregel: Je freimütiger jemand teilnimmt, desto produktiver wird er oder sie sich vermutlich verhalten.

... das Opfer traumatisiert ist?

Trauma ist ein großes Wort und wird in letzter Zeit immer inflationärer gebraucht. Was die meisten Menschen im Kopf haben, wenn sie Trauma sagen, sind heftige Symptome einer Posttraumatischen Belastungsstörung (PTBS). RJ kann erwiesenermaßen heilende Effekte für die Beteiligten haben (im Übrigen auf beiden Seiten, auch Täter*innen können von ihrer eigenen Tat traumatisiert werden). Also grundsätzlich erst einmal: Egal, ob jemand traumatisiert ist oder nicht, entscheiden soll er oder sie selbst, ob RJ eine Option für ihn oder sie ist bzw. ob es der richtige Zeitpunkt ist. RJ ersetzt keine Traumasofortbehandlung und keine PTBS-Therapie, kann aber davor, danach oder begleitend eine sinnvolle Option sein. Die RJ-Vermittler*in kann und sollte im Vorfeld in den Einzelgesprächen abklopfen, ob und was sich die Person zutraut, welche Unterstützungsmaßnahmen hilfreich sind und ob Notfall-Zeichen vereinbart werden, wenn die Person emotional überfordert wird, um eine Unterbrechung der Sitzung herbeizuführen und gegebenenfalls Unterstützung zu organisieren.

Die Frage nach sekundärer Traumatisierung oder Reviktimisierung wird in RJ-Kontexten stark diskutiert, es ist allen ein Anliegen, dass niemand durch den Prozess geschädigt wird. Wie so oft im Leben gibt es aber keine Garantien. Die Stärke von RJ ist, individuell auf das Tempo, die Bedürfnisse und die Kraft der Leute eingehen zu können. Ein Gerichtsverfahren stellt sich diesen Fragen in den wenigsten Fällen.

... keine Lösung gefunden wird?

Vielleicht war es noch nicht der richtige Zeitpunkt. Vielleicht war es nicht das richtige Verfahren. Gerade bei «schweren Delikten» ist das Timing wichtig. Übergangslösungen finden, Schutz organisieren und, falls gewünscht, es später noch einmal probieren. Das ist eine Variante. Vielleicht ist der Leidensdruck nicht hoch genug und es gibt genügend Ausweichmöglichkeiten? Wenn es an einer Einzelperson liegt, dass kein Konsens gefunden werden kann, lohnt es sich vielleicht, nachzuhören, welches Bedürfnis hier noch nicht erfüllt ist, um zustimmen zu können, welche Sorge sich hier noch äußern, welcher Ärger noch ausgedrückt werden will.

Ansonsten gilt je nach Kontext auch das, was ich unter dem Punkt «wenn die Täter*in nicht mitmachen will» geschrieben habe. Manchmal kann man sich auch einigen, sich nicht zu einigen und sich künftig aus dem Weg zu gehen. Lösungen gibt es so viele wie es zwischenmenschliche Konstellationen gibt.

*... der oder die Beschuldigte Wiederholungstäter*in ist?*
Zunächst ist RJ immer möglich, wenn die Betroffenen dafür bereit sind und dies wünschen. Der Kontext der «Rückfälligkeit» ist jedoch nicht unerheblich. Waren die vorher gefundenen Lösungen nicht nachhaltig? Hat jemand geklaut, weil er/sie arm ist, und daran hat sich seitdem nichts geändert? Oder ist das Problem tiefenpsychologischer Art? Missbräuchliches (sexuelles) Verhalten bedarf sicherlich mehr als eines RJ-Verfahrens. Hier sind tiefgreifende Persönlichkeitsveränderungen ebenso gefragt wie eine Selbstauseinandersetzung der Gemeinschaft. Ein bewegendes Beispiel für eine gelungene, restorative Aufarbeitung (über Jahre!) massenhafter und wiederholter sexueller Gewalt ist der Prozess, durch den die indigene Community von Hollow Water in Kanada gegangen ist.[17]

Die wenigsten Menschen sind wirklich bösen Willens. Es braucht also andere Lösungen als die bisher gefundenen. Wo nichts zu helfen scheint – und das soll öfter vorkommen, als man es sich wünscht – sind die Vorschläge von Transformative Justice, wie sie auch in diesem Band vorgetragen werden, sicherlich am gangbarsten: Sich um die Geschädigten und die Community kümmern, Schutz organisieren, die Täter*in unschädlich machen, indem man sie ggf. aus einem bestimmten Kontext entfernt. Das ist die Anwendung von Zwang, aber dass es ganz ohne nicht immer geht, hatten wir oben ja schon festgestellt. Wichtig ist, dass das die Ausnahme bleibt und nicht zu neuen Formen von Punitivität degeneriert.

17 https://www.nfb.ca/film/hollow_water/

Warum Restorative Justice? Der politische Gehalt.

Die Forderung nach einer Gesellschaft ohne Knäste, oder besser noch, ohne Strafe, ist, wie Bernhard Stoevesandt in seinem Beitrag zu diesem Buch festgestellt hat, eine ungeheure Provokation bis in linke Kreise hinein. Ohne Knäste? Wie soll das denn gehen? Immer diese anarchistischen Spinner und Träumerinnen! Es ist einerseits zum Verzweifeln, weil sich daran auch zeigt, wie vergessen die Tatsache ist, dass es auch in unseren Breitengraden noch gar nicht so lange her ist, dass staatliches Strafen und insbesondere Haft als Standardstrafe nicht existierten. Es ist wie mit dem Geld: Es ist so normal geworden, dass man sich nicht vorstellen kann, dass zu anderen Zeiten das meiste ohne geregelt wurde. Geld hat zwar fast immer in irgendeiner Form existiert, war aber lange Zeit kein dominantes Mittel, um Dinge zu tauschen.[18] Man brauchte es für Steuern oder den Handel mit Fremden. Strafe hat immer existiert, aber Wiedergutmachung war der Kern vieler Rechtsverfahren. Die staatlichen Strafen galten oft für Verbrechen gegen Gott oder den König. Die Strafjustiz geht, wie bereits weiter vorne im Buch beschrieben, auf die Inquisition zurück. Daher hat sie auch ihre Fragetechniken, wie Foucault gezeigt hat. Langer Rede kurzer Sinn: Man muss kein weltfremder Träumer und keine Spinnerin sein, um sich eine Gesellschaft ohne Gefängnisse, ja ohne Strafe vorzustellen. Es genügt, in die Geschichte und über den Tellerrand der westlichen Zivilisation zu blicken, um durchaus nicht nur Fehden, sondern auch Wiedergutmachungsverfahren, restorative Kreise und Friedenszirkel zu finden.

Leider ist all das wenig bekannt. So kommt es, dass selbst Gefängniskritiker*innen auf die Frage, wie es denn anders gehen soll, keine Antwort wissen, und irgendetwas von «das muss die künftige Gesellschaft herausfinden» oder «mit der Revolution verschwinden die meisten Straftaten» oder dergleichen raunen. Ich fand das nie befriedigend und hatte den Eindruck, dass es auch die meisten anderen Menschen nicht wirklich überzeugt. Seit ich Restorative Justice kenne, habe ich eine Antwort. Ich kann erstens erklären, dass Strafjustiz und

18 Vgl. z.B. David Graeber: Schulden – die ersten 5000 Jahre. Klett-Cotta, Stuttgart 2012.

Gefängnis historisch eine Ausnahmeerscheinung und auch heute nicht überall das Mittel erster Wahl sind, und zweitens zeigen, wie Menschen das anders regeln können – und zwar konkret. Ich kann auf die Widersprüche eingehen und zugestehen, dass es Fälle geben mag, bei denen man nicht weiterweiß, und bei denen man sich etwas anderes ausdenken muss. Dass der Unterschied aber in einer komplett anderen Herangehensweise an die Dinge besteht, in der die Dynamik eines Konfliktes mit seiner Vor- und Nachgeschichte gewürdigt wird, anstatt nur auf die Momentaufnahme zu schauen; in der die Würde aller Beteiligten gewahrt und so Verantwortungsübernahme möglich wird; in der Kontakt zwischen Menschen (wieder-)hergestellt wird, anstatt sie weiter voneinander zu entfremden (mit den entsprechenden Filmen übereinander im Kopf); in der Menschen ihre Belange selber in die Hand nehmen, im geschützten Rahmen und mit Unterstützung, wenn nötig und gewünscht. Ich kann erklären, dass es eine grundsätzlich andere Sichtweise ist, ob ich Konflikte, Verantwortung und Bedürfnisse sehe oder Straftaten, Schuld und Gesetze. Mir ist noch niemand begegnet, der das nicht verlockend und faszinierend findet und dafür wäre, dass es öfter so gemacht wird, auch wenn viele skeptisch sind, «ob sie das selber könnten».

Es gibt hier also ein Werkzeug, das es ermöglicht, eine bestimmte Form von «DIY-Justiz» zu betreiben, ein Stück weit unsere Belange dem Staat wieder ab- und in die eigenen Hände zu nehmen. Es geht ganz konkret um Selbstbestimmung und Autonomie, Gewaltreduzierung und Zukunftsgestaltung. RJ ist die Möglichkeit, an etwas Positivem zu bauen, anstatt nur «dagegen» zu sein. Man kann bei sich selbst anfangen, auch wenn sonst niemand mitmachen will. Oder man kann große Organisationen danach ausrichten. Man stelle sich vor, wir würden in Deutschland nur noch ein Gefängnis haben, wo jene einsitzen, mit denen wir uns auf nichts einigen konnten. Und wir würden es wie ein komfortables Sanatorium betreiben, weil wir nicht mehr daran glauben, dass strafen hilft. Den größten Teil der Konflikte würden wir selbst bewältigen, und wo das nicht geht, hätten wir vom Staat beauftragte Vermittler*innen, die ihrerseits noch einmal mehrere Versuche unternähmen, die Sache zu regeln. Man stelle sich vor, es wäre einfach, zu seinen Verfehlungen zu stehen, weil man nicht mehr die Stigmatisierung und den sozialen Ausschluss fürchten müsste. Was alles zur Sprache käme, welche weiteren politischen Veränderungen notwendig und denkbar würden!

Damit das nicht im luftleeren Raum stehenbleibt, will ich zwei Beispiele für Experimente von RJ-Verfahren in revolutionären Gesellschaften anführen. Es sind die zwei revolutionären Aufbrüche, die meiner Meinung nach am ehesten als positives Beispiel und als Hoffnung für die Zukunft taugen: Rojava[19] und Chiapas[20]. In beiden Fällen handelt es sich nicht um «lupenreine» Restorative Justice. Kulturelle Wandlungsprozesse brauchen viel Zeit und Bewusstseinsarbeit. Linke Perfektionsansprüche haben noch nirgendwo weitergeholfen.

In den kurdischen Selbstverwaltungsgebieten von Rojava und darüber hinaus versuchen die aufständischen Kurd*innen ein Rechtssystem einzuführen, das die dort bereits bekannten «Friedensrichter»-Verfahren in eine moderne Form überführt. «Damit wird eine traditionelle Institution aufgegriffen, sie aber mit den Werten des Gesellschaftsvertrags von Rojava gefüllt, in dem Rätedemokratie und Geschlechterbefreiung wie auch Menschenrechte festgeschrieben stehen. Diese Praxis schafft eine Brücke des Verständnisses im Verhältnis Tradition und Revolution.» Statt alter Männer gibt es die paritätisch besetzten «Friedens- und Konsenskomitees». Zum Schutz vor Nichtkooperationswilligen gibt es Gefängnisse, die allerdings nur für besonders schwere Taten und im Ausnahmefall benutzt werden sollen und in denen das Leben nicht schlechter sein soll als draußen. «Wir haben den Gefangenen schon die Freiheit genommen, wir wollen sie nicht noch durch die Haftbedingungen bestrafen.» Allein das ist ja revolutionär im Vergleich zu dem, was hier passiert. Es werden keine Urteile gefällt, sondern ein Konsens erzielt: «Mit dem Konsensprinzip sollen möglichst die Angeklagten durch eine Strafe nicht ausgegrenzt und weggesperrt, sondern ihnen bewusst gemacht werden, dass ihre Handlungen zu Ungerechtigkeit, Schaden und Verletzungen bei

---

19 Ercan Ayboga: Das neue Rechts-System in Rojava – der Konsens ist entscheidend. In: TOA-Magazin 2/2014, S. 40 ff. Auch hier: Kampagne Tatort Kurdistan: Demokratische Autonomie in Nordkurdistan. Reader, Mesopotamien Verlag, Neuss 2012.

20 Angeles Catilina: Justicia Autonoma Zapatista. Gerechtigkeitsfindung in der indigenen Selbstverwaltung der aufständischen Gebiete in Chiapas, Mexiko. In: TOA-Magazin 2/17, S. 29ff.

anderen geführt haben. Dafür wird, wenn nötig, sehr lange diskutiert und verhandelt.»

In den aufständischen Gebieten von Chiapas werden Konflikte ebenfalls vor lokalen gewählten Komitees verhandelt. «Ziel ist dabei stets eine von allen Beteiligten akzeptierte Lösung zu finden, die in geringfügigen Fällen meist aus Entschuldigung, Verzeihung sowie Schadensersatz besteht. Darüber hinaus kann die Gemeinde als Sanktion auf der Leistung von gemeinnütziger Arbeit bestehen. Geldstrafen gibt es keine, und auch keine Gefängnisse.»

Erst wenn mehrere Versuche der konsensualen Lösungsfindung (auf der stets nächst höheren Ebene) gescheitert sind, kann eine Strafe ausgesprochen werden, die meist in der Verbannung besteht. «Als Restorative Justice kann man das Vorgehen (…) nur bedingt bezeichnen. Wiedergutmachung und Einvernehmlichkeit stehen zwar im Vordergrund, insgesamt erinnert die Funktionsweise der Institutionen aber mehr an Schiedsgerichte als an Mediation oder Friedenszirkel. Im Vergleich zum ringsum herrschenden mexikanischen ‹Wahnsinn› bedeuten sie aber einen großen Fortschritt. Und da die Gesellschaft ständig in Aushandlungsprozessen bewusst weiterentwickelt wird, bestehen viele Möglichkeiten, das Justizsystem immer weiter im Sinn der Restorative Justice umzubauen.»

Wenn also Geoffrey de Lagasnerie in seinem 2017 erschienenen, überaus lesenswerten Buch «Verurteilen. Der strafende Staat und die Soziologie» nach fast 250 Seiten, auf denen er die Strafjustiz in ihre Bestandteile zerlegt und jeden einzelnen in Grund und Boden kritisiert hat, fragt[21]: «Was würde es bedeuten, ein anderes Recht zu finden, das nicht im Sinne der Abstraktion, der Generalisierung funktioniert und das die Formen und Vokabulare nicht vereinheitlichen würde? Können wir uns nicht ein gerechtes Recht vorstellen – d.h. ein Recht, das unmittelbar plural und verstreut ist und das, anstatt ein einziges Verfahren durchzusetzen, den Akteuren die Möglichkeit gäbe, durch sich selbst zu bestimmen, was geschehen ist, wie sie es erleben und was Gerechtigkeit widerfahren lassen bedeutet? Es würde darum gehen, sich auf den Weg des Aufbaus dessen zu begeben, was ein im vollen Sinne demokratisches Recht sein könnte – d.h. ganz einfach, eines Staates und eines Justizsys-

21 De Lagasnerie S. 246.

tems, die nicht mehr im Sinne der Souveränität funktionieren würden» und feststellt, «so etwas» hätten wir «noch nie erlebt», kann man ihm entgegenhalten: Vielleicht nicht genau so, wie du es dir vorstellst, aber es gibt doch schon viele von uns, die auf dem Weg sind.

Bibliographie

Nadine Ochmann / Henning Schmidt-Semisch / Gaby Temme (Hrsg.): Healthy Justice. Überlegungen zu einem gesundheitsförderlichen Rechtswesen. Wiesbaden 2016

Geoffroy de Lagasnerie: Verurteilen. Der strafende Staat und die Soziologie. Suhrkamp, Berlin 2017

Heike Jung: Was ist Strafe? Ein Essay. Baden-Baden 2002

Inge Vanfraechem / Daniela Bolivar / Ivo Aertsen: Victims and Restorative Justive, Routledge Oxon/England

Inge Vanfraechem / Anthony Pemberton / Felix Mukwiza Ndahinda: Justice for victims. Perspectives on rights, transition and reconciliation, Routledge Press, Oxon/England

Nils Christie: Grenzen des Leids. AJZ-Verlag, Bielefeld 1986

Tilman Lutz: Restorative Justice – Visionäre Alternative oder Version des Alten? Literaturverlag, Münster 2002

John Braithwaite: Crime, Shame and Reintegration, Cambridge University Press, Cambridge 1989

Ivo Aertsen & Brunhilda Pali: Critical Restorative Justice. Hart Publishers, Oxford und Portland/Oregon 2017

TOA-Magazin, Fachzeitschrift für Täter-Opfer-Ausgleich. TOA-Servicebüro, Köln, alle Ausgaben

Mein Wissen stammt außerdem aus meiner Ausbildung zur *Mediatorin Strafsachen* sowie vielen Gesprächen mit der GfK- und Restorative-Circle Trainerin Gabriele Grunt in Wien.

Ausbildungen, Fortbildungen etc.

Es ist gar nicht so leicht, einen Einstieg zu finden, da es kaum organisierte Fortbildungen in RJ-Praktiken in Deutschland gibt. Hier ein paar persönliche Empfehlungen:

Ein Einstieg über eine Fortbildung zu *Gewaltfreier Kommunikation und Mediation* ist hilfreich und sinnvoll, da hier Grundtechniken und -haltungen vermittelt werden, die für RJ unabdingbar sind. Hierzu gibt es zahlreiche Angebote. Ansonsten kann ich *Restorative Circle* Trainings empfehlen, sie sind zwar selten, aber sehr aufschlussreich, AnbieterInnen im deutschsprachigen Raum u. A. Gabriele Grunt (Wien), Hannah Hartenberg (NRW) und Sven Hartenstein (Leipzig).

Für Friedenszirkel/Friedenskreise bin ich keine Expertin und in Bezug auf manches, das ich gehört habe, skeptisch. Es kann sich aber lohnen, da mal reinzuschauen, wenn man über ein solches Angebot stolpert.

Das TOA-Servicebüro bietet darüber hinaus eine Fortbildung für Mediation in Strafsachen an. Ich würde hier aufbauend auf eine ausführliche Mediationsausbildung nur die drei Spezialisierungsmodule absolvieren.

Kein einfacher Weg: von Restorative zu Transformative Justice im Umgang mit sexualisierter Gewalt und Beziehungsgewalt

Von Lisa Monz und Melanie Brazzell (Transformative Justice Kollektiv Berlin)

*Das Wissen und die Erfahrungen, die in diesen Artikel eingeflossen sind, kommen aus kollektiven Prozessen und Auseinandersetzungen, an denen viele Menschen beteiligt waren. Das sind alle Mitglieder des Transformative Justice Kollektivs Berlin, alle Verbündeten und Partner*innen, von denen wir gelernt haben, und all die Menschen, mit denen wir zusammen gegen Gewalt in Gruppen und Gemeinschaften gearbeitet haben. Besonderer Dank gilt Anne Grunwald für Anregungen, Korrekturen und Ermutigung.*

1. Community Accountability / Transformative Justice und der US-amerikanische Strafstaat

Eine sechzehnjährige lesbische Person of Color wird vor einem Laden von unbekannten Männern mit einem Messer angegriffen, verstümmelt und homophob beleidigt. Als die Polizei kommt, suchen sie nicht die Täter, sondern werfen ihr vor, sie hätte sich die Verletzungen selbst zugezogen. Sie unterziehen sie einem Lügendetektortest und zertrümmern ihr Zuhause bei einer Hausdurchsuchung.

Im Jahr 2007 wird in 97 % aller Fälle von häuslicher Gewalt in LGBTIQ-Partnerschaften in Los Angeles von polizeilichem Fehlverhalten berichtet. Die hinzugerufene Polizei verhaftet beide Beteiligte oder droht damit. Unsicherer Aufenthaltsstatus, nicht genderkonformes Auftreten oder rassistische Zuschreibungen bestimmen oft, wer festgenommen wird. Regelmäßig wird von homo- und transphoben Beleidigungen durch die Polizei erzählt.

*In einer Studie über Sexarbeiter*innen mit sexualisierten Gewalterfahrungen in Chicago aus dem Jahr 2002 berichtet etwa die Hälfte der Betroffenen, dass die Gewalt von Polizeiangestellten ausgeübt wurde, darunter auch ein Viertel aller Vergewaltigungen. Studien zum Haftsystem zeigen auf, dass jede vierte gefangene Frau und jeder fünfte inhaftierte Mann im Gefängnis sexualisierte Gewalt erfährt. Trans*gefangene und Männer, die als feminin gelesen werden, sind besonderer Gefahr ausgesetzt. Zu den Täter*innen gehören viele Gefängnisangestellte. (Mogul et al 2011)*

All diese Beispiele zeigen: Menschen tun anderen Menschen Gewalt an. Diese Beispiele machen aber auch deutlich, dass marginalisierte Gruppen (People of Color und Schwarze Menschen, Menschen, die in Armut leben, LSBTIQ[1], Sexarbeiter*innen etc.) darüber hinaus noch Gewalt durch den Staat erleben. Zum einen durch Repräsentant*innen der Staatsmacht wie Polizei- und Gefängnisangestellte, aber auch strukturelle Gewalt, die ihre Handlungsmacht und Ressourcen eingrenzt. Dass all diese Beispiele aus den USA kommen, ist kein Zufall, denn das Aufkommen und Erstarken von Ansätzen der *Transformative Justice* (TJ, transformative Gerechtigkeit) und *Community Accountability* (CA, gemeinschaftliche Verantwortungsübernahme) geht vor allem auf die Arbeit und den Aktivismus von trans* & cis-Frauen* of Color sowie queeren und geschlechtlich nicht binären Menschen of Color in den USA seit Ende der 1990er-Jahre zurück. Diese fand vor dem Hintergrund einer massiven Expansion des US-amerikanischen Strafstaates statt, der tief und umfassend in das Leben von Communities, die durch Klassismus, Rassismus und unsicheren Aufenthaltsstatus marginalisiert sind, eindringt. Nach dreißig Jahren Gefängnisexpansion waren in den USA 2013 insgesamt 2,3 Millionen Menschen in Haft, ungefähr doppelt so viele waren auf Bewährung. Afroamerikaner*innen und Latinx[2] Menschen machen dabei fast zwei Drittel der Haftbevölkerung aus, jedoch nur ein Viertel der US-amerikanischen Gesamtbevölkerung (Alexander 2010, Beckett/Sasson 2003: 3).

---

1 LesbischSchwuleBisexuelleTrans*InterQueere Identitäten.

2 Latinx ist eine gender-neutrale Bezeichnung für Bewohner*innen der USA, die selbst oder deren Familien aus lateinamerikanischen Ländern eingewandert sind.

CA/TJ-Ideen sind stark geworden, weil es ein massives Problem mit Gewalt im Nahbereich gibt, auch in aktivistischen und linken Communities, wo Menschen denken, «unter uns» würde dies kein Problem sein. Gleichzeitig bieten Polizei und Strafjustiz jedoch auch keine Lösung dafür, sondern üben oft ihrerseits Gewalt gegen die Betroffenen und ihre Communities aus. Daraus ergibt sich eine große Dringlichkeit, alternative Modelle zum Umgang mit Gewalt zu entwickeln.

Weltweit haben verschiedene Gruppen diese Ansätze übernommen und versucht, sie für ihre jeweiligen Kontexte zu übersetzen, in denen oft ganz andere Bedingungen herrschen. So auch die Autorinnen dieses Artikels, die das Transformative Justice Kollektiv Berlin vor sieben Jahren mitgegründet haben, mit der Absicht, diese Ansätze in unseren Communities in Berlin und Deutschland zu verbreiten.

2. Doppelte Marginalisierung

Parallel zum massiven Ausbau des Strafstaates entfernte sich die feministische Anti-Gewalt-Bewegung in den USA in den 1980er- und 1990er-Jahren von einer gesellschaftskritischen Analyse des Themas Gewalt gegen Frauen* und rückte weiße, liberale Sicherheitsmodelle und damit insbesondere das Strafrecht in den Vordergrund ihres politischen Kampfes (Gottschalk 2006, Richie 2012). Um ihre Ziele zu verwirklichen, kooperierte sie eng mit dem Staat, der die Anliegen der Bewegung aufgriff und veränderte (Kooptierung). In der staatlichen Aneignung des Themas «geschlechtsspezifische Gewalt» wurde der herrschaftskritische Gehalt der feministischen Analysen jedoch weggelassen – im Strafrecht wird das Thema ausschließlich an individuellen Betroffenen und Täter*innen verhandelt.

Die Ausweitung von Polizei, Strafrecht und Gefängnissen als zentrale Lösung für Gewalt gegen Frauen* wurde von einer von Weißen Frauen der Mittel- und Oberschicht dominierten US-Frauenbewegung mitgetragen, die sich somit den Titel *carceral feminism* (Strafrechtsfeminismus) einhandelte (Bernstein 2007, Victoria Law 2014). Wenn für Gewalt gegen Frauen* in erster Linie strafrechtliche Lösungen gesucht werden, geht es nicht mehr um patriarchale Unterdrückung, die aufs Engste mit Rassismus, Klassismus und Heterosexismus verwoben ist. Stattdessen werden gesellschaftliche und politische Machtverhältnisse gestützt, die Gewalt begünstigen und fördern.

Die Last dieser strafrechtsfeministischen Kollaboration mit dem Staat tragen Betroffene, die gegenüber Polizeigewalt und Überwachung besonders angreifbaren Communities angehören und zudem verschiedenen Formen struktureller Gewalt ausgesetzt sind. Manche marginalisierte Betroffene sind selbst zu Täterinnen erklärt worden: Wenn sie sich selbst verteidigen, wie die bekannten Fälle von CeCe McDonald und Marissa Alexander[3] zeigen, wird ihr Widerstand als Gewalt umgedeutet; wenn sie in gewaltvollen Beziehungen bleiben, können sie selber unter «failure to protect»-Gesetzen dafür verantwortlich gemacht werden, wenn der gewalttätige Partner auch schutzbefohlene Kinder angreift. Solche Betroffene erreichen nie den Status von «schützenswerten Opfern» in den Augen des Staates und der Mainstreamgesellschaft (INCITE!/FIERCE 2008).[4]

Auf der anderen Seite steht die Ausgrenzung des Themas der zwischenmenschlichen Gewalt in antirassistischen und staatskritischen aktivistischen Gruppen und Gemeinschaften (INCITE!/Critical Resistance 2008). Wenn der Staat als Hauptquelle von Gewalt angesehen wird, haben die vielfältigen Erfahrungen mit zwischenmenschlicher Gewalt oft keinen Platz. Betroffene werden häufig isoliert, zum Schweigen gebracht oder ihnen wird nicht geglaubt. Gewalt offen zu legen und damit umzugehen, so die Befürchtung, würde die Bewegung spalten, Schwachstellen für polizeiliche Angriffe bieten und auch beispielsweise gesellschaftlich wirkmächtige rassistische

---

3 Marissa Alexander ist eine Schwarze Frau aus Florida, die im August 2010 zur Selbstverteidigung einen Warnschhuss gegen ihren gewalttätigen Ehemann abgab, als dieser drohte, sie umzubringen. Sie wurde zu zwanzig Jahren Gefängnis verurteilt, das Urteil wurde später wegen Prozessfehlern aufgehoben. Insgesamt verbrachte sie drei Jahre im Gefängnis und zwei Jahre unter Hausarrest, weil sie sich gewehrt hatte. CeCe McDonald, eine Schwarze Trans*frau, wehrte sich gegen eine transphob und rassistisch motivierte Gewaltattacke einer Weißen Gruppe. Aus Todesangst verteidigte sie sich mit einer Schere gegen den Neonazi Dean Schmitz, der daraufhin starb. Sie verbrachte 41 Monate in einem Männergefängnis.

4 Eine Vielzahl solcher Fälle wird von einem Bündnis feministischer Anti-Gefängnisinitiativen unter dem Projekttitel «Survived and Punished» online dokumentiert: http://www.survivedandpunished.org/

Stereotypen von Schwarzer Männlichkeit, die kolonial geprägt und verwurzelt sind, bedienen und verschärfen.

Aber auch innerhalb von aktivistischen Gruppen wirken gesellschaftliche Muster, die solche Gewalt bagatellisieren und den Betroffenen in die Schuhe schieben (Chen et al 2011). Dabei sind auch in diesem Umfeld sowohl sexualisierte als auch andere Formen der Gewalt im Nahbereich (sogenannte häusliche Gewalt, also Gewalt durch (Ex-)Partner*innen) ein Massenphänomen, das insbesondere, aber eben nicht nur Frauen* und Mädchen* betrifft. Diese Gewalt setzt Betroffene oft massiven Folgeproblemen und Belastungen aus, sie schadet und spaltet Communities und reproduziert eine gewaltvolle Gesellschaft.

3. Was will Transformative Justice / Community Accountability?

CA/TJ-Aktivist*innen haben aus der Erfahrung heraus, mit ihrem Erleben von Gewalt doppelt marginalisiert zu sein, folgende Antwort entwickelt: Wir müssen uns selbst darum kümmern und haben dafür als Gemeinschaften eine kollektive Verantwortung. Ganz grundsätzlich ausgedrückt heißt CA/TJ: Eine Community trifft Maßnahmen, um sich mit zwischenmenschlicher Gewalt auseinanderzusetzen, diese zu verringern, zu beenden und weiteren Fällen vorzubeugen (Creative Interventions 2012: 3-3). Damit ist CA/TJ ein Ansatz, Gerechtigkeitsmodelle zur Intervention in Gewaltsituationen, zur Unterstützung von Betroffenen und zur Prävention von Gewalt im Nahbereich zu entwickeln, die sich nicht auf den Staat beziehen und keine weitere Gewalt verursachen. Das bedeutet auch die Auseinandersetzung und Veränderung von Ungleichheit und Unterdrückungsverhältnissen in den eigenen Kontexten, wie es im Begriff Transformative Gerechtigkeit anklingt. Gewaltausübende Menschen nicht zu dämonisieren und einfach auszusondern, und Verhalten als veränderbar anzusehen, ist im Kontext von TJ eine Reaktion auf das koloniale und rassistische Erbe der USA, das Schwarze Menschen und People of Color entmenschlicht, kriminalisiert und im Zeitalter der Masseninhaftierung weggesperrt[5]. TJ ist eng mit dem Prison Abolition Movement (Bewe-

5 Dabei wird von einer historischen Kontinuität ausgegangen, die in der Sklaverei wurzelt und sich über Segregationsgesetze (Jim Crow Laws)

gung für die Abschaffung von Gefängnissen) und später auch mit der Black Lives Matter-Bewegung verbündet, die die Logik von Polizei und Gefängnis attackieren, manche Leben als wertlos und wegwerfbar zu begreifen, und davon ausgehen, dass alle Leben in einer Community miteinander verbunden sind. Sicherheit kann laut diesem Ansatz nur dadurch entstehen, dass die vergifteten gesellschaftlichen Strukturen verändert werden, nicht durch das Aussondern von bestimmten Menschen. Anders als bei Restorative Justice, die sehr breit anwendbar auf verschiedene soziale Konfliktsituationen ist, steht bei Transformative Justice die Auseinandersetzung mit zwischenmenschlicher Gewalt im Nahbereich, also sexualisierter Gewalt und Partnerschaftsgewalt, im Mittelpunkt.

Communities haben durch die bestehende Nähe die Möglichkeit, Gewalt in ihrer Mitte endlich zu bearbeiten, Betroffene wirklich zu unterstützen und gewaltausübende Menschen zur Verantwortung zu ziehen, ohne eine weitere Spirale von staatlicher oder anderer Gewalt loszutreten. Auf der anderen Seite ist die Community meist in diese Fälle verwickelt und trägt dadurch Verantwortung: Gewalt hat Auswirkungen auf alle Mitglieder der Gemeinschaft. Gleichzeitig bilden Gemeinschaften auch Werte und Praxen aus, die Gewalt begünstigen und die wiederholte Gewalt ermöglichen. Sie haben einen Anteil an der Gewalt und entsprechend die Verantwortung, sich selbst zu verändern. Meist ist dies absolut notwendig, damit Gruppen und Gemeinschaften überhaupt sinnvoll intervenieren können. Diese lokalen Interventionen verstehen sich dabei als Teil eines globalen Netzwerks und Kampfes gegen Gewalt und die damit verbundenen Herrschaftsverhältnisse. TJ hat einen utopischen Kern und eine pragmatische Fundierung: In der konkreten Anwendung geht es auch darum, sich mit ihren grundsätzlichen Ideen und Werten auseinandersetzen. Ein Großteil der Arbeit besteht aber darin, in konkreten Fällen Lösungen zu entwickeln und zu handeln.

Eine solche Arbeit bedeutet zwangsläufig, sich von einer romantisierten Idee von Community zu verabschieden (Bierria et al 2011; Smith, 2011). Es gilt, sich damit zu konfrontieren, dass auch aktivistische Gemeinschaften und Gruppen von Sexismus, Homo- und Transphobie, Rassismus und Ableismus durchzogen

und rassistische Gewalt, Masseninhaftierung und Polizeigewalt in die heutige Zeit fortsetzt.

sind sowie von Normen, die Täter*innen schützen und von Gewalt betroffene Menschen ausliefern und alleine lassen. Auch wenn sich CA/TJ stark vom Staat abgrenzt, geht es nicht darum, Betroffene dafür anzuklagen, dass sie die Polizei gerufen haben, als sie in Not waren. Es ist eine Perspektivumkehr: Die passende Frage ist: «Warum hat die*der Betroffene nur diese Möglichkeit für sich gesehen, Sicherheit und Schutz zu suchen?» (INCITE! 2003).

3.1 Welche maßgeblichen Dimensionen haben CA/TJ-Prozesse?

Für CA/TJ-Prozesse gibt es kein Rezept oder universale Ablaufpläne, sondern eher einen Rahmen von Prinzipien, die in konkreten Fällen in Maßnahmen umgesetzt werden – ein für jede Gruppe individueller und manchmal chaotischer Prozess[6].

INCITE! Women, Gender Non-Conforming and Trans people of Color* Against Violence (2008) hat die vier wesentlichen Dimensionen solcher Interventionen und Veränderungsprozesse wie folgt ausbuchstabiert:

a) Betroffenen Sicherheit und Unterstützung bieten, die deren Selbstbestimmung respektiert
b) nachhaltige Strategien entwickeln, die das gewaltvolle Verhalten von Leuten aus der Community adressieren, so dass sie für ihre Handlungen verantwortlich werden und ihr Verhalten verändern
c) in den Communities Werte und Praxen entwickeln und stärken, die Gewalt und Unterdrückung entgegenstehen und Sicherheit, Unterstützung und Verantwortungsübernahme fördern
d) als Community gegen die politischen Bedingungen arbeiten, die Gewalt und Unterdrückung hervorbringen, also die politische Arbeit gegen zwischenmenschliche Gewalt, aber auch Institutionen und Ideologien wie Gefängnis, Polizei, Kolonialismus und Rassismus, Sexismus und Patriarchat.

6 Wir empfehlen dazu einen Text von CARA (Communities Against Rape and Abuse), den das Transformative Justice Kollektiv übersetzt und als Zine herausgegeben hat (siehe Bibliographie). Darin entwickeln die Autor*innen aus ihrer Arbeit wichtige Prinzipien und diskutieren die Anwendung anhand von konkreten Szenarien.

Praxisorientiertere Organisationen als INCITE! haben versucht, diese abstrakten Prinzipien in greifbare Handlungen und Prozesse umzusetzen und zu füllen. Denkbare Maßnahmen kommen aus einem sehr weiten Spektrum und können z.B. darin bestehen, Bildungsarbeit zu leisten, Unterstützungskreise für Betroffene zu organisieren und/oder eine Gruppe aufzustellen, die sich mit der gewaltausübenden Person auseinandersetzt. Sie können aber auch darin bestehen, gewaltausübende Menschen in Machtpositionen offen anzugehen und zu konfrontieren. In jedem Fall sollten Beteiligte auch an einem Sicherheitsplan arbeiten, der im Vorhinein überlegt, wie z.B. mit Vergeltungsschlägen umgegangen wird. Oft macht es bei einer umfassenden mehrdimensionalen Auseinandersetzung Sinn, wenn eine Gruppe die Aufgabe übernimmt, die verschiedenen Prozesse zu koordinieren und im Blick zu behalten (CARA 2014, Generation FIVE 2017).

Idealerweise findet die Auseinandersetzung auf allen Ebenen statt und alle Ebenen greifen ineinander. Es gibt aber immer wieder Prozesse, in denen nur manche der Ebenen bearbeitet werden können, insbesondere dann, wenn die Arbeit mit gewaltausübenden Menschen nicht möglich ist. Das bedeutet nicht, dass der Prozess gescheitert ist, sondern eher, die Aktivitäten auf den anderen Ebenen zu verstärken.

3.1.1 Sicherheit und Unterstützung für Betroffene

Von all diesen Dimensionen ist die erste (Sicherheit, Unterstützung und Selbstbestimmung für Betroffene) grundlegend für alles Weitere – ohne sie geht es nicht und sie kann auch nicht aus einem CA/TJ-Prozess ausgespart bleiben. Diesen Grundwert teilen wir mit allen TJ-Organisationen, mit denen wir in Kontakt stehen: «Selbstbestimmung ist die Möglichkeit, aus freiem Willen und selbst gesteuert Entscheidungen zu treffen, ohne von außen gezwungen oder unter Druck gesetzt zu werden. Ein sexualisierter Übergriff untergräbt die Selbstbestimmung von Menschen zutiefst. Deshalb sollen die Bedürfnisse und Wertvorstellungen der Überlebenden von Gewalt Vorrang haben, anerkannt und respektiert werden.» (CARA 2014: 18)[7] Das kann bedeuten, dass die Vorstellungen von Betroffenen zentral

---

7 Die meiste Literatur zu Transformative Justice als auch zum Verhältnis von RJ und TJ sind auf Englisch erschienen. Direktzitate wurden von uns für diesen Text übersetzt.

in die Planung eines Prozesses der Verantwortungsübernahme einfließen oder dass sie auf Wunsch gar nicht beteiligt sind. Es kann auch bedeuten, dass eine Gruppe, die mit einem gewaltausübenden Menschen arbeitet, Rücksprache mit den Betroffenen hält und einschätzt, ob die Arbeit in ihrem Sinne ist.

Für den Fall, dass die Gewalt noch anhält oder Drohungen und Einschüchterungen im Raum stehen, ist es auch eine Option, diese nicht offenzulegen. Dann geht es zuallererst darum, Schutz und Sicherheit für Betroffene zu schaffen, bevor irgendetwas anderes passiert. In vielen Fällen erleben Betroffene von Gewalt eine Entfremdung von ihren sozialen Beziehungen und Communities, etwa auf Grund von Schuld- und Schamgefühlen. Ihre Sicherheit und Selbstbestimmung ernst zu nehmen, heißt auch, dass es Vorrang hat, dass sie wieder einen für sie guten Platz in ihrem Umfeld zurückgewinnen, bevor es um die eventuelle Reintegration der gewaltausübenden Person gehen kann.[8]

Das bedeutet nicht, dass Betroffene diktator*innengleich alles bestimmen oder gar Gewalt anordnen können. Aber ihre Bedürfnisse sind zentral. Gleichzeitig gibt eine betroffenenorientierte Perspektive Orientierung und Bodenhaftung bei der Planung weiterer Maßnahmen.

3.1.2 Verantwortung & Veränderung der gewaltausübende Person

Es gibt sehr gute Gründe, mit gewaltausübenden Menschen an Veränderung und Verantwortungsübernahme zu arbeiten (transformative Arbeit). Werden gewaltausübende Personen aus Kreisen oder Gruppen einfach nur ausgegrenzt, werden sie neue Kontexte finden und oftmals neue Betroffene schaffen. Das Problem ist nur verlagert. Darüber hinaus bringt unser Verständnis von gesellschaftlichen Gewaltverhältnissen die Haltung mit sich, dass es Chancen zur Veränderung geben kann und sollte: Gewaltvolles Verhalten ist in diesen Verhältnissen erlernt und kann auch wieder verlernt werden. In manchen Fällen hängt das gewaltvolle Verhalten auch mit eigenen Unterdrückungs- und Gewalterfahrungen zusammen. Es ist wichtig, das

8 Sogar unsere Genossen* vom Challenging Male Supremacy Project, die hauptsächlich mit gewaltausübenden Männern* arbeiten, empfehlen, mindestens ein Drittel der verwendeten Ressourcen auf Betroffene zu richten.

zu sehen und dem Raum zu geben, ohne die Person dadurch aus ihrer Verantwortung zu entlassen.

In vielen Fällen gelingt es gewaltausübenden Menschen nicht, selbständig Verantwortung zu übernehmen. Ein kritisches Gegenüber ist notwendig, das auch mit darüber wacht, dass Vereinbarungen eingehalten werden. Oft kann es sinnvoll sein, nahe Menschen aus dem Umfeld einzubinden, die Einfluss auf die gewaltausübende Person haben. Damit solche transformative Arbeit gelingen kann, brauchen die Menschen, die mit den gewaltausübenden Personen arbeiten, eine klare Haltung und ein solidarisches Verhältnis zur Betroffenenperspektive (Creative Interventions 2012: 4.F.).

Natürlich ist es eine Entscheidung, Gewalt auszuüben, für die Verantwortung übernommen werden muss. Eigenes gewaltvolles Verhalten als Entscheidung zu begreifen, macht es überhaupt erst möglich, Verantwortung dafür zu übernehmen. Ob transformative Arbeit wirksam ist, hängt ganz grundlegend davon ab, ob sich gewaltausübende Menschen wirklich auf diese in der Regel schmerzhaften, langwierigen und anstrengenden Prozesse einlassen.

In einem community-organisierten Prozess gibt es keine Möglichkeit für Zwang außer dem sozialen Druck der Community auf die gewaltausübende Person. Es hängt aber auch davon ab, ob die entsprechenden Bedingungen gegeben sind: Gelingt es Gruppen, sich nicht in Täter*innenperspektiven zu verstricken und dieses Risiko zu reflektieren? Gibt es die notwendigen Ressourcen? Hat die Person ihr gewaltvolles Verhalten wirklich beendet? Wenn nicht, wird es eher darum gehen, gewaltausübende Menschen «unschädlich» zu machen, also sich vor ihrem Verhalten zu schützen und darauf hinzuwirken, sie aus Machtpositionen zu entfernen, wenn sie diese innehaben. Das kann auch bedeuten, Gewalt öffentlich zu machen.

In der Arbeit mit gewaltausübenden Menschen ist es absolut wichtig, sie nicht zu dämonisieren (CARA 2014: 17f.). Zum einen wird dies ihrer Menschlichkeit und Komplexität nicht gerecht, zum anderen begünstigt eine derart starke Abgrenzung, dass wir abblocken, wie wir selbst zu Gewaltstrukturen beitragen oder sogar selbst gewalttätig agieren. Wenn wir gewaltausübende Menschen entmenschlichen, erkennen wir Gewalt, die nicht im «Monstergewand» daherkommt, nicht mehr.

Die transformative Arbeit mit gewaltausübenden Menschen kann auch die Menschen einschließen, die sich an der Schädigung der*des Betroffenen beteiligt haben, auch wenn dies unwillentlich war. Unsere Erfahrung in der Arbeit mit Gruppen, bei denen es Gewaltvorfälle gab, ist, dass diese sich oft entlang bestehender Loyalitäten spalten. Abwehr gegen Betroffene, aber auch die Dämonisierung von gewaltausübenden Personen führen zu einer starken Polarisierung, die meist ausgesprochen schädlich wirkt. In vielen Fällen geraten insbesondere Betroffene dabei unter die Räder und die Situation wird verschärft. Auch mit solchen Situationen muss sich auseinandergesetzt werden.

3.1.3 Werte und Praxen der Verantwortung in Communities entwickeln

Damit wir von Community Accountability reden können, muss die Aufgabe kollektiv angegangen und damit über eine «Täter*-Opfer-Konstellation» hinausgehoben werden. Die Verantwortung der Community liegt darin, aufzuhören Gewalt zu ignorieren, zu bagatellisieren oder sogar dazu zu ermutigen, und sich Wissen, Fähigkeiten und den Willen zur Intervention anzueignen. Es geht darum, soziale Normen und Bedingungen zu schaffen, die Gewalt verhindern. Die Community hat eine tragende Rolle darin, Betroffene zu unterstützen und gewaltausübende Menschen wenn möglich zur Verantwortung zu ziehen. Oft setzt das eine Auseinandersetzung mit gesellschaftlich erlernten Glaubenssätzen und Abwehrmechanismen zum Thema Gewalt voraus, die solidarischem Handeln im Weg stehen. In vielen Fällen gibt es wenig Wissen um die Dynamiken bei Beziehungsgewalt, die Folgen von zwischenmenschlicher Gewalt für Betroffene und die Strategien, die Menschen anwenden, um Gewalt auszuüben, zu verschleiern oder zu rechtfertigen.[9]

Aber auch das Wissen um gesellschaftliche Machtverhältnisse, die den Rahmen für Gewaltvorfälle schaffen, ist wichtig. Nicht um das Geschehene zu rechtfertigen, sondern um dieses zu erklären, in einen Kontext zu setzen und entsprechende Lösungen und Konsequenzen zu überlegen. Vielleicht stellt sich eine Community klar gegen sexualisierte Gewalt, toleriert aber eine sexistische Arbeitsteilung und verharmlost übergriffi-

9 Für mehr dazu, siehe den Artikel «Was heißt denn accountability/Verantwortungsübernahme? Und ihre Abwehr?» in Brazzell 2017.

ges Flirtverhalten. Dies zu verändern ist Teil der Auseinandersetzung. Dabei kann nicht davon ausgegangen werden, dass linke/aktivistische Communities irgendwie außerhalb von Unterdrückungssystemen stehen. Communityverantwortung kann aber auch bedeuten, für die Betroffenen «Wiedergutmachung» anzubieten (siehe Creative Interventions 2012: 1-4/5, 3-10/11).

4. Wie ist das Verhältnis von Transformative zu Restorative Justice?

Als Aktivist*innen auf der Suche nach Möglichkeiten einer gemeinschaftlichen, community-basierten Verantwortungsübernahme bei Gewalt waren, blickten sie auf Alternativen in ihren eigenen Communities, unter anderem in indigenen Communities. Die Auseinandersetzung mit Restorative Justice ist somit zentraler Teil der Entstehung von Transformative Justice. Methoden der RJ haben ihre Wurzeln in indigenen Gerechtigkeitspraxen in Nordamerika und Australasien und in afrikanischen Konzepten von *ubuntu*, die Interdependenzen als Basis von Gerechtigkeit betonen. Diese Methoden wurden in den USA durch radikale, Weiß dominierte christliche Gruppen wie den Quäkern und Mennoniten verbreitet und werden immer mehr als Ersatzverfahren in den Justizsystemen der USA, Großbritanniens und Australiens benutzt, besonders im Kontext des Jugendstrafrechts.

Bei der Suche fanden Transformative Justice Aktivist*innen einige wichtige Elemente für ihre Alternativen: die Abwendung von einem straforientierten Modell, das Gerechtigkeit als Vergeltung definiert, und die Fokussierung auf Wiedergutmachung und Bearbeitung zerbrochener Beziehungen. Schädigendes Verhalten wird als veränderbar wahrgenommen und nicht als Teil einer stabilen und für immer festgeschriebenen Täter*innenidentität. Dabei wird das Umfeld in diese Prozesse einbezogen und ihm wird eine wichtige Rolle zugeschrieben. Es gibt verschiedene Formen von Restorative Justice, unter anderem *Conferencing/Mediation*, wo Betroffene und Täter*in mit einer*einem Mediator*in und möglicherweise auch mit anderen Menschen aus ihrem jeweiligen Umfeld *(Family Group Conferencing* oder *Community Conferencing)* zusammensitzen.

Aber Transformative Justice Praktiker*innen haben in Folge der Kritik indigener Frauen* und Feminist*innen an RJ eigene Kritikpunkte entwickelt und daraus resultierend eigene Schwerpunkte gesetzt. Dabei geht es vor allem darum, dass der Mediationsansatz den speziellen Dynamiken bei sexualisierter Gewalt und Partnerschaftsgewalt nicht gerecht wird und bei RJ eine kritische Analyse von staatlicher und kolonialer Gewalt und gesellschaftlichen Unterdrückungsverhältnissen vernachlässigt wird – mit gravierenden Konsequenzen für die Betroffenen und ihre Sicherheit. Deswegen legt CA/TJ einen deutlichen Schwerpunkt auf die Bearbeitung der systemischen Bedingungen von Gewalt. Die Kritik hängt sehr davon ab, wie RJ praktisch umgesetzt und mit Bedeutung gefüllt wird. Innerhalb von RJ-Kontexten wurde sich auch mit einigen (aber nicht allen) dieser Kritiken auseinandergesetzt. So sind manche dieser Kritikpunkte «historisch» und beziehen sich auf Formen von RJ, die staatlich vereinnahmt wurden. Andere Kritikpunkte beziehen sich eher auf Grundideen von RJ, die aus einer TJ-Perspektive problematisch werden können, wenn sie selbstorganisiert umgesetzt werden. Die Einwände, die hier formuliert werden, stellen wichtige Fragen, nicht nur an RJ, sondern an uns alle, wenn wir alternative und kollektive Wege zum Umgang mit Gewalt (ver-)suchen.

4.1 Betroffenenzentriertheit und die Grenzen des Mediationsmodells

RJ- und TJ-Ansätze sind in ganz unterschiedlichen Kontexten entstanden. James Ptacek (2010:20-1) kommentiert aber, dass die am häufigsten eingesetzten restorativen Praktiken, so innovativ sie auch sein mögen, alle mit einem Fokus auf Täter*innen entwickelt wurden. Betroffene und für sie notwendige Prozesse der Wiedereingliederung in ihre Communities sowie eine Bewältigung ihrer Gefühle blieben oft eher außen vor. Die meisten RJ-Programme böten Betroffenen nur dann Unterstützung, wenn sie bereit sind, mit den Täter*innen zu arbeiten. Gleichzeitig richteten sich viele Angebote an Täter*innen, ohne dass Betroffene involviert sind. Zu behaupten, RJ sei betroffenenzentriert, sei dementsprechend irreführend.

Transformative Justice hingegen wurzelt in der Arbeit von Frauen* und Queers of Color, die sehr klar darauf bedacht waren, die Situation von Betroffenen zwischenmenschlicher und staatlicher Gewalt ins Zentrum der Arbeit zu stellen. Die Bedeutung der Betroffenenperspektive zeigt sich konzeptuell an allen Stellen des TJ-Modells.

Es wird auch bezweifelt, dass Mediationen im Falle von Beziehungsgewalt/sexualisierter Gewalt ein sinnvolles und emanzipatorisches Mittel sind. Im Mindesten braucht es erfahrene Mediator*innen, die die Dynamiken solcher Gewalt kennen und gut intervenieren können. Anders als RJ ist TJ in voller Absicht nicht Mediation, sondern Intervention: «Die Annahme, dass es hier gleiche Macht auf beiden Seiten gibt, passt nicht zu unseren Annahmen über die Arten von zwischenmenschlicher Gewalt, die wir [in unserer Arbeit] adressieren. Partnerschaftsgewalt und sexualisierte Gewalt findet in Beziehungen mit ungleicher Macht statt oder schaffen eine solche Machtungleichverteilung. Mediation weist Betroffenen erfahrungsgemäß ein ähnliches Maß an Schuld zu und bringt sie potentiell in eine gefährliche Situation» (Creative Interventions 2012: 3-10).

Sexualisierte Gewalt und Partnerschaftsgewalt sind immer eine Ausübung von Macht und Kontrolle und finden im Kontext gesellschaftlicher Machtverhältnisse statt, auch dann, wenn Täter*innen aus einem Gefühl eigener Machtlosigkeit heraus agieren. Eine Auseinandersetzung mit Gewalt im Sinne von TJ bedeutet auch, dass die durch Gewalt geschaffenen Ohnmachtserfahrungen von Betroffenen bearbeitet und aufgelöst werden. Empowerment soll in einem ergebnisoffenen Prozess möglich werden. Betroffene und gewaltausübende Personen sind in einem solchen Prozess mit ihren Bedürfnissen nicht auf Augenhöhe und treffen sich dann in der Mitte. Stattdessen müssen sich gewaltausübende Menschen auch mit Forderungen und Wünschen auseinandersetzen, die ihnen nicht behagen (siehe Creative Interventions 2012: 4.E.-17). Auf keinen Fall sollen durch Bearbeitungsprozesse Betroffene weiterer Ohnmacht ausgesetzt, retraumatisiert und erneut verletzt oder in ihrer Integrität in Frage gestellt werden. Mediationsmodelle müssen sich die Frage stellen, wie sie solche Dynamiken verhindern.

4.2 Ermöglicht Restorative Justice einen Umgang mit Gewaltdynamiken?

Restorative Justice fokussiert sich stark auf die Begegnung zwischen gewaltausübenden und betroffenen Personen, die vom Umfeld und teils von professionell arbeitenden Vermittler*innen begleitet wird – im Sinne einer Wiederherstellung (Restoration). Dies soll ermöglichen, dass gewaltausübende Personen mit den Folgen ihrer Handlungen konfrontiert werden, Betroffene ihr Erleben artikulieren und dass idealerweise eine Versöhnung möglich wird. Allerdings kann das gerade bei Fällen von Gewalt im Nahbereich die Sicherheit von Betroffenen gefährden. Bei sexualisierter Gewalt/Partnerschaftsgewalt ist nicht damit zu rechnen, dass sich das Umfeld automatisch auf die Seite der Betroffenen stellt (Smith 2005: 259, US Prison Culture 2011). In vielen Fällen wird für die gewaltausübende Person und gegen die Betroffenen mobilisiert. Dass ein Prozess communitybasiert ist, heißt also nicht zwangsläufig, dass er auch emanzipatorisch oder transformativ verläuft.

Gerade bei sexualisierter Gewalt gibt es eine große gesellschaftliche Spaltung: Sie ist mit einem besonderen Stigma behaftet, das Betroffene oft als «kaputt» und «beschädigt» sieht, und Täter*innen als «krank», «bestialisch» und «böse». Auf der anderen Seite wird sie nicht gesehen. In den meisten Fällen wird nichts dagegen unternommen, wenn Gewalt in unserer Mitte passiert – und da passiert sie meistens. In keinem anderen Bereich ist die Dynamik der «Täter-Opfer-Umkehr» dermaßen stark wie bei sexualisierter Gewalt. Der stereotype Verlauf ist, die Glaubwürdigkeit von Betroffenen anzuzweifeln, ihnen (Mit-)Schuld zuzuweisen und sich nicht für die Folgen der Gewalt zu interessieren. Stattdessen werden oft Täter*innen in Schutz genommen und damit patriarchale Logiken reproduziert («Das hat sein*/ihr*/unser Leben / die Familie/WG/Politgruppe zerstört»). Solche Dynamiken zeigen sich auch in Fällen von Partnerschaftsgewalt, wenn unterstellt wird, Betroffene müssten ja etwas gemacht haben, um Gewalt zu provozieren, oder seien selbst schuld, weil sie die Situation nicht früher verlassen hätten.

Dieses gesellschaftliche Muster der Verantwortungsumkehr und Verleugnung, das sich immer wieder reproduziert, gibt Menschen, die Gewalt ausüben, Macht. Diese Dynamik wird von gesellschaftlichen Machtverhältnissen geprägt. Dazu gehören die Abwertung von Frauen und anderen, marginalisierten Genderidentitäten, aber auch das Desinteresse an Betroffenen of Color, die Abwertung von Schwarzen Körpern und Gewalterfahrungen von People of Color, die verhältnismäßig stärkere Strafverfolgung nicht-weißer Täter*innen bis hin zur Ausweisung, die Marginalisierung von LSBTIQ-Identitäten und die damit verbundene Ignoranz gegenüber Gewalt in queeren Beziehungen, die erhöhte Verletzbarkeit von Menschen mit Behinderungen und Beeinträchtigungen, welche besonders oft Gewalt – und das heißt auch: zu wenig Schutz vor Gewalt – erfahren.

Wenn es keinen Umgang mit diesen Dynamiken gibt und ein Umfeld, das sich bei Gewalt nicht klar positionieren kann, in einen «Wiedergutmachungsprozess» eingebunden wird, sind für Betroffene meist weitere Verletzung und Schädigung die Folge, eventuell auch eine Fortführung der Gewalt. Da diese Mechanismen immer wieder zu beobachten sind, geht CA/TJ den Weg, kollektiv gewaltbegünstigende Werte und Praxen in den Blick zu nehmen. Eine Wiederherstellung von Beziehungen in einer Gemeinschaft bedeutet ja nicht automatisch, gleichberechtigte Beziehungen herzustellen. Eventuell werden dabei auch einfach bestehende patriarchale oder rassistische Beziehungsmuster wiederhergestellt. Aus unserer Arbeit kennen wir die Dynamik, dass Gruppen sich wünschen, dass der Status Quo vor dem Gewaltvorfall als eine Art «Goldene Zeit» wiederhergestellt wird. Das weist aber in die falsche Richtung – das Ziel ist eine Transformation, nicht die Wiederherstellung eines Zustandes, in dem Gewalt passieren konnte (Kershnar et al. 2007: 20–1).

4.3 Strafe versus Konsequenzen

Klassische Strafkritik funktioniert bei sexualisierter Gewalt und anderen Gewaltformen im Nahbereich nur teilweise, weil hier die gesellschaftliche Macht oft auf Seiten der Gewaltausübenden steht. Zwar ist das Strafjustizsystem ohnehin nur für privilegierte Gruppen gut erreichbar, aber auch für diese bietet es wenig «Gerechtigkeit». Gewalt im Nahbereich wird ohnehin kaum über das Strafjustizsystem verhandelt und geahndet.[10]

10 Einer repräsentativen Großstudie zu Gewalt gegen Frauen zufolge wird in 95 von 100 Fällen strafrechtlich relevante Gewalt nie angezeigt (Bun-

Eine übersteigerte gesellschaftliche Straflust gegenüber gewaltausübenden Menschen ist eigentlich nur dann festzustellen, wenn «ausländische Fremdtäter» als Feindbild aufgebaut werden. Diese Figur wird insbesondere seit der Silvesternacht 2015 in Köln nicht nur von rechts erfolgreich instrumentalisiert, um rassistische/anti-muslimische Politiken zu legitimieren und so zu tun, als wäre Gewalt nicht grundlegender Teil der Weißen deutschen Gesellschaft.[11]

Emanzipatorische Ansätze gehen bei einer kritischen Auseinandersetzung mit Gewalt erst einmal in eine andere Richtung als allgemeine Strafkritik. Nämlich dahin, Gewalt anzuerkennen, zu ächten und als Teil eines Unterdrückungssystems zu sehen sowie Normen zu etablieren, die ihr entgegenstehen, und Strukturen zu schaffen, die Betroffene auffangen. Das bedeutet auch, dass es klare Konsequenzen für gewaltausübende Menschen gibt – es geht nicht um weniger soziale Kontrolle, sondern um eine starke andere soziale Kontrolle. Aber es bedeutet auch, einer rassistischen Instrumentalisierung des Themas immer wieder deutlich entgegenzutreten.

In unserer Arbeit ist uns begegnet, dass Gruppen ein so kritisches Verhältnis zu Polizei und Strafe haben, dass sie fühlbare Konsequenzen für gewaltausübende Menschen auch dann ablehnen, wenn diese für Betroffene wichtig sind, weil sie z.B. dadurch einen Raum angstfrei nutzen können. Die Idee, dass gewaltvolles Verhalten Konsequenzen bringt, wird abgewehrt. Das ist aber ein Missverständnis – es geht ja nicht um die absolute soziale Ächtung oder eine Haftstrafe, also nicht darum, um der Vergeltung willen bestimmte Handlungen zu fordern – sondern darum, notwendige Bedingungen für Heilung und Veränderung zu schaffen. Wenn dieser Aspekt ausgeblendet wird, bekommt eine Ablehnung von Konsequenzen als «Strafe» schnell einen antiemanzipatorischen Klang. Deswegen hal-

desverband Frauenberatungsstellen und Frauennotrufe 2010: 45–8). Nach Angaben des Kriminologischen Forschungsinstituts Niedersachsen endeten von den tatsächlich durchgeführten Verfahren bei Vergewaltigungen 2015 in Deutschland 7,7 Prozent in einer Verurteilung – meist steht Aussage gegen Aussage (Neues Deutschland 2016).

11 Eine ausführliche Diskussion dazu ist im Buch «Was macht uns wirklich sicher? Ein Toolkit zu intersektionaler transformativer Gerechtigkeit jenseits von Gefängnis und Polizei» (Hg. Brazzell, 2018) zu finden, das Beiträge von Aktivist*innen aus vielen verschiedenen Kontexten und Communities vereint.

ten wir es auch bei Restorative-Justice-Prozessen für wichtig, eine klare Haltung zu haben.

4.4 Die Rolle von Freiwilligkeit und Selbstbestimmung

Ein weiterer Aspekt, der die Sicherheit von Betroffenen beeinträchtigen kann, ist die Freiwilligkeit von Restorative-Justice-Prozessen. Sind sie ergebnisoffen oder werden Betroffene unter Druck gesetzt, sich mit dem*der Täter*in auseinanderzusetzen, «Frieden zu schaffen» und damit die Community wieder zu «heilen»? Zwar ist Freiwilligkeit ein Grundwert von Restorative Justice – wir haben es aber auch schon erlebt, dass Dynamiken in Gruppen zum Tragen kommen, die Druck aufbauen und denen aktiv begegnet werden muss. Diese Bedenken sind auch von anderen immer wieder formuliert worden (Jenkins 2006: 153; Kelly 2011; Smith 2005). Wenn sie derart praktiziert wird, knüpft Restorative Justice an täterschützende Strukturen in unserer Gesamtgesellschaft an und erhält diese aufrecht.

Für manche Menschen ist es befreiend, der Person zu begegnen, die ihnen geschadet hat und eine Entschuldigung zu bekommen. All das kann wirkliche Entlastung bieten. Für andere ist es besser, keinen Kontakt mehr zu gewaltausübenden Menschen zu haben. Wichtig ist, dass die Entscheidung freiwillig ist und es keine (wenn auch nur subtil vermittelte) Vergebungspflicht gibt: «wenn Entschuldigungen eine extern auferlegte moralische Verpflichtung werden, wird ihr Sinn in der Regel kaputt gemacht. Die grundlegende Bedeutung davon, das ausbeuterische Wesen und die Auswirkungen von gewaltvollem Verhalten auf andere anzuerkennen, wird dadurch verschleiert.» (Jenkins 2006: 155).

Unsere Erfahrung ist, dass Betroffene nicht immer eine Begegnung und Auseinandersetzung mit denen brauchen, die ihnen Gewalt angetan haben, sondern oft eher darauf hoffen, von ihren Communities Unterstützung zu bekommen und auch gegenüber gewaltausübenden Menschen gestärkt und geschützt zu werden bzw. eigene Bedürfnisse geltend machen zu können. Diese Erfahrung kann sehr stärkend wirken und dann deutlich wichtiger werden als die schlechten Erfahrungen mit der gewaltausübenden Person. Unter Umständen kann das spätere Begegnungen und Auseinandersetzungen vorbereiten. Zudem kennen wir aus Gruppenprozessen bei Gewaltvorfällen auch die (unausgesprochene) Erwartung an Betroffene, doch endlich wieder Frieden und Versöhnung, am besten für alle, möglich zu machen und nicht zu lange an der Gewalt «hängen zu bleiben».

Freiwilligkeit ist auch bei den gewaltausübenden Personen von Bedeutung: Nehmen sie hauptsächlich teil, weil es sich strafmindernd auswirken kann und die Alternative Haft und Zwang ist? Oder weil es ein ehrliches Bedürfnis nach Auseinandersetzung und Verantwortungsübernahme gibt? Was genau motiviert und stützt die oftmals anstrengenden und schwierigen Veränderungsprozesse, in deren Verlauf mitunter das gesamte Selbstbild zusammenbricht?

Trotz dieser Einwände bedeutet Freiwilligkeit auch, Betroffene auf ihrem Weg zu unterstützen und sie nicht zu bevormunden, wenn sie einen Restorative-Justice-Prozess für sich wollen.

4.5 Staatliche Vereinnahmungen von RJ

Transformative Justice entstand aus einer scharfen Kritik an staatlicher Gewalt und daran, wie sich die feministische Anti-Gewalt-Bewegung staatlich vereinnahmen ließ. Deswegen wird auch die staatliche Vereinnahmung von Restorative Justice, die in bestimmten Ausprägungen Teil von Strafjustizsystemen geworden ist, sehr kritisch gesehen. Aktivist*innen haben gefragt: Was geht verloren, wenn ein Ansatz staatstragend und in eine Justizlogik (schuldig/unschuldig; Strafminderung) eingegliedert wird? Wie kann eine Auseinandersetzung mit Ungleichheit und Herrschaftsformen und damit den Grundlagen von Gewalt möglich sein angesichts des universalen Selbstverständnisses von Recht und Justiz, das Ungleichheitsverhältnisse ausblendet? Auch in Deutschland gibt es wenig Grund, von einer neutralen Polizei und einem unbefangenen Rechtsstaat auszugehen. Dies haben nicht zuletzt die Morde des NSU und der Fall von Oury Jalloh noch einmal besonders deutlich gemacht. Die rassistischen Kontinuitäten der deutschen Strafjustiz reichen zurück in die Kaiserzeit und den Nationalsozialismus, sind jedoch nach wie vor stark unterbelichtet (Melter 2017). Angesichts dessen ist auf jeden Fall davon auszugehen, dass ein staatlich integriertes Konfliktbearbeitungskonzept keinen grundlegenden Abbau gesellschaftlicher Herrschaftsverhältnisse und damit der Grundlagen von Gewalt möglich macht.

4.6 Eine Rückkehr zu indigenen Gerechtigkeitsmodellen?

Neben der staatlichen steht auch eine kulturelle Kooptierung, wenn RJ für sich beansprucht, «indigene Gerechtigkeitsmodelle» wiederaufleben zu lassen, diese jedoch romantisiert und exotisiert (Critical Resistance 2004: 51). Tatsächlich ist der Ansatz, selbstorganisiert jenseits der Staatsgewalt mit Konflikten umzugehen, nicht neu, sondern uralt. Indigene Gerechtigkeitsformen, die weiterhin praktiziert werden und von manchen als Dekolonisierung erlebt werden, tragen viel zu aktuellen abolitionistischen Visionen bei. Mainstream-RJ allerdings braucht selbst eine Dekolonisierung. Es fehlt oft eine Auseinandersetzung mit jahrhundertelanger kolonialer Herrschaft, während viele der RJ-Ansätze verloren gegangen sind, sowie damit, dass auf Grund des rigiden und rassistischen Genderregimes des Kolonisierungsprozesses (Smith 2010) auch in indigenen Communities patriarchale Normen herrschen. Ebenso fehlt es an Solidarisierung mit aktuellen indigenen Kämpfen für z.B. Selbstbestimmung, Land und gegen sexualisierte Gewalt an indigenen Frauen, der meistgefährdeten Gruppe in den USA und Kanada. Ohne eine verantwortliche Beziehung gegenüber echten, lebenden und kämpfenden indigenen Communities können ihre Modelle in weiß dominierten Gesellschaften eher zum Fantasie- und Sehnsuchtsort geraten, anstatt eine wirkliche Auseinandersetzung mit Ideen zu sein, die gar nicht immer ausgereift oder praktisch wirksam waren (Burk 2011: 271) bzw. in manchen Fällen sogar härter und straforientierter waren als Gefängnishaft (Smith 2005: 260).

4.7 Die Grenzen von RJ und TJ

Es gibt verschiedene Formen von Gewalt und verschiedene Situationen, in denen sie stattfinden – und damit auch unterschiedliche Typen von gewaltausübenden Menschen. Bei der Entscheidung für RJ oder TJ kann es wichtig sein, eine genaue Einschätzung der Situation vorzunehmen und dafür braucht es spezielle Kompetenzen und Erfahrungen. Geht es um einmalige Vorfälle? Dann kann gewaltvolles Verhalten oft besser bearbeitet werden. Bei Beziehungsgewalt sind es aber oft festgeschliffene Systeme aus Gewalt und Kontrolle, in denen eine

Seite konstant Macht ausübt. Es können auch Systeme sein, die schon öfter durch «sich zusammensetzen und nochmal drüber reden» oder tränenreiche Entschuldigungen aufrechterhalten wurden und in denen komplexe Ambivalenzen und Abhängigkeiten vorherrschen (Kim 2005). Manche dieser Gewaltsysteme enden erst, wenn eine Seite die andere umgebracht hat.

Manchmal können wir, wie Connie Burk (2012) aufgezeigt hat, gewaltvolles Verhalten nur im Kontext verstehen. Was ist etwa mit Betroffenen, die aus einem gesellschaftlich akzeptierten Bild vom «guten Opfer» fallen, weil sie Gewalt anwenden, um sich ihrer Ausbeutung und Objektivierung zu widersetzen und um zu überleben? Ohne Kontext, und das ist der Modus des Strafjustizsystems, sehen wir in solchen Fällen Gewalt, wo Widerstand ist. Und auch das kann den gewaltausübenden Menschen in die Hände spielen, indem sie Betroffenen ganz glaubhaft versichern können, dass niemand auf deren Seite stünde, wenn alle wüssten, was diese getan haben.

Gerade bei Partnerschaftsgewalt kommt es häufig vor, dass die gewaltausübende Seite Gegenvorwürfe aufstellt. Das Northwest Network, das in der LGBTIQ* Community von Seattle arbeitet, hat diese Dynamik lange beobachtet und daraus genaue Abläufe zur Einschätzung von Gewaltsituationen entwickelt (Burk 2012).

In ihrer Forschung zu Gewalt beschreiben David Lisak und Paul Miller (2002) verschiedene Muster der Ausübung von sexualisierter Gewalt. Es gibt z.B. Fälle, in denen Menschen ein fehlendes Verständnis von Zustimmung und sexueller Kommunikation zeigen und einmalig die Grenzen einer anderen Person überschreiten. Solche Menschen drücken authentische Reue aus, wenn sie mit ihren Taten konfrontiert sind. Unsere Freund*innen von Support New York, die jahrelang Lern- und Verantwortungsprozesse mit gewaltausübenden Menschen begleiten, sind der Auffassung, dass solche Fälle am besten mit community-basierten Methoden bearbeitet werden können. Insofern sind solche Fälle auch eher für RJ-Prozesse geeignet.

Es gibt aber auch Fälle, in denen Menschen eingefahrene Wiederholungstäter*innen sind, die systematisch verletzungsoffene Personen aussuchen und sie bewusst isolieren und z.B. Alkohol als eine Waffe einsetzen, um Gewalt zu ermöglichen. Ein Aktivist von CLASCHES, einem französisches Kollektiv, das gegen sexuelle Belästigung an Universitäten vorgeht, berichtet von Professoren, die seit Jahrzehnten systematisch Studentinnen sexuell belästigen. Durch ihre Machtposition genießen sie Schutz und Zugriff, die Betroffenen sind von ihnen abhängig. Sie sind gut vernetzt und gelten oft als progressiv und feministisch. Die eigentliche sexualisierte Gewalt ist bei ihnen nur ein Teil eines breiten Spektrums von machtmissbräuchlichen Handlungen, die auf Objektivierung und Demütigung abzielen. In solchen Fällen mit so großem Machtgefälle und so eingefahrenen Gewaltmustern wird eine Mediation keinen Sinn machen, sondern es wird darum gehen, starke Interventionen zu planen und Betroffene zu schützen, sprich: Sicherheit zu schaffen. (Creative Interventions 2012: 4.B.).

In vielen Fällen wird es mit diesen Menschen auch keine transformierende Auseinandersetzung geben können. Das heißt aber nicht, dass es mit dem Thema in diesen Umfeldern nicht weitergehen kann. Als Transformative-Justice-Kollektiv haben wir in verschiedenen Fällen Arbeit mit gewaltausübenden Personen geleistet oder begleitet. Unsere Ergebnisse sind durchwachsen: Gerade bei weniger schweren Fällen von sexualisierter Gewalt und einer Bereitschaft zur Auseinandersetzung gab es positive Erfahrungen, die jedoch selten schnell und einfach erreicht wurden. Wir haben aber auch erlebt, wie sich im Falle einer mehrfachen Vergewaltigung eine Begleitgruppe, die eigentlich kritisch mit dem Täter arbeiten sollte, sich rund um ihn mobilisierte und für und mit ihm Konsequenzen für sein Verhalten als «nicht-emanzipatorisches Strafdenken» abwehrte. Oder dass gewaltausübende Personen Prozesse einfach beendet, Absprachen gebrochen oder eigenes Scheitern auf ihre Begleitgruppe abgewälzt haben.

Wie bereits angesprochen, heißt Community Accountability nicht zuletzt, eine romantische Idee von Community aufzugeben. Aus unserer Erfahrung bedeutet das auch, sich von der romantisierten Idee zu lösen, dass Täter*innen nur aus gesellschaftlicher Konditionierung heraus Gewalt ausüben und eine Veränderung ihres Verhaltens immer möglich ist. Veränderungsarbeit in Bezug auf Gewalt, insbesondere auch sexualisierte Gewalt, ist oft Knochenarbeit, die viele Ressourcen auffressen kann, die dann woanders fehlen. Und sie kann auch einfach eine Überforderung bedeuten: Manche Menschen tragen so tiefsitzende Mechanismen von Gewaltausübung, Manipulation und Verleugnung in sich, dass selbstorganisierte Gruppen daran scheitern werden (Support New York & Berlin Transformative Justice Kollektiv 2010). Am ehesten würden hier vielleicht professionelle, langfristige und spezialisierte Therapieangebote helfen, deren konsequente Nutzung transformative Gruppen begleiten.

Fazit

Zusammengefasst bedeuten all diese Einwände nicht, dass Restorative Justice als Idee oder alle Praktiken, die aus dieser Idee abgeleitet werden, aus einer CA/TJ-Perspektive abgelehnt werden. Zum einen gilt der Grundsatz «wer heilt, hat Recht», sprich: Wenn Prozesse, die auf die Begegnung und eventuell sogar Aussöhnung von gewaltausübenden und gewaltbetroffenen Menschen zielen, für alle Seiten positive und stärkende Effekte bringen, ist das natürlich sinnvoll. Wichtig ist aber, sich selbstkritisch mit folgenden Fragen auseinanderzusetzen: Wer hat die Macht, diese Ansätze auszuformulieren und auf wen werden sie angewandt? Wie sehr lassen sich die Ansätze kritiklos auf Staat und Strafjustiz ein? Wird der Sicherheit und Selbstbestimmung von Betroffenen Priorität eingeräumt und dabei gesehen und anerkannt, dass bestimmte Gruppen staatlicher und struktureller Gewalt ausgesetzt sind? Bekommen Betroffene Unterstützung oder werden sie in Prozesse gedrängt, deren gewünschtes Endergebnis bereits im Voraus feststeht? Gibt es eine Auseinandersetzung mit den speziellen Dynamiken bei sexualisierter Gewalt und anderen Gewaltformen im Nahbereich, gerade auch in Bezug auf die Umfelder? Wird dem Umfeld aktiv Verantwortung zugewiesen und ist es Teil der Arbeit, die Verantwortungsübernahme des Umfelds einzufordern und zu fördern? Gibt es eine klare Haltung zu Gewalt und damit auch eine Balance zwischen den Ansätzen, gewaltausübende Menschen nicht zu entmenschlichen, sie aber doch klar und kritisch zur Verantwortung zu ziehen? Gibt es eine Analyse von zwischenmenschlicher Gewalt, die ihren gesellschaftlichen Kontext miteinbezieht und entstehen daraus Konsequenzen für den gemeinsamen Einsatz gegen diese Herrschaftsverhältnisse?

Über diese Reflexionsfragen hinaus ist es für eine gelingende Veränderung grundlegend, zur richtigen Einschätzung von Gewaltsituationen zu kommen, um passende und wirksame Maßnahmen zu entwickeln sowie die Möglichkeiten und Grenzen von Interventionen und Veränderungen richtig zu beurteilen.

Wenn RJ jedoch ausschließlich auf die «Täter-Opfer-Beziehung» fokussiert und gewaltbegünstigende Muster und Praxen in Umfeldern, Gruppen und Gemeinschaften ausblendet, wird sie kaum etwas grundlegend verändern können.

Wohin geht der Weg dann? Das Northwest Network hat sehr deutlich benannt, dass auch CA/TJ-Ansätze oft in die falsche Richtung abkippen: «Uns war bewusst, dass das Bedürfnis [nach Community Accountability] drängend war. Durch die Leute, die zu uns kamen und unsere Angebote aufsuchten, wurde uns bewusst, dass es ein großes Bedürfnis [nach Community Accountability] gab. Wir haben immer und immer wieder beobachtet, wie sich die Community unwissentlich mobilisierte, um gewaltausübende Menschen zu verteidigen. (…) Wir haben zugesehen, wie Popularität und Coolness diktieren, wer errettet wird und wer nicht» (Burk 2011: 265–266). Als Konsequenz hat das North-West-Network den Fokus von Community Accountability auf «Accountable Communities» verlagert. Das bedeutet, dass alle Mitglieder einer Community gefragt sind, Fertigkeiten von persönlicher Verantwortungsübernahme zu entwickeln: Gerade stehen für das eigene Handeln und für Schäden, die sie sich selbst und anderen zufügen und dadurch fähiger werden, von anderen Verantwortungsübernahme einzufordern und zu erkennen, wann es nicht geschieht. «Solange die meisten Menschen in einer Community mies darin sind, verantwortlich zu handeln, werden Leute, die Gewalt ausüben, auch damit davonkommen. Ihr Mangel an Verantwortungsübernahme wird nicht auffallen, bis es zu spät ist.» (Ebd.: 267). Die Entwicklung einer solchen Konflikt- und Verantwortungskultur könnte es möglich machen, einen kollektiven Umgang mit Gewalt zu entwickeln, der tatsächlich emanzipatorisch ist und nicht gesellschaftliche Gewaltmuster und -mythen reproduziert.

Bibliographie

Alexander, Michelle 2010: The New Jim Crow. Mass Incarceration in the Age of Colorblindness, New York: The New Press

Beckett, Katherine und Theodore Sasson 2004: The Politics of Injustice. Crime and Punishment in America, London, Thousand Oaks und New Delhi: Sage

Bernstein, Elisabeth 2007: The Sexual Politics of the «New Abolitionism», in: differences. A Journal of Feminist Cultural Studies, 18(3), S.128–15

Bierria, Alisa, Kim, Mimi, Rojas Durazo, Ana Clarissa 2011: Community Accountability. Emerging Movements to Transform Violence (Editor's Introduction) in: Social Justice. A Journal of Crime, Conflict & World Order 37(4), pp. 1–12, https://communityaccountability.wordpress.com/social-justice-journal-issue/editors-introduction/

Brazzell, Melanie (Hg.) 2018: Was macht uns *wirklich* sicher? Ein Toolkit zu intersektionaler, transformativer Gerechtigkeit jenseits von Gefängnis und Polizei. Münster: edition assemblage

Bundesverband Frauenberatungsstellen und Frauennotrufe 2010: Streitsache Sexualdelikte: Frauen in der Gerechtigkeitslücke. Dokumentation zum Kongress des Bundesverbandes Frauenberatungsstellen und Frauennotrufe (bff, https://www.frauen-gegen-gewalt.de/tl_files/downloads/sonstiges/Streitsache_Sexualdelikte_Zahlen_und_Fakten_b.pdf

Burk, Connie 2011: Think. Re-think. Accountable Communities, in: The Revolution Starts At Home. Confronting Intimate Violence Within Activist Communites, hg. von Ching-In Chen, Jai Dulani, Leah Lakhsmi Piepzna-Samarasinha (hg.): S. 265–279

Burk, Connie 2012: Distinguishing between Violence and Abuse in: Creative Interventions Toolkit. A Practical Guide to Stop Interpersonal Violence, S. 5–63/78, http://www.creative-interventions.org/tools/toolkit/

CARA 2014: Das Risiko wagen. Strategien für selbstorganisierte und kollektive Verantwortungsübernahme bei sexualisierter Gewalt, übersetzt vom Transformative Justice Kollektiv Berlin, online verfügbar oder als Druckversion zu beziehen unter https://www.transformativejustice.eu/wp-content/uploads/2017/04/Das-Risiko-wagen.pdf. Originaltext: CARA (Communities Against Rape and Abuse) 2006: Taking risks. Implementing grassroots community accountability strategies, in: Color of Violence. The INCITE! Anthology, Cambridge: South End Press, S. 251–266

Chen, Ching-In, Dulani, Jai, Piepzna-Samarasinha, Leah Lakshmi (Hrsg.) 2011: The Revolution Starts at Home. Confronting Intimate Violence within Activist Communities. Brooklyn, NY: South End Press

Creative Interventions 2012: Creative Interventions Toolkit. A Practical Guide to Stop Interpersonal Violence. Pre-release Version unter http://www.creative-interventions.org/tools/toolkit/

Generation FIVE 2017: Ending Child Sexual Abuse. A Transformative Justice Handbook, http://www.generationfive.org/wp-content/uploads/2017/06/Transformative-Justice-Handbook.pdf.Gottschalk, Marie 2006: The Prison and the Gallows. The Politics of Mass Incarceration, in: America, New York: Cambridge University Press

INCITE! 2003: INCITE! Women of Color Against Violence Community Accountability Principles/Concerns/Strategies/Models Working Document: http://www.incite-national.org/page/community-accountability-working-document

INCITE!/Critical Resistance 2008: The Critical Resistance INCITE! Statement on Gender Violence and the Prison Industrial Complex, in: Abolition Now! Ten Years of Strategy and Struggle Against the Prison Industrial Complex, hg. von The CR10 Publications Collective, Oakland: AK Press, S.15–29

INCITE!/FIERCE! 2008: Rethinking the Norm in Police/Prison Violence and Gender Violence. Critical Lessons from the New Jersey 7, in: Law Enforcement Violence Against Women of Color and Trans People of Color: A Critical Intersection of Gender Violence and State Violence. An Organizer's Resource and Toolkit, S.65–8,: http://www.incite-national.org/sites/default/files/incite_files/resource_docs/3696_toolkit-final.pdf

INCITE! 2008: Law Enforcement Violence Against Women of Color and Trans People of Color. A Critical Intersection of Gender Violence and State Violence. An Organizer's Resource and Toolkit, S. 69–70, zu beziehen unter: http://www.incite-national.org/sites/default/files/incite_files/resource_docs/3696_toolkit-final.pdf

in: Law Enforcement Violence Against Women of Color and Trans People of Color. A Critical Intersection of Gender Violence and State Violence. An Organizer's Resource and Toolkit, S. 69–70, zu beziehen unter: http://www.incite-national.org/sites/default/files/incite_files/resource_docs/3696_toolkit-final.pdf

Kelly, Esteban Lance 2011: Philly Stands Up: Inside the Politics and Poetics of Transformative Justice and Community Accountbility in Sexual Assault Situations, in: Social Justice. A Journal of Crime, Conflict & World Order, 37 (4), S. 44–57

Kershnar, Sarah et al. (Generation FIVE) 2007: Toward Transformative Justice. A Liberatory Approach to Child Sexual Abuse and other forms of Intimate and Community Violence. A Call to Action for the Left and the Sexual and Domestic Violence Sectors, zu beziehen unter: http://www.generationfive.org/wp-content/uploads/2013/07/G5_Toward_Transformative_Justice-Document.pdf

Kim, Mimi 2005: Alternative Interventions to Intimate Violence: Defining Political and Pragmatic Challenges, in: Restorative Justice and Violence Against Women, hg. von James Ptacek, Oxford: Oxford University Press, S. 193–217

Law, Victoria 2014: Against Carceral Feminism, Jacobin Magazin Oct. 17, 2014 https://www.jacobinmag.com/2014/10/against-carceral-feminism/._Lisak, David, Miller, Paul 2002: Repeat Rape and Multiple Offending Among Undetected Rapists, in: Violence and Victims, 17(1), S. 73–84

Melter, Claus 2017: «Koloniale, nationalsozialistische und aktuelle rassistische Kontinuitäten in Gesetzgebung und der Polizei am Beispiel von Schwarzen Deutschen, Roma und Sinti» in: Rassismuskritik und Widerstandsformen, hg. von Karim Fereidooni & Meral El, Wiesbaden: Springer, S. 589–612

Mogul, Joey L., Ritchie, Andrea J., Whitlock, Kay 2011: Queer (In)justice. The Criminalization of LGBT People in the United States, Boston: Beacon Press

Neues Deutschland (2016): «Verurteilungsquote: Viele Vergewaltiger bleiben straflos», 17. Januar,: https://www.neues-deutschland.de/artikel/998307.verurteilungsquote-viele-vergewaltiger-bleiben-straflos.html

Ptacek, James 2010: Resisting Co-optation. Three Feminist Challenges to Antiviolence Work, in: Restorative Justice and Violence Against Women, hg. von James Ptacek, Oxford: Oxford University Press, S. 5–38

Richie, Beth E. 2012: Arrested Justice. Black Women, Violence, and America's Prison Nation. New York: New York University Press

Smith, Andrea 2005: Beyond Restorative Justice: Radical Organizing Against Violence, in: Ptacek, James: Restorative Justice and Violence Against Women, New York: Oxford University Press, S. 255–278

Smith, Andrea 2010: Queer Theory and Native Studies. The Heteronormativity of Settler Colonialism, in: GLQ. A Journal of Lesbian and Gay Studies, 16(1-2), S. 42–68

Smith, Andrea 2011: Preface, in: The Revolution Starts at Home: Confronting Intimate Violence within Activist Communities, hg. von Ching-In Chen, Jai Dulani, Leah Lakshmi Piepzna-Samarasinha, Brooklyn, NY: South End Press, S. xiii–xvii

US Prison Culture 2011: Raping Little Girls, Restorative Justice and Community Accountability, http://www.usprisonculture.com/blog/2011/05/03/raping-little-girls-restorative-justice-and-community-accountability/

Epilog

Strafe in der Erziehung

Von Marianne Gronemeyer

«Strafe muss sein!» Das ist eine geradezu sprichwörtliche Feststellung, die von Richtigkeitsgewissheit strotzt. Tatsächlich aber ist kaum eine Frage in der pädagogischen Wissenschaft und Praxis so kontrovers ausgefochten worden wie die, ob Strafe sein muss. Im 17./18. Jahrhundert, als eine pädagogische Wissenschaft und ein allgemeines Schulwesen sich zu entwickeln beginnen, als also die Aufrechterhaltung von Schulordnung und Disziplin zur pädagogischen Herausforderung wird, wird Strafe im Erziehungsbereich zu einem herausragenden Thema. Von Anfang an wird die Diskussion bestimmt von einem Spannungsverhältnis zwischen dem Zucht- und Ordnungsgedanken einerseits und andererseits der Einsicht, dass das, was unter Zwang, widerwillig und aus Furcht vor Strafe gelernt wird, nichts fruchtet. Diesem Dilemma versuchte man zuweilen dadurch zu entkommen, dass man die Lehrenden von der Strafgewalt entband und diese einer zweiten Person übertrug, damit das Vertrauensverhältnis zwischen Lehrenden und Lernenden nicht gestört und der dem Lernen eigene Reiz nicht entzaubert würde. Johann Amos Comenius (1592 bis 1670) hielt die Zucht («disciplina») für die Voraussetzung aller Schule. Sie müsse gegen alle, die gegen die Gebote Gottes und der Lehrer (sic!) oder eines anderen Vorgesetzten aufbegehren oder sich durch Stolz und Hochmut, Missgunst und Faulheit hervortun, unbedingt durchgesetzt werden. Diese Zucht solle aber nicht innerhalb der Studien selbst angewendet werden.[1] Das Lernen, nicht aber die Schule, wird zum straffreien Raum erklärt.

Der Pietist August Hermann Francke (1663 bis 1727) wird noch deutlicher: «Das Böse im Kind, das in seinen Untugenden, seinen Vergehen und ‹Verbrechen› hervortritt, ist wie Sünde überhaupt stets Ausdruck seines ‹Ungehorsams›, seines «Eigenwillens» gegenüber dem Willen der Erwachsenen. Dieser Eigenwille kann und muß durch Anwendung von Strafe – und

1 Vergleiche hierzu und zu den folgenden Beispielen: Historisches Wörterbuch der Philosophie, hg. von Ritter, Joachim / Gründer Karlfried, Bd. 10, Artikel «Strafe», Basel 1998, Sp. 551 bis 561.

notwendigerweise auch von körperlicher Strafe – gebrochen werden.»[2] Allerdings erteilt Francke den «Präzeptoren» Anweisungen darüber, wie *richtig* gestraft werden sollte: väterlich und ohne Zorn, gestützt auf eine vorher bekannt gemachte Ordnung und nach einem *freien* Schuldeingeständnis des Bestraften. Mangelnde geistige Schulleistungen «wegen eines etwas langsameren ‹ingenii›» hingegen dürften nicht bestraft werden. Damit wird ein Paradox formuliert, das die Schule bis heute nicht loswird, das Paradox, dass eine Zwangsanstalt (allgemeine Schulpflicht) die Freiheit des Lernens in einer Ordnung sicherstellen soll, an deren Zustandekommen die Veranstalteten in keiner Weise beteiligt sind.

Erst von Jean-Jacques Rousseau (1712 bis 1778) wird eine deutliche – wenn auch nicht radikal antipunitive – Gegenposition gegen diese Strafpädagogik formuliert.

Nach Rousseau sollen Strafen nicht von Erziehern verhängt werden. Sie seien vielmehr die in den Dingen selbst liegende *natürliche* Folge verwerflicher Handlungen: Rousseau denkt also an die erzieherische Wirkung von schmerzlichen Tat-Folge-Zusammenhängen, und das enthebt den Erziehenden davon, Strafmacht auszuüben, verbietet ihm aber auch, es zu tun. Aus dem «Strafe-*muss*-sein» wird bei Rousseau ein «Strafe-*wird*-sein». Die Hoffnung, dass es eine intrinsische Gerechtigkeit in den Tat-Folge-Zusammenhängen gibt, ist angesichts erdrückender Beweise des Gegenteils nicht leicht aufrechtzuerhalten und doch huldigen wir ihr insgeheim und beharrlich; dass Bosheit sich nicht auszahlt, mehr noch: sich rächen wird, das ist eine Selbstbeschwichtigung, die uns hilft, geschehendes Unrecht auszuhalten.

Im Jahr 1788 erscheint Joachim Heinrich Campes programmatische Schrift: «Über das Zweckmäßige und Unzweckmäßige in den Belohnungen und Strafen.» Die Belohnung wird also als mit der Strafe konkurrierendes Erziehungsmittel entdeckt und auch beargwöhnt. Campe plädiert dafür, «daß der Erzieher das Kind von der Notwendigkeit der unangenehmen Maßnahmen als Folge seines Tuns zu überzeugen versucht».[3] Das Kind selbst soll sich also den fragwürdigen Satz, dass Strafe sein muss, als seine Willensbekundung zu eigen machen – ein Verfahrensvorschlag, der angesichts des Machverhältnisses hart am Wind des

2 Ebenda Sp. 253.
3 Ebenda Sp. 254.

Zynismus auf Seiten der Erziehenden segelt und den Zöglingen eine gute Portion Masochismus abzuverlangen scheint.

Am entschiedensten hat sich der Theologe, Philosoph und Pädagoge Friedrich Schleiermacher sowohl gegen Bestrafung als auch gegen Belohnungen in der Erziehung ausgesprochen. «Statt der Erziehung zu sittlichem Verhalten zu dienen, verleiten Strafen und Drohen zu einem ‹sinnlichen Kalkulus› des gegeneinander Abwägens von Angenehmem und Unangenehmem. Um diese unerwünschten Auswirkungen der Strafe zu mildern, müssen nach Schleiermacher Strafe und Belohnung auf ein Minimum reduziert werden.»[4] Letztes Ziel aller Erziehung müsse es sein, alles Strafen sowohl im Rechts- als auch im Erziehungsbereich zum Verschwinden zu bringen.

In der Reformpädagogik des frühen zwanzigsten Jahrhunderts wird erneut gegen die nach wie vor gängige Praxis des physischen, aber auch des psychischen Strafens Front gemacht. Aber die Warnungen vor deren zerstörerischen Wirkungen bleiben insofern halbherzig, als auch dort mehr oder weniger offen die Notwendigkeit von Strafen affirmiert wird.

Erst die Studentenbewegung der sechziger Jahre des vorigen Jahrhunderts stellt die Strafe in der Erziehung radikal in Frage und schreibt sie in die Geschichte der «schwarzen Pädagogik» ein. Sie geht mit ihrer Kritik so weit, die Pädagogisierung der Kindheit und Jugend als das eigentliche Übel zu betrachten. Es kann als eine besondere Tragik dieser Bewegung angesehen werden, dass sie gerade mit ihrem antipädagogischen Impuls eine nie dagewesene Durchpädagogisierung der gesamten Gesellschaft ausgelöst hat, in deren Folge alle gesellschaftlichen Probleme durch die Bank als Bildungsmanko umgedeutet wurden. Nicht nur in den Bildungsinstitutionen, sondern auch am Familientisch, sofern es den noch gibt, herrschen seither pädagogische Verhältnisse und Eltern handeln in loco magistri, als unbezahlte, staatlich beauftragte Erzieher an ihren eigenen Kindern, um sie institutionen- und zukunftstauglich zu machen und auf den sogenannten «Ernst des Lebens» vorzubereiten, als ob nicht die Kindheit bereits der Ernstfall wäre. Erst heute, unter der Bedingung der durchgängigen Um-zu-isierung der Bildung, die fast ausschließlich Zwecken außerhalb ihrer selbst dient und alle inhaltlichen Erwägungen der Konkurrenz um die

4 Ebenda Sp. 255.

begehrten Bildungs*zertifikate* opfert, erweist sich Schleiermachers Warnung vor dem «Kalkulus» als enorm vorausschauend. An die Stelle von Strafen sind Techniken der *Konditionierung* getreten, die mit den kalkulierten Mitteln von Belohnung und Strafe, positiver und negativer Verstärkung «automatisch gutes Verhalten» (B. F. Skinner) herstellen sollen. Von Skinner spricht heute kaum noch jemand, aber seine Verhaltenstechniken sind nachhaltig wirksam, nur erheblich raffinierter. Die sogenannten «peinlichen» Strafen, von der körperlichen Züchtigung bis hin zur öffentlichen Bloßstellung, verstoßen nach heutigem Stand gegen die Menschenrechte und haben in der Erziehung nichts verloren. Wer den Erfordernissen und der geltenden Ordnung des Schulsystems nicht genügt, der wird nicht bestraft, er/sie wird eben nur nicht belohnt, das ist alles. Und das Ausbleiben der Belohnung haben sich diejenigen, die leer ausgehen, selber zuzuschreiben. Niemand anderes kann dafür verantwortlich gemacht werden. Dass die Institution Schule eine Einrichtung zur systematischen Herstellung von drop outs ist, bleibt ihr bestgehütetes Geheimnis. Denn obwohl die Schule durch ihr bloßes Vorhandensein und ausgestattet mit einem weltweit anerkannten Bildungsmonopol global eine überwältigende Mehrheit von drop outs und Scheiterern produziert, werden alle Veränderungen zum Besseren hin von der Schulbildung und nur von ihr erwartet.[5]

Sind wir nach dieser kurzen Tour d'horizon durch die Ideengeschichte urteilsfähiger geworden in der Frage, ob in der Erziehung Strafe sein muss? Ich fürchte nein. Weder die Befürworter noch die Bestreiter des markanten Satzes: «Strafe muss sein» haben alle guten Argumente für sich. Man kann weder die einen als blinde Ordnungsfanatiker noch die anderen als gewissenlose Chaoten zur Rechenschaft ziehen. Der springende Punkt, an dem sich die Geister scheiden, zeigt sich darin, wie die Befehls-Gehorsams-Logik, die der Strafpraxis ebenso wie der Kritik an ihr zugrunde liegt, eingeschätzt wird.

Die einen wie die anderen sehen in dem Befehls-Gehorsams-Schema eine Machtkonstellation, in der die ganze Macht beim

5 Um dieses Paradox zu begreifen, sollte man noch einmal Ivan Illich: Entschulung der Gesellschaft, 6. Auflage, München 2013 (Beck-Verlag), erstmals in Deutschland erschienen, München 1972 (Kösel Verlag) lesen.

Befehlenden akkumuliert ist und die ganze Unterwerfung von den Gehorchenden erbracht werden muss.

«Strafe ist Gewalt», heißt es im Vorwort dieses Buches. Und weiter: Der Strafe wohne ein Befehlscharakter inne. Und dann zitiert Rehzi Malzahn Elias Canetti, der in seinem Hauptwerk «Masse und Macht» die verheerenden, äußerst destruktiven Wirkungen eines jeden empfangenen Befehls darlegt. Sie bestehe darin, dass jeder Befehl dem Empfänger, der ihn ausführt, wie ein schmerzhafter, ihn quälender Stachel im Fleisch stecken bleibt. Nur auf eine einzige Weise könne sich der Befehlsempfänger des Stachels, der in ihn eingesenkt wurde, entledigen: dadurch nämlich, dass er den erlittenen Befehl, treffsicher gegen einen ihm ausgelieferten Anderen schleudert. Nur wer Befehlen ausweiche, müsse sie nicht speichern. Und nur so könne er/sie verhindern, selbst zur Gewaltmaschine zu werden, die unablässig neue Gewalt zeugt und vermehrt.[6] So eindringlich und erschreckend und durch vielfältige Erfahrung bestätigt diese Analyse Canettis auch ist, so ist sie, wenn man in die Begriffsgeschichte des Verbs «befehlen» schaut, doch nur die halbe Wahrheit.

Der Sprachtheoretiker Eugen Rosenstock- Huessy wirft einen ganz anderen Blick auf den Akt des Befehlens.[7] Er beschreibt ihn als die ursprüngliche Form der sprachlichen Verständigung überhaupt, in der eine Verbindung zwischen «Ich» und «Du» entsteht. Die ersten sprachlichen Äußerungen seien Befehle, wie «fass an», «halt fest», «lauf weg», «bleib stehn», «komm her», «hilf mir aufstehn», «sei still», «hör zu». Das Besondere an diesen Befehlen ist, dass sie ihren Träger erst suchen. Und nur, wenn sich eine Person findet, die sagt: «Hier bin ich» oder «Ich werde es tun», vollendet sich der Befehl und stiftet eine Beziehung zwischen zwei Ebenbürtigen. Interessanterweise ist es in dieser Konstellation der Befehlende, der die Reaktion braucht, und der willige Hörende, der den Imperativ auf sich bezieht, ist derjenige, der gewähren kann. Der Gehorchende wird nicht erniedrigt und der Befehlende nicht *erhöht*, denn er ist ja darauf angewiesen, *erhört* zu werden. Die Position bei-

6 Vgl. zum «Befehl» bei Canetti ausführlich: Gronemeyer, Marianne: Genug ist genug. Über die Kunst des Aufhörens, Darmstadt 2008, S. 19ff.

7 Rosenstock-Huessy, Eugen: Die Sprache des Menschengeschlechts. Eine leibhaftige Grammatik in vier Teilen, Bd 1, Heidelberg 1963, S.48 f.

der ist so ambivalent, dass sich ein unablässiger Rollenwechsel vollzieht zwischen Anweisung und Angewiesenheit, zwischen Geben und Empfangen, zwischen Sprechen und Hören: ein Verhältnis auf Gegenseitigkeit, in dem sich der Befehlende dem Befohlenen anbefiehlt. Die Furcht des Befehlenden ist demnach nicht eine vor der Rache des Unterworfenen, wie es im Vorwort heißt, sondern er fürchtet, er könne sein potentielles Gegenüber verfehlen, allein bleiben und ins Leere laufen.

Diese ganz und gar andere Deutung des Geschehens zwischen dem Befehlenden und dem Gehorchenden – im «Gehorchen» steckt ja unüberhörbar das «Horchen», das angespannte Hören, das ganz Ohr werden – wird bestätigt durch die im Grimmschen Wörterbuch nachzulesende Bedeutungsgeschichte des Wortes «befehlen».[8] Ihm ist in deren Verlauf ein wesentlicher Teil seines Sinnes verlorengegangen. Früher wurde das Verb gebraucht, um den Vorgang zu beschreiben, bei dem der Samen in die Erde gesenkt wurde. Er wurde der Erde *befohlen (im Sinne von anbefohlen)*, in der Hoffnung, dass die Erde ihm Gedeihen und Frucht ermöglicht. Und da das Saatgut immer die letzte Reserve war, war dieser Akt ein Wagnis, das Vertrauen voraussetzte. Dieses unerhörte Wagnis gehen auch Befehlsgeber und Befehlsempfänger ein, aber beide haben auch viel voneinander zu erhoffen, wenn sie ihre wechselseitige Angewiesenheit bejahen. Von diesem Wagnis ist kaum noch etwas zu ahnen, wenn Befehlsgewalt ein Indiz der Machtfülle ist und das Gehorchen nur mehr erzwungenes Sich-Beugen unter fremden Willen.

Strafe ist jedoch nicht nur bezogen auf «Befehl und Gehorsam». Sie steht auch in einem Deutungszusammenhang mit Schuld und Vergebung. Es ist bemerkenswert, dass dieser Zusammenhang in der pädagogischen Debatte nahezu vollständig ausgeblendet wurde. Strafe wurde von Anfang an institutionalisiert gedacht. In dem Maße, in dem das Lernen durch allgemeine Schulpflicht institutionalisiert wurde, erschien Strafe als das Mittel, die Ordnung der Institution aufrechtzuerhalten. Strafe hatte mit Normverletzungen und Regelverstößen zu tun und nicht mit Schuld, Vertrauensbruch und Vergebung. Man kann einer Institution etwas schuldig bleiben, nämlich das Wohlver-

---

8 Grimm, Jacob und Wilhelm: Deutsches Wörterbuch, Bd. 1 Art. «befehlen», München 1984, Deutscher Taschenbuch Verlag, (Original 1854), Sp.1254.

halten gegenüber dem in ihr geltenden Reglement. Aber man kann ihr gegenüber keine Schuld auf sich laden; ebenso wenig wie Institutionen verzeihen können. In diesem institutionellen Zusammenhang beruht die Wirkung der Strafe wesentlich auf der *Furcht* vor Strafe. Und das legt den Gedanken nahe, die beste Strafe sei die, die nicht vollstreckt werden muss, weil die Furcht vor ihr hinreichend abschreckend ist. Diese Abschreckungslogik wird leicht verwechselt mit Straffreiheit, während tatsächlich die Strafe nun in der Furcht vor Strafe besteht, die eine eklatante Freiheitsberaubung ist, die mich sogar um Verstand und Anstand bringen kann.

Ivan Illich plädiert dagegen für eine andere Furcht vor Strafe.[9] Sie kann nur in einem Verhältnis zwischen zwei Menschen, die sich als Personen gegenüberstehen, wirksam sein. Illich beruft sich auf die ihm sehr vertrauten Denker des 12. Jahrhunderts, die zwei Arten der Furcht vor Strafe unterschieden: den timor filialis, die Furcht des Kindes, und den timor servilis, die Furcht des Untergebenen. Mit der Kindesfurcht hat es eine besondere Bewandtnis. Sie ist nicht die Furcht des Kindes vor dem strafenden Vater, sondern die Furcht des Kindes vor sich selbst. Verallgemeinernd gesprochen: Es ist die Furcht davor, dass ich der Grund dafür sein könnte, dass etwas zwischen dich und mich tritt, das uns entzweit, das also die nur sehr langsam wachsende Fähigkeit, einander *leiden* zu können, unterminiert. Es liegt, so Illich, «eine außerordentliche Weisheit darin, den timor filialis zu kultivieren, die Furcht, ich könnte etwas tun oder etwas zulassen, das ein Hindernis in den Weg wirft, auf dem wir langsam vorangekommen sind, nämlich einander kennenzulernen, zu lieben und zu ertragen und dabei gleichzeitig anzuerkennen, dass auch der timor servilis legitim ist.» Die «servile» Furcht, die Furcht vor Bestrafung und die Anerkennung, dass ich diese Strafe verdiene, sei völlig rational. «Ich verdiene den Tritt, wenn ich mich auf eine bestimmte Art verhalte.» Wenn ich diesen Schlag nicht fürchten würde, wenn ich nicht einsähe, dass du dich zu Recht von mir abwendest, dann könnte ich deine trotz meines Vertrauensbruchs bewahrte Geduld nicht als Geschenk erfahren. Also erst wenn ich zutiefst weiß, dass ich auf dein Verzeihen angewiesen bin, kann mir die Vergebung widerfahren.

9 Illich, Ivan: In den Flüssen nördlich der Zukunft, München 2006, S. 122.

Wir gehen mit kränkenden Verhältnissen ganz anders um. Der «Täter» sagt: «Ich entschuldige mich», was er keinesfalls kann. Und der Gekränkte sagt, wenn er nicht peinlich werden will: «Schwamm drüber» oder: «vergiss es». Das eine wie das andere ist heillos und kündigt die Verbindung (relatio) zwischen mir und dir auf, indem sie sie vergleichgültigt. Und in diesem Sinn sage ich: Ja, Strafe muss sein. Ihre Möglichkeit ist die Bedingung der Freiheit, dem anderen zu verzeihen und Verzeihung zu erhoffen. Und Verzeihen ist wahrlich etwas anderes als die Löschtaste zu drücken und «vergiss es» oder «macht nix» zu sagen.

Frieden ist nicht die Abwesenheit von Konflikten.
Frieden ist die Anwesenheit von Gerechtigkeit.
Martin Luther King

Über die Autor*innen

Bernhard Stoevesandt ist Physiker und beschäftigt sich seit vielen Jahren im Rahmen von politischem Aktivismus mit Gefängnissen. Außer auf Besuch und in Gewahrsam hat er allerdings selbst Knäste nie von innen erleben müssen.

Christoph Willms (geb.1981) lebt in Köln. Kritische Kriminologie und Labeling Approach ermöglichten ihm während des Sozialarbeitstudiums in Frankfurt am Main eine kritische Standortbestimmung. Die Auseinandersetzung mit Restorative Justice im Kriminologiestudium in Bern inspirierte seine Vision von einem anderen Umgang mit strafrechtlich relevanten Konflikten. Beruflich engagierte er sich zunächst in der klassischen Jugendarbeit und in verschiedenen Strafvollzugsanstalten, bis er schließlich 2014 beim Servicebüro für Täter-Opfer-Ausgleich und Konfliktschlichtung (DBH. e. V.) Aufgaben der wissenschaftlichen Assistenz und Öffentlichkeitsarbeit übernahm. Weitere seiner Lebensthemen sind u. a.: Kochen ohne Knochen, Meditation, Welt in Balance.

Daniel Poštrak lebt und arbeitet als Grafiker und Filmemacher in Köln. Er ist Mitglied des Kölner Stadtrevue-Kollektivs, Mitbegründer der Initiative «Keupstraße ist überall» und des Tribunals «NSU-Komplex auflösen». In verschiedenen politischen Initiativen arbeitet er vornehmlich zu den Themen Migration und Antirassismus. Nicht zuletzt aus den daraus entstammenden Erfahrungen ergaben sich immer wieder Bezüge zu und eine Auseinandersetzung mit dem Gefängniswesen. 2014 veröffentlichte er mit «Von der Beraubung der Zeit» gemeinsam mit Jörn Neumann seinen ersten dokumentarischen Langfilm zu dem Thema.

David Fluhr ist Dipl.-Sozialwissenschaftler. Er studierte an der HU Berlin mit Schwerpunkt politische Theorie. Heute arbeitet er als freiberuflicher Autor zu verschiedenen Themen. Der Text ist ein Auszug aus seiner Diplomarbeit «Genealogie der Kritik – Nietzsche, Adorno & Foucault», veröffentlicht auf http://soziologie-politik.de/.

Jeanette Ehrmann ist Politologin. Sie forscht und lehrt am Institut für Politikwissenschaft der Justus-Liebig-Universität Gießen zu politischer Theorie, feministischer und post-/dekolonialer Theorie. Als *Sisters in Crime* verbindet sie gemeinsam mit Eileen Thompson intersektionale Theorien mit den Klängen und popkulturellen Praktiken Schwarzer, of Color und queer-feministischer* Bewegungen.

Johannes Spohr lebt als Historiker und freier Journalist in Berlin. Er beschäftigt sich seit längerem auf unterschiedlichen Ebenen mit Strafe, einsperrenden Institutionen und Strategien zur Begünstigung ihrer zukünftigen Irrelevanz. Hierzu gab er mit Luca Bublik und Valerie Waldow *Isolation und Ausgrenzung als post/sowjetische Erfahrung. Trauerarbeit. Störung. Fluchtlinien* (edition assemblage) heraus. Derzeit promoviert er am Fachbereich Geschichtswissenschaften der Universität Hamburg («Die Ukraine 1943/44: Entscheidungen im Kontext der deutschen Kriegsniederlage»). Kürzlich erschien von ihm «Verheerende Bilanz: Der Antisemitismus der Linken. Klaus Rózsa und Wolfgang Seibert zwischen Abkehr, kritischer Distanz und Aktivismus» im Neofelis Verlag.

K N A S [ ] Initiative für den Rückbau von Gefängnissen ist eine Initiative, die sich an der Schnittstelle von Theorie, Kunst und politischem Aktivismus mit der Analyse und Kritik des Gefängnissystems in der gegenwärtigen Gesellschaft auseinandersetzt. Dem in den USA entwickelten Ansatz der *decarceration* – Entknastung – folgend, setzen sie sich für einen Rückbau von Gefängnissen mit dem Ziel ein, das Gefängnis als Mittel des Umgangs mit krimineller Devianz ganz zu überwinden. Weitere Informationen unter: www.entknastung.org

Liza Mattutat ist wissenschaftliche Mitarbeiterin und Doktorandin im Graduiertenkolleg «Kulturen der Kritik» an der Leuphana Universität Lüneburg. Sie beschäftigt sich aus philosophischer Perspektive mit Rechts- und Gefängniskritik. Politisch bezieht sie u.a. zu den Themen Neoliberalismus und Strafvollzug, Armut und Knast oder Profitabilisierung von Gefangenenarbeit Stellung.

Lisa Monz hat zum US-amerikanischen Gefängnissystem geforscht und in zwei abolitionistischen NGOs in Kalifornien mit und für Strafgefangene gearbeitet. In Berlin hat sie das Transformative Justice Kollektiv Berlin 2011 mitgegründet, lange an einer antirassistischen Dokumentation mitgearbeitet und Lesungen mit Texten von inhaftierten Menschen gemacht. Zur Zeit arbeitet sie bei einer Organisation, die sich für die bessere Unterstützung von Betroffenen sexualisierter Gewalt einsetzt.

Marianne Gronemeyer war etliche Jahre als Haupt- und Realschullehrerin an der auf Strafpraxis gegründeten Institution Schule, (später Universität) tätig, in der trotz der Zusage des Grundgesetzes, dass «eine Zensur nicht stattfindet» tagtäglich mit dem sehr wirksamen Strafmittel der Zensur Menschenbildung und -sortierung betrieben wird. Nach dieser Erfahrung wandte sie sich der Friedensforschung zu und wurde unter dem Einfluss des Kulturkritikers Ivan Illich zur beharrlichen Kritikerin der Zwangsinstitutionalisierung (Ver-Anstaltung) *lebenslangen* Lernens.

Melanie Brazzell initiierte und entwickelte das Multimediaprojekt «Was macht uns wirklich sicher?» (whatreallymakesussafe.com), welches Interviews mit Aktivist_innen, Seminare, Veranstaltungen und eine Ausstellung beinhaltet. Daraus entstand das Buch «Was macht uns wirklich sicher? Ein Toolkit zu intersektionaler, transformativer Gerechtigkeit jenseits von Gefängnis und Polizei» (edition assemblage, 2018). Melanie arbeitete über fünfzehn Jahre lang im Rahmen von community-basiertem Anti-Gewalt-Organizing und hat das Transformative Justice Kollektiv Berlin mitbegründet. Derzeit erkundet sie partizipatorische Forschung als Werkzeug für soziale Bewegungen im Rahmen eines PhDs an der University of California, Santa Barbara.

Patrick Opwis arbeitete in seinem bisher 47 Jahre dauernden Leben in verschiedenen Kollektiven. Eines davon, die Anti Knast Werkstatt, bestand aus einem Haufen Schulabbrechern, Obdachlosen und ehemaligen Gefangenen und setzte sich für eine Gesellschaft ohne Knäste ein. Er selbst verbrachte bisher nur einige Male ein paar Stunden in Gewahrsam.

Rehzi Malzahn ist auch Herausgeberin des Bandes «Dabeigeblieben – Aktivist*innen erzählen vom Älterwerden und Weiterkämpfen» (Unrast 2015). Als linke Aktivistin hat sie jahrelang an den Anti-Knast-Demonstrationen zu Silvester in Köln mitgewirkt. Unzufriedenheit über Konfliktaustragung in linken Kontexten brachte sie in Kontakt mit Gewaltfreier Kommunikation, Mediation und schließlich Restorative Justice. Sie arbeitet heute in verschiedenen Kontexten zu diesem Thema, bringt sich aber auch weiterhin in die linke Bewegung ein.

Thomas Meyer-Falk lebt seit 1996 im Gefängnis und berichtet über seine Hafterfahrungen sowie die Lebenslagen von Inhaftierten. Ob er ein Leben vor den Mauern wird führen können, ist ungewiss. Für eine Gesellschaft ohne Gefängnisse zu streiten ist sein Lebensthema. Trotz alledem gilt es, heiter zu bleiben!

Vanessa Eileen Thompson ist Soziologin. Sie forscht und lehrt am Institut für Soziologie der Goethe-Universität Frankfurt zu rassismuskritischer Theorie, Black Studies sowie feministischer und post-/dekolonialer Gesellschaftstheorie. Als *Sisters in Crime* verbindet sie gemeinsam mit Jeanette Ehrmann intersektionale Theorien mit den Klängen und popkulturellen Praktiken Schwarzer, of Color und queer-feministischer* Bewegungen.

Die Autor*innen empfehlen...

weiterführende Literatur, Filme, Links.

Bücher

auf Deutsch:

Angelina Weinbender, Iris Rajanayagam, Mahdis Azarmandi (Hg): Rassismus und Justiz. Migrationsrat Berlin Brandenburg 2012.

Arno Plack: Plädoyer für die Abschaffung des Strafrechts. List Verlag, München 1974.

Bernd Maelicke: Das Knast-Dilemma: Wegsperren oder resozialisieren? Eine Streitschrift. Bertelsmann Verlag, München 2015.

Éduard Louis: Im Herzen der Gewalt. Fischer Verlag, Frankfurt am Main 2017.

Erving Goffman: Asyle. Über die soziale Situation psychiatrischer Patienten und anderer Insassen. Suhrkamp Verlag, Frankfurt am Main 1973.

Franziska Dübgen: Theorien der Strafe zur Einführung. Junius Verlag, Hamburg 2016.

Geoffroy de Lagasnerie: Verurteilen. Der strafende Staat und die Soziologie. Suhrkamp, Berlin 2017.

Gerhard Hanak, Johannes Stehr, Heinz Steinert: Ärgernisse und Lebenskatastrophen. Über den alltäglichen Umgang mit Kriminalität. AJZ Verlag Bielefeld 1989.

Hartmut Weber / Sebastian Scheerer (Hg): Leben ohne Lebenslänglich: Gegen die lebenslange Freiheitsstrafe. AJZ Verlag, Bielefeld 1988.

Helga Cremer-Schäfer & Heinz Steinert: Straflust und Repression. Zur Kritik der populistischen Kriminologie. Verlag Westfälisches Dampfboot, Münster 1998.

Helmut Ortner: Strafzeit – Ein Lesebuch zum bundesdeutschen Strafvollzug. ms edition Nr 15, Darmstadt 1980.

Hermann Amborn: Das Recht als Hort der Anarchie. Reihe: Fröhliche Wissenschaft, Matthes & Seitz, Berlin 2016.

Howard Zehr: Fairsöhnt: Restaurative Gerechtigkeit – wie Opfer und Täter heil werden. Neufeld Verlag, Schwarzenfeld 2010.

Jan de Cock: Hotel Pardon. Wege der Vergebung. Kunth Verlag, München 2015.

Jan de Cock: Hotel Prison. Tagebuch einer außergewöhnlichen Reise. Kunth Verlag, München 2015.

Johannes Feest: Kommentar zum Strafvollzugsgesetz (StVollzG). Carl Heymanns, Köln 2011.

Karl F. Schumann / Heinz Steinert / Michael Voß (Hrsg.): Vom Ende des Strafvollzuges. AJZ-Verlag, Bielefeld 1988.

Loïc Wacquant: Bestrafen der Armen. Zur neoliberalen Regierung der sozialen Unsicherheit. Verlag Barbara Budrich, Opladen, Berlin, Toronto, 2013.

Marshall B. Rosenberg: Gewaltfreie Kommunikation – eine Sprache des Lebens. Junfermann, Paderborn 2017.

Melanie Brazzell (Hg): Was macht uns wirklich sicher? Ein Toolkit zu intersektionaler, transformativer Gerechtigkeit jenseits von Gefängnis und Polizei. edition assemblage, Münster 2018.

Michel Foucault: Überwachen und Strafen. Die Geburt des Gefängnisses. Übers. von Walter Seitter. Suhrkamp Verlag, Frankfurt a. M. 1994 [1976].

Nils Christie: Grenzen des Leids. AJZ Verlag, Bielefeld 1986.

Nils Christie: Wieviel Kriminalität braucht die Gesellschaft? C.H. Beck Verlag, München 2005.

Nils Christie: Kriminalitätskontrolle als Industrie. Auf dem Weg zu Gulags westlicher Art. Centaurus Verlagsgesellschaft, Pfaffenweiler 1995.

Projekt baul_cken: Abrisse. Innen- und außenansichten einsperrender Institutionen. Edition Assemblage, Münster 2011.

Redaktionskollektiv Assoziation A: Wege durch den Knast. Assoziation A, Berlin/Hamburg 2016.

Thordis Elva & Tom Stranger: Ich will Dir in die Augen sehen. Knaur Verlag, München 2017.

Tilman Lutz: Restorative Justice – Visionäre Alternative oder Version des Alten? Literaturverlag, Münster 2002.

auf Englisch:

Angela Y. Davis: Abolition Democracy. Beyond Empire, Prisons, and Torture. Seven Stories Press, New York 2005

Ana Clarissa Rojas Durazo, Alisa Bierria & Mimi Kim (Hg): Community Accountability: Emerging Movements to Transform Violence (Special Issue). Social Justice: A Journal of Crime, Conflict & World Order, 37(4), 2011.

Beth E. Richie: Arrested Justice: Black Women, Violence, and America's Prison Nation. New York University Press, New York 2012.

Ching-In Chen, Jai Dulani & Leah Lakshmi Piepzna-Samarasinha (Hg.): The Revolution Starts at Home: Confronting Intimate Violence within Activist Communities. South End Press, Brooklyn, NY 2011.

Combahee River Collective: The Combahee River Collective Statement. Kitchen Table: Women of Color Press, New York 1986.

David Scott: Against Imprisonment. An Anthology of Abolitionist Essays. Waterside Press, Sherfield on Loddon 2018.

Eric A. Stanley & Ned Smith (Hg): Captive Genders: Trans Embodiment and the Prison Industrial Complex. AK Press, Oakland, CA 2011.

Gerry Johnstone: Restorative Justice. Ideas, Values, Debates. Second Edition. Routledge, London & New York 2011.

INCITE! Women of Color Against Violence: Law Enforcement Violence Against Women of Color and Trans People of Color: A Critical Intersection of Gender Violence and State Violence. An Organizer's Resource and Tool Kit. Redmond, WA 2008.

Ivo Aertsen und Brunilda Pali: Critical Restorative Justice. Hart Publishers, Oxford & Portland, Oregon 2017.

James Ptacek (Hg): Restorative Justice and violence against women. Oxford University Press, Oxford, UK, 2010.

Michelle Alexander: The New Jim Crow. Mass Incarceration in the Age of Colorblindness. The New Press, New York 2012.

The Critical Resistance 10 Publications Collective (Hg): Abolition Now! Ten Years of Strategy and Struggle Against the Prison Industrial Complex. AK Press, Oakland, CA 2008.

Tim Newburn: Criminology. Routledge, London & New York 2008
Tim Newburn [Hrsg.]: Key Readings in Criminology. Routledge, London & New York 2009.

Aufsätze

Howard Zehr: Doing Justice, Healing Trauma: The Role of Restorative Justice in Peacebuilding. In: Peace Prints. South Asian Journal of Peacebuilding Vol. 1 No. 1 Spring 2008.

Julian Becker: Geborene Verbrecher_innen? Der biologisierende Diskurs in der Kriminologie am Beispiel der Sicherungsverwahrung in Deutschland. Bachelorarbeit an der Philipps-Universität Marburg, Marburg 2015. Verfügbar unter http://ow.ly/WNc9N

Lode Walgrave und John Braithwaite: Guilt, Shame and Restoration. http://johnbraithwaite.com/wp-content/uploads/2016/05/2000_Guilt-Shame-and-Restoration.pdf

Tod Augusta-Scott: Letters from Prison: Reauthoring Identity With Men Who Have Perpetrated Sexual Violence. In: C. Brown & T.

Augusta-Scott (Hg), Narrative Therapy: Making Meaning, Making Lives. SAGE Publications 2006, S. 251–268.

Uwe Wesel: Zur Entstehung von Recht in frühen Gesellschaften. http://www.kj.nomos.de/fileadmin/kj/doc/1979/19793Wesel_S_233.pdf

A World Without Walls: Stopping Harm and Abolishing the Prison Industrial Complex. The Abolitionist Newspaper http://www.usprisonculture.com/blog/wp-content/uploads/2012/03/worldofwalls.pdf

Communities Engaged in Resisting Violence: http://www.issuelab.org/resource/communities_engaged_in_resisting_violence

Toward Transformative Justice: http://www.generationfive.org/wp-content/uploads/2013/07/G5_Toward_Transformative_Justice-Document.pdf

Ratgeber

A World Without Walls: Critical Resistance Abolition Organizing Toolkit: http://criticalresistance.org/resources/the-abolitionisttoolkit/

CARA: Das Risiko wagen. Strategien für selbstorganisierte und kollektive Verantwortungsübernahme bei sexualisierter Gewalt, übersetzt und mit Einführung vom Transformative Justice Kollektiv Berlin. https://www.transformativejustice.eu/wp-content/uploads/2017/04/Das-Risiko-wagen.pdf

Creative Interventions Toolkit: A Practical Guide to Stop Interpersonal Violence: http://www.creativeinterventions.org/tools/toolkit/

«It Takes a Village, People.» Advocacy, Friends and Family, & LGBT Survivors of Abuse Toolkit: https://www.nwnetwork.org/store/it-takes-a-village-people-friends-family-toolkit

LesMigraS, Antigewalt- und Antidiskriminierungsbereich der Lesbenberatung Berlin e.V.: Unterstützung geben. Handlungsmöglichkeiten im Umgang mit Gewalt und Diskriminierung. http://lesmigras.de/tl_files/lesmigras/Tapesh/LM_Broschuere_Tapesh_UnterstuetzungGeben.pdf

Philly Stands Up Portrait of Praxis: http://www.phillystandsup.com/PDFS/portrait%20of%20praxis.pdf

Project Nia: Transformative Justice, A Curriculum Guide: https://niastories.files.wordpress.com/2013/08/tjcurriculum_design_small-finalrev.pdf

Ratgeber «Wege durch den Knast»: http://wegedurchdenknast.de/

Links

Community Accountability und Transformative Justice Collective Berlin: https://www.transformativejustice.eu/de/

Gegen alle Gefängnisse! Hanna Podding im Interview mit NGO. http://www.ngo-online.de/2012/06/12/hanna-podding-interview/

generationFIVE – end child sexual abuse in 5 generations: http://www.generationfive.org/

Haberfeld – Zeitschrift für Ausgegrenzte und Weggeschlossene: https://we.riseup.net/haberfeld-magazin

K N A S [] Initiative für den Rückbau von Gefängnissen. https://ent-knastung.org

Podcast des Autonomen Knastprojekts: https://akpradio.podspot.de/

Storytelling and Organizing Project (STOP): http://www.stopviolenceeveryday.org

Strafvollzugsarchiv in Dortmund: https://www.fh-dortmund.de/de/fb/8/forschung/sva/start_sva.php

Support New York: https://supportny.org/

US Prison Culture: http://www.usprisonculture.com/blog/

Filme

Another Justice (Un autre justice). Dokumentarfilm von Isabelle Vayron and Chloé Henry-Biabaud, Talweg Produktion, Frankreich 2016 (VOD auf englisch: https://vimeo.com/ondemand/anotherjustice)

Beyond Punishment. Dokumentarfilm von Hubertus Siegert, Deutschland 2015, 104min, im Verleih der Piffl Medien AG.

Concrete, Steel and Paint. Ein Film über Verbrechen, Wiedergutmachung und Heilung. Dokumentarfilm von Cindy Burstein. USA 2009, 55min. www.concretefilm.org (Englisch)

Konfliktlösung durch Restorative Justice. Dominic Barter spricht über Restorative Circles (Englisch) http://youtu.be/bazgiTyieKo

The Power of Outrospection. RSA-Kurzfilm über Empathie (Englisch) http://youtu.be/BG46IwVfSu8

Von der Beraubung der Zeit – Ein Film über das Gefängnis. Buch und Regie: Daniel Poštrak und Jörn Neumann, Deutschland 2014, 79 min., field recordings Filmproduktion. Im Verleih von Real Fiction Filmverleih.

Stefan Krauth
Kritik des Rechts

180 Seiten, kartoniert
ISBN 3-89657-668-2
Reihe theorie.org

Die Einführung deckt alle Rechtsgebiete ab und ist theoretisch fundiert. Der Wert des Buches besteht darin, dass der Autor Kenntnisse im Rechtlichen mit breiten Kenntnissen im Bereich der Politischen Ökonomie vereinigt und viele im Mainstream unterbelichtete Aspekte in dankenswerte Weise aufarbeitet.
Daniel Uhlig in «Kritische Justiz. Vierteljahreszeitschrift für Recht und Politik»

Moritz Zeiler
Materialistische Staatskritik
Eine Einführung

200 Seiten, kartoniert
ISBN 3-89657-671-2
Reihe theorie.org

... Zeiler entwickelt hier in eigener Regie nämlich auch eine verständliche Zusammenfassung vieler wichtiger staatstheoretischer Thesen, so dass der Band fast ein kleines Handbuch oder Nachschlagewerk darstellen kann.
Florian Geisler auf «Materialismus.org»

Gerald Abl

Kritische Psychologie

Eine Einführung.

240 Seiten, kartoniert,
ISBN 3-89657-662-3
Reihe theorie.org

Gerald Abls Buch ist ein historischer Streifzug durch wesentliche Leistungen früherer emanzipatorischer Psychologie bis hin zur Konzeption neuerer psychologischer Strömungen mit kritischem Selbstverständnis. Es vermittelt einen Überblick über Bezugspunkte, die vor allem aus den Bemühungen verschiedener psychologischer Schulen um eine marxistische Orientierung erarbeitet wurden und von offiziellen Institutionen oftmals gerne übergangen werden.

In dieser Nachzeichnung kritischer Ansätze in der Psychologie werden Problemstellungen verdeutlicht, Kontroversen nachvollziehbar gemacht und dabei auch wesentliche Elemente einer kritischen Methodik vorgestellt. Was kritische Psychologie sein kann, wird hier schließlich vor allem aus psychoanalytischen Ansätzen heraus entwickelt.

Der Autor gibt keinen einfachen Überblick über die Debatte, sondern legt seinen eigenen systematischen Ansatz dar. Die Stärken dieses Ansatzes kommen vor allem in den Kapiteln über Freud zum Tragen, da Abl durch das Heranziehen von weniger bekanntem Originalmaterial einen neuen Einblick in dessen Werk ermöglicht.

Maria Asenbaum in «Perspektiven», 6/08

schmetterling verlag

Rehzi Malzahn

Restorative Justice

Eine radikale Vision

ca. 200 Seiten, broschiert,
ca. 15 EUR, ISBN 3-89657-047-1,
erscheint ca. 1. Hälfte 2022

Reihe BLACK BOOKS

Gefängnisse abschaffen, die Polizei abbauen – Abolitionsmus wird auch in Deutschland immer stärker diskutiert.

Mit der Black-Lives-Matter-Bewegung in den USA sowie den Wahrheits- und Versöhnungsprozessen zwischen indigenen First Nations und der weißen Siedlergesellschaft in Kanada kommen aus Nordamerika starke Impulse zur radikalen Infragestellung der Strafjustiz und ihres Apparates. Die Frage, was an die Stelle von Polizei, Strafe und Gefängnis treten soll, taucht automatisch auf. Auch in Deutschland gibt es erste Versuche kollektiver transformativer Gerechtigkeitsverfahren in aktivistischen Zusammenhängen.

Restorative Justice hingegen, seit 30 Jahren international im Aufwind, fristet noch ein Schattendasein, nicht nur im Kontext der Strafjustiz, sondern auch in politischen Communities. Dieses Buch soll Abhilfe schaffen: Es gibt einen umfangreichen Überblick über Entstehungsgeschichte, Theorien, Forschungsstand, Praktiken, Strömungen und politische Einordnung von Restorative Justice als Bewegung und Verfahrensweise.

schmetterling verlag

Ulrich Lewe

Vorbeugende Anhaltung

Der psychiatrische Maßregelvollzug (§63 StGB)

Ca. 280 Seiten, kartoniert
ISBN 3-89657-038-2,
Ca. 16,80 EUR

Reihe BLACK BOOKS

Das deutsche Strafgesetzbuch hält für seine erwachsenen Bürger zwei Sanktionssysteme bereit: erstens den Strafvollzug und zweitens die Maßregeln der Besserung und Sicherung.

Im Strafvollzug nimmt die Anzahl der Gefängnisinsassen seit Jahren kontinuierlich ab und es gibt eine relativ breite Diskussion über den Sinn und Unsinn dieser Institution. Im psychiatrischen Maßregelvollzug nach § 63 StGB steigt die Anzahl der Internierten hingegen deutlich an. Kritik an ihm gibt es nur im Einzelfall, meist wegen spektakulären Fehlverhaltens Verantwortlicher; Beispiel: Der Fall Gustl Mollath. Danach geht dann das business weiter as usual.

Das Buch zeichnet juristische und inhaltliche Kontinuitäten des psychiatrischen Maßregelvollzuges aus (vor-)faschistischen Zeiten bis heute nach, ordnet aktuelle Entwicklungen in die gegenwärtige Rechtsentwicklung der Republik ein und zeigt, wie viel Umsatz in dieser Sektion des Sicherheitsbusiness gemacht wird. Es durchbricht das Informationsmonopol der Mainstreampsychiatrie und lässt Betroffene mit eigenen Beiträgen zu Wort kommen.

Europäische und deutsche Sozial- und Gesundheitsstatistiken werden ausgewertet, methodenkritische Überlegungen angestellt und eigene statistische Berechnungen durchgeführt, die man so in keinem Lehrbuch findet. Schließlich werden zentrale Glaubenssätze der forensischen Psychiatrie hinterfragt und systematische Menschenrechtsverletzungen des Systems entlarvt.

Den geschilderten Missständen stellt der Autor Reformansätze aus Deutschland, Italien, Kanada und Österreich gegenüber.